Byd y Morrisiaid

Pytiau o'u gohebiaeth

Tegwyn Jones

I Rhŷs, Nia,

Teleri a Mared

Argraffiad cyntaf: 2017

(h) Tegwyn Jones/Gwasg Carreg Gwalch

Rhif rhyngwladol: 978-1-84527-608-9

Mae'r cyhoeddwr yn cydnabod cefnogaeth ariannol
Cyngor Llyfrau Cymru

Llun clawr: Tegwyn Jones
Cynllun clawr: Eleri Owen

Cyhoeddwyd gan Wasg Carreg Gwalch,
12 Iard yr Orsaf, Llanrwst, Conwy, LL26 0EH.
Ffôn: 01492 642031 Ffacs: 01492 641502
e-bost: llyfrau@carreg-gwalch.com
lle ar y we: www.carreg-gwalch.com

Argraffwyd a chyhoeddwyd yng Nghymru.

Cynnwys

Y Cefndir

O gofio am lafur enfawr y Parchedig Ddoethur Dafydd Wyn Wiliam yn ei gofiannau i wahanol aelodau o deulu Morrisiaid Môn, gellid yn deg holi a oedd galw o gwbl am gyfrol fel hon. Byddwn yn ceisio ateb ac amddiffyn fy mhenderfyniad i'w pharatoi a'i chyhoeddi drwy bwysleisio nad oedd raid i mi adrodd hanes eu bywydau'n fanwl gronolegol fel y gwnaeth Dr Wiliam mor orchestol. Yn hytrach, yr hyn a geisiais wneud oedd canolbwyntio'n unig ar ddyfyniadau o'u llythyrau, gan anelu bob amser at chwilio am gorneli diarffordd nad oes gan gofiannydd o ddifrif – er ei fod yn ymwybodol ohonynt – ofod nac amser i fanylu arnynt. Dyna oedd fy nod o leiaf, ond fe wêl y darllenydd na lwyddais yn hynny o beth bob tro, ond at hynny yr anelwyd yn gydwybodol. Llunio cyfrol boblogaidd oedd y bwriad, wedi ei seilio ar y stôr llythyrau a adawodd y Morrisiaid ar eu hôl, ac nad yw'n rhwydd i ddarllenydd Cymraeg heddiw ddod atynt yn y pedair cyfrol lle ceir hwy wedi eu hargarffu, sef dwy dan olygyddiaeth J. H. Davies yn 1907 a 1909, a dwy arall dan olygyddiaeth Hugh Owen yn 1947 a 1949.

Y mae'r llythyrau yn y cyfrolau hyn yn ymestyn o 1728 i 1786, ond bu Richard, yr olaf o'r brodyr, farw yn 1779, ac er iddo ohebu â sawl un o'i gydnabod hyd at 1771 o leiaf, i bwrpas y gyfrol hon nid oedd galw am ddyfynnu o'i ohebiaeth ar ôl 1770. Gohebiaeth rhwng y tri brawd Lewis, Richard a William yw mwyafrif helaeth y rhai y dyfynnir ohonynt yn y gyfrol hon, ond y mae yma hefyd ddyfyniadau o lythyrau'r brawd iau, John, a fu farw ar y môr yn 34 mlwydd oed yn 1740, ac ychydig – oherwydd eu perthnasedd – o waith Evan Evans (Ieuan Fardd neu Ieuan Brydydd Hir), ac un gan Edward Hughes, cefnder i'r Morrisiaid, mab i frawd eu tad.

Lewis Morris, a aned ym mis Chwefror 1700/1, oedd plentyn cyntaf Morris Prichard a'i briod Margaret. Priododd ei rieni ym mis Mehefin 1700 yn eglwys y plwyf yn Llanfihangel Tre'r-beirdd, ac yn fuan wedyn ceir hwy yn byw ar ddyddyn o'r enw Y Fferam ym mhlwy Penrhosllugway ar ochr ddwyreiniol Môn. Niwlog ar y cyfan yw'r manylion am ei addysg gynnar, ond dichon iddo dderbyn ryw ychydig prin yn ystod ei ieuenctid. Mynnai ef mai hunan-ddysgedig ydoedd, ac o gofio am ei ddoniau disglair, tebyg fod llawer o wir yn hynny. '[W]hat little stock of knowledge I have attained to', meddai'n wylaidd, er nad oedd yn enwog am ei wyleidd-dra, 'was in a manner by dint of nature: my education as to languages was not regular, and my masters were chiefly sycamore & ash trees or at best a kind of wooden masters'. Dysgodd grefft tirfesuriaeth ac arfer y grefft honno o'i gartref, Pentre-eirianell, y symudasai'r teulu iddo ym mlynyddoedd cynnar ef a'i frodyr. Ym Mawrth 1729, priododd â merch ieuanc o'r enw Elizabeth Griffith o Dŷ Wridyn ger Rhoscolyn a bu iddynt dri o blant – mab (yntau hefyd yn Lewis ac a fu farw'n ieuanc) a dwy ferch, Margaret (Pegi) ac Elin (Neli), a ddaeth yn ddiweddarach i fyw at eu tad a'i ail wraig i Geredigion. Ni bu'r briodas gyntaf hon, a wrthwynebwyd gan deulu'r wraig, yn un lwyddiannus, a phan fu farw Elizabeth yn 1741 ni bu Lewis yn hir yn bwrw'i alar. Pan oedd yn briod ac yn magu teulu, gweithiai fel chwiliwr i'r dollfa yng Nghaergybi a Biwmares. Yn 1735 prynodd wasg argraffu gyda'r bwriad o gyhoeddi llyfrau Cymraeg a phoblogeiddio llenyddiaeth Gymraeg yn gyffredinol. Sefydlodd gylchgrawn Cymraeg – *Tlysau yr Hen Oesoedd* – 'er mwyn difyrrwch i'r sawl a'i chwenycho, ac er mwyn cadw coffadwriaeth am yr hen wyrda doethion gynt, a ymdrechasant mor galonnog dros eu hiaith a'u gwlad'. Ysywaeth, ni chafodd y gefnogaeth a ddymunai, ac un rhifyn yn unig o'r cylchgrawn a ymddangosodd, a hynny yn 1735.

Daeth ei waith ynglŷn â thirfesuriaeth ag ef i gysylltiad ag Owen Meyrick, sgwier Bodorgan, a'i comisiynodd i wneud arolwg o'i holl diroedd ym Môn, cysylltiad yn ddiweddarach a arweiniodd at ei gyflogi gan Swyddfa'r Llynges yn Llundain i wneud arolwg arall, sef o arfordir a rhai o brif borthladdoedd Cymru, o gyffiniau Llandudno, o amgylch Môn, heibio Pen Llŷn ac ar hyd Bae Ceredigion nes cyrraedd Aberdaugleddau a Dinbych y Pysgod. Cyhoeddwyd y gwaith hwn yn 1748 o dan y pennawd *Plans of Harbours, Bays, and Roads in St. George's and the Bristol Channels*. Hyn mae'n debyg a ddaeth ag ef gyntaf i Geredigion tua 1742 lle'r ymddiddorodd ar unwaith yn y diwydiant mwyn plwm a oedd mewn bri ar y pryd yng ngogledd y sir, a chymerodd les ar ddarn o dir lle credai y gallai gloddio am fwyn.

Yn 1744, ar bwys ei enw da fel tirfesurydd, a chyda chefnogaeth gwŷr o ddylanwad, comisiynwyd Lewis Morris gan y Goron i wneud arolwg o gyfoeth mwnol Cwmwd Perfedd, un o faenorydd y Goron yng Ngheredigion, rhwng afon Rheidol ac afon Clarach. Dwy flynedd yn ddiweddarach penodwyd ef gan William Corbett, stiward maenorydd y Goron yn y sir, yn ddirprwy iddo, ac oherwydd hynny, a'r swydd arall a ddaliai ar y pryd, sef casglwr y doll yn harbwr Aberdyfi, daeth yn angenrheidiol iddo bellach gael cartref mewn man canolog a chyfleus heb fod ymhell o gylch ei ddyletswyddau. Ymhen y rhawg aeth i fyw i dyddyn o'r enw Gallt Fadog yn hen blwy Llanbadarn Fawr, a byw yno hyd nes iddo briodi'r eilwaith, a symud i fyw i gartref ei wraig Anne yn 1757. Enw ei chartref hi, a safai ar gyrion pentref Goginan, oedd Penbryn, neu Benbryn y Barcud. Yno, rhwng 1750 a 1761, magodd ef a'i wraig, a oedd fwy nag ugain mlynedd yn iau nag ef, naw o blant, er i ddau ohonynt farw yn eu babandod.

Hawliai'r Goron dreth ar y mwyn plwm a gloddid yng ngogledd Ceredigion, ac fel cynrychiolydd lleol y Goronl, ar Lewis Morris y syrthiai llid a chynddaredd yr ysweiniaid lleol na fynnai dalu unrhyw dreth, i'r Goron na neb arall os gallent osgoi gwneud hynny. Ar un amgylchiad, ymosodwyd arno gan nifer o'r byddigions hyn a'u gweithwyr, a'i ddwyn yr holl ffordd i Aberteifi yng ngodre'r sir a'i daflu i'r carchar yno. Bu'r helyntion fyrdd a gododd o'r elyniaeth hon rhyngddo a'r byddigions crafangus lleol yn gwmwl dros weddill ei oes. Bu gofyn iddo dreulio misoedd lawer oddi cartref yn Llundain yn ceisio cyfiawnhau ei hun a'i gyfrifon, ac yn ymladd pob math o ddichellion ar ran ei wrthwynebwyr yn y gwahanol lysoedd barn a swyddfeydd y llywodraeth. Ceisiodd y diweddar Hugh Bevan grynhoi'r gwahanol elfennau a berthynai i Lewis Morris yn y gyfrol o'i ysgrifau a gyhoeddwyd ar ôl ei farw. 'Yr oedd y bardd hwn', meddai amdano,

ar yr un pryd yn ysgolhaig, yn wyddonydd ac yn dechnolegwr cynnar. Cynlluniodd offer mor wahanol â melin wynt a meicrosgob. Wrth ei alwedigaeth bu ar wahanol adegau yn wyliwr trethi, yn fesurydd tiroedd, yn wneuthurwr mapiau ac yn oruchwyliwr mwynfeydd. Yn ei oriau hamdden ymddiddorai mewn llysieueg, cregineg, peirianneg a llawer gwyddor arall. Yn ei chwilrydedd gwyddonol mynnodd flasu'r gwlybwr ym mhledren hen iâr a lyncasai blwm yn y mwynfeydd yn [sir] Aberteifi; a phan dderbyniodd lun pysgodyn od a ddaliwyd ger Nefyn, fel unrhyw swolegwr trylwyr gyrrodd lythyr i holi ai garw neu gennog oedd ei groen ac ai troellog neu union oedd ei goluddyn mawr. Pan aeth i Landrindod er mwyn ei iechyd, aeth â'i feicrosgob ac offer pwrpasol eraill gydag ef i ddadansoddi'r dŵr er mwyn dewis y ffynnon fwyaf llesol.[1]

Bu Lewis Morris farw yn 64 mlwydd oed yn1765 a'i gladdu o fewn muriau eglwys Llanbadarn Fawr. Yn 1884 gosodwyd maen i nodi man ei fedd gan ei or-ŵyr, y bardd fictoraidd, Syr Lewis Morris.

Y brawd nesaf o ran oedran i Lewis oedd Richard a aned yn 1702/3. Fel ei frodyr eraill, bwriodd yntau flynyddoedd dedwydd ei ieuenctid o gwmpas ei gartref yn y Fferam, ac yn ddiweddarach ym Mhentre-eirianell. Dysgodd waith saer coed yng ngweithdy ei dad a arbenigai yng nghrefft y cowper. Ymddiddorodd yn gynnar mewn barddoniaeth a llên yn gyffredinol, a chasglodd gorff o gerddi gwerinol a mân bethau eraill a gyhoeddwyd yn 1931.[2] Dysgodd glercio a chadw llyfrau cownt yn ieuanc, ond ychydig fisoedd cyn cyrraedd ei ugain oed yr oedd wedi codi ei bac a mynd i chwilio am ffawd dda yn Llundain. Bu'n anodd yno am rai blynyddoedd, heb swydd na gwaith sefydlog, yn byw o'r llaw i'r genau. Câi waith weithiau yn cyfieithu yn y llysoedd barn, bryd arall yn goruchwylio argraffu llyfrau Cymraeg. Ar un achlysur yn 1735 bwriodd flwyddyn gyfan yn un o garchardai drwgenwog y ddinas am fod gŵr yr aethai'n feichiau drosto wedi methu ac wedi ffoi, gan adael Richard heb ddigon o arian i gywiro'i ymrwymiad. Meddai mewn darn o gywydd o'i eiddo:

Yng Nghaer-ludd [Llundain] di-fudd dyfiad,
Yr wy yn brudd o ran brad.
F'achwyn yw, bod yn feichiau
(Tro sarrug oedd) tros ŵr gau.

---

[1] Brynley F. Roberts: *Beirniadaeth Lenyddol: Erthyglau gan Hugh Bevan.* 91-92. Gwasg Pantycenyn, 1982.
[2] T.H.Parry-Williams: *Llawysgrif Richard Morris o Gerddi*, cxi a cxvi. Gwasg Prifysgol Cymru. 1931.

Ymunwyd ag ef am gyfnod byr yn ei fywyd Llundeinig a llwglyd gan ei frawd iau John a oedd yn paratoi i fynd i'r môr o Lundain, a phur fain oedd pethau ar y ddeufrawd:

O eisie rhôst a berw
A hefyd fîr a chwrw.
Erwin bla! I dorri'n blys
E wna'r ddau Forris feirw.

Araf wella serch hynny a wnaeth ei amgylchiadau. Yn 1744 dewiswyd ef i olygu argraffiad y Gymdeithas er Taenu Gwybodaeth Gristnogol o'r Beibl Cymraeg, golygiad a ymddangosodd yn 1746 a'i ail argraffu yn 1752. Yn 1747 penodwyd ef yn glerc yn y Swyddfa'r Llynges lle dringodd mewn deng mlynedd i swydd Prif Glerc y Cyfrifon Tramor i Archwiliwr y Llynges – swydd arbennig o gyfrifol mewn gwlad a oedd ben-ben â rhyw elyn beunydd, ac a'i cadwai ar ei draed ac o'i wely am oriau hirion.

Gŵr caredig a hoffus ar y cyfan yw'r argraff a geir o Richard, er y gallai ar dro ffrwydro am ychydig, ond edifarhau ac ymddiheuro'n fuan wedyn. 'Yr oedd,' meddai R. T. Jenkins amdano yn y *Bywgraffiadur*, 'yn hael ac anhunangar a rhadlon i ormodedd'. Ychydig o bwys a roddai ar gysur ac esmwythdra, a pharod iawn fyddai ei frawd Lewis i'w feirniadau am hynny, a cheisio ganddo ddiwygio'i ffyrdd. 'Nid oedd blas gantho', meddai Lewis wrth William, 'ymadael â rhyw ddrewdwll brwnt lle roedd ei hun yn byw . . . a'i deulu yn byw mewn lle arall mewn croglofft'. Bu'n briod bedair o weithiau a ganed nifer o blant iddo, y rhan fwyaf ohonynt yn marw yn eu plentyndod. Gweler hanes dwy o'i ferched a'i goroesodd yn y bennod 'Meirian ac Angharad' isod.

Gellid dadlau efallai mai un o gyfraniadau pwysig Richard, os nad y pwysicaf, oedd ei ran flaenllaw yn sefydlu yn 1751 y gymdeithas ddiwylliannol a gwladgarol a elwid ganddo a'i frawd Lewis yn Anrhydeddus Gymdeithas y Cymmrodorion. I'r Cymro Llundeinig, meddai R.T. Jenkins, rhywbeth cymdeithasol oedd y Gymdeithas newydd hon, a fyddai'n darparu cyfle misol i'r aelodau gyfarfod â'u cydwladwyr, ac i siarad a chlywed eu hiaith eu hun. Soniodd Richard â balchder amdani wrth yr aelod seneddol William Vaughan, Corsygedol, gan ragweld sut y gallai newid agwedd rhai o arweinwyr cymdeithas yng Nghymru at eu gwlad a'u hiaith. 'Gwlad' meddai 'a roddes anadl iddynt [a] hefyd barchedicaf iaith eu mamau, yr iaith odidocaf dan y ffurfafen!' Bu cyfarfodydd y Cymmrodorion, ar ôl sefydlu'r gymdeithas, yn gysur ac yn ddiddanwch i Richard weddill ei oes.

Ef, yr ail o feibion Morris Prichard a Margred ei briod, oedd yr olaf o'r brodyr i farw. Daeth ei yrfa i ben ac yntau yn 76 mlwydd oed ym mis Rhagfyr 1779, a chladdwyd ef ym mynwent eglwys St. George- in- the- East, yn Cannon Street Road, 'in the same grave', meddai yn ei ewyllys, 'with my late wife Betty Morris and seven of our children'.

William Morris oedd yr unig un o'r brodyr na chrwydrodd yn barhaol o sir ei enedigaeth. Awgryma Dr. Dafydd Wyn Wiliam yn 'hyderus' mai morio y bu William pan oedd yn llanc, heblaw cynorthwyo'i dad ar y fferm ac yn y gweithdy ym Mhentre-eirianell. Yn 1726 aeth i Lerpwl am gryn ddeng mlynedd, yn was i fasnachwr yno a oedd yn frodor o Fôn. Yn ystod y cyfnod hwn, ac yn rhinwedd ei swydd, mae'n debyg, ymwelodd ddwywaith â Llundain, gan fanteisio ar y cyfle i ymweld â'i frawd Richard yno, a chael blasu ychydig o fywyd y ddinas fawr yn ei gwmni. Ac yntau yn 1737 yn ddeuddeg ar hugain mlwydd oed penodwyd William yn Ddirprwy Gyfarchwyliwr Tollau ym mhorthladd Caergybi, ac aeth ati i gynnull amryw fân swyddi eraill yno, a olygai fod iddo fywyd cymharol esmwyth ac ariannol ddibryder. Priododd yn 1745 â Jane Hughes o Lanfugail, ond bu hi farw bum mlynedd yn ddiweddarach gan ei adael yng ngofal dau blentyn ieuanc, mab a merch, y ceir cyfeiriadau atynt yng nghorff y gyfrol hon. Fel ei frawd Lewis, gweithredai William hefyd fel meddyg gwlad, ac etifeddodd ddawn ei fam ym maes meddyginiaeth lysieuol. Ymhyfrydai beunydd yn ei ardd, gan fwynhau'n fawr y sylw a gâi honno gan deithwyr bonheddig a fyddai'n oedi am ychydig yng Nghaergybi ar eu taith yn ôl ac ymlaen rhwng Llundain a Dulyn. Casglai farddoniaeth gynnar Gymraeg, yn enwedig waith Dafydd ap Gwilym, ac yr oedd yn aelod gwerthfawr o gôr ei eglwys yng Nghaergybi. Er ei fod yn byw felly gryn bellter o'i hen gartref, Pentre-eirianell, byddai'n ymdrechu'n gydwybodol i ymweld â'i rieni oedrannus yno mor aml ag y gallai, a rhoi cyfrif manwl ohonynt i Lewis a Richard, na lwyddodd yr un ohonynt – cymaint ag unwaith – i ymweld â Môn ar ôl cefnu arni. Bu William farw yn 53 mlwydd oed dridiau ar ôl y Nadolig, 1763, a bron fis union wedi iddo anfon, o'i wely angau, ei lythyr olaf at Lewis yn ei hysbysu am farwolaeth hen ŵr eu tad ar drothwy ei bedwar ugain a deg.

Byrrach fu oes John, yr ieuengaf o feibion Pentre-eirianell. Ganed ef yn 1713, yn sŵn y môr, ond yn wahanol i'w frodyr, ef oedd yr unig un ohonynt a ddenwyd i chwilio am fywoliaeth ar y tonnau. Yr oedd gan ei dad, Morris Prichard, long fechan, neu slŵp, a elwid yn *Fox* neu *Y Llwynog*, llong a hwylbren ganolog iddi y gallai deuddyn ei hwylio. Ceir cofnodion sy'n cyfeirio at John Morris yn gapten arni, ac yn ei hwylio o Fôn i Lerpwl a Chaer, ac yntau ond yn un ar bymtheg oed. 'Bu'r holl gyfnod y bu Siôn yng ngofal y *Fox*', meddai Dafydd Wyn Wiliam, 'yn mynd mewn ac allan o Borth Dulas y Glaslyn yn gyfle neilltuol o fuddiol er ei baratoi ar gyfer morio i bellafoedd byd. Byddai'n gwybod o'r gorau am beryglon y moroedd yn drwyadl'.[3] Bachgen ieuanc nwyfus yn ddiau oedd John, a ddatblygodd yn llanc talentog a ymhyfrydai mewn llên a chân, un a fyddai heddiw, petai wedi cael einioes hwy, ymhlith y mwyaf adnabyddus o deulu rhyfeddol Pentre-eirianell. A'i lygad ar fynd i'r môr o hyd, cyrhaeddodd Llundain yn 1733, gan ymuno yno â'i frawd Richard, a oedd ddeng mlynedd yn hŷn nag ef. Fel y sylwyd eisoes, byw yno am dair blynedd mewn cryn dlodi fu ei hanes, gan ymuno ag ambell fordaith. Un o'r rhai hynny oedd y daith ar fwrdd y llong *Harrington* i Bombay yn cludo caethweision. I ddyfynnu Dafydd Wyn Wiliam unwaith eto, 'Er dieithried y sefyllfa diau na welai ddim allan o le yn y fasnach ddieflig mewn caethweision'. Oni fyddai ganddo yn Lerpwl, 4 Mawrth 1739/40, gaethwas croenddu tuag un ar bymtheg oed i'w werthu ar ran rywun neu'i gilydd? Meddai mewn llythyr at un o'i frodyr "I wish I had him at London, I'd sell him under £30, ay, a little above £25"'.[4] Yn 1740 hwyliodd – yn Fêt Cyntaf – ar fwrdd y llong ryfel *Torbay*, a cholli ei fywyd o'r clwy gwaed (*dysentry*) dridiau cyn y Nadolig y

3 Dafydd Wyn Wiliam: *Cofiant Siôn Morris (1713-40)*. 33. Llangefni 2003.
4 ibid. 53.

flwyddyn honno, a'i gladdu yn Dominica yn saith ar hugain oed.

Yn wahanol i'w frodyr hŷn toreithiog eu gohebiaeth, pedwar llythyr ar hugain yn unig o eiddo John Morris a oroesodd, a pherthyn y rheini i ddau fis ar bymtheg olaf ei oes.

Yn ogystal â'r ohebiaeth rhwng y brodyr hyn a'i gilydd, ceir yma hefyd ychydig o lythyrau o waith un nad oedd yn berthynas iddynt, ond a oedd yn sicr yn un o'u cylch, sef Evan Evans, 'Ieuan Fardd' neu 'Ieuan Brydydd Hir' (1731-1738), ysgolhaig, bardd ac offeiriad a aned yn y Gynhawdref, plwyf Lledrod, Ceredigion. Addysgwyd ef gan Edward Richard yn Ystrad Meurig, a bu am gyfnod yn Rhydychen, ond heb gymryd gradd yno. Penderfynodd ar yrfa eglwysig a gwasanaethodd fel ciwrad mewn amrywiol blwyfi led-led Cymru, ac yn Lloegr hefyd ar dro. Trobwynt pwysig yn ei fywyd oedd dod i adnabod Lewis Morris. Meddai'r diweddar Aneirin Lewis, a luniodd draethawd MA ar Ieuan:

Lewis Morris oedd y ffigur amlycaf ym mywyd llenyddol Cymru yn y cyfnod hwn, athro beirdd a llenorion a phrif symbylydd yr adfywiad clasurol. Yn 1746 yr ymgrtrefodd yng Ngheredigion ac y mae'n gwbl amlwg iddo gael dylanwad tyngedfennol ar Ieuan Fardd yng nghyfnod ffurfiadol ei fywyd trwy ei hyfforddi yng nghelfyddyd cerdd dafod ac ennyn ei ddiddordeb yn hanes dysg Gymraeg.[5]

Daeth ag ef hefyd i gysylltiad â'r rhai eraill a hyrwyddai adfywiad llenyddol a hynafiaethol Cymreig y ddeunawfed ganrif.

At ei gilydd, anwadal a throellog fu ei yrfa, ac yr oedd y ddiod gadarn yn dramgwydd iddo gydol ei oes. Fel y gwelir o ddarllen yr ychydig ohebiaeth o'i eiddo isod, magodd ragfarn gref yn erbyn rhai o esgobion Cymru ei gyfnod, llawer ohonynt yn Saeson ffroenuchel a'u llygaid yn barhaol ac yn obeithiol ar esgobaethau brasach yn Lloegr. Fel bardd, cofir amdano heddiw yn bennaf fel awdur yr englynion cofiadwy hynny i 'Lys Ifor Hael'.

5 W. Alun Mathias ac E. Wyn James: *Dysg a Dawn: Cyfrol Goffa Aneirin Lewis*. 172. Cylch Llyfryddol Caerdydd. 1992.

Cyfeiriwyd uchod at un llythyr o waith Edward Hughes a gynhwysywyd. Cefnder closaf i'r brodyr Morrisiaid oedd ef, fel y soniwyd eisoes.

Fe sylwa'r darllenydd ar unwaith fod llawer o'r dyfyniadau isod, neu rannau ohonynt, o lythyrau'r brodyr, yn rhai Saesneg eu hiaith, a hwnnw'n Saesneg caboledig a choeth. Mewn oes pan oedd bri ar lythyrau a llythyra, a phan gesglid hwy a'u copïo a'u cadw, nid rhyw dasg ffwrdd â hi fyddai eu llunio, ond yn hytrach ymarferiad pwyllog i oedi uwch ei ben. Aeth y brodyr i gyd i gryn drafferth i fireinio'u Saesneg, ac y mae'n amlwg fod ei harfer yn rhoi cryn bleser a mwynhad iddynt. Diddorol fyddai cael gwybod i ba raddau yr oedd eu Saesneg llafar yn ymdebygu i'w Saesneg ysgrifenedig.

O lythyrau John a William Morris

[Ar waelod pob dyfyniad dangosir pwy sy'n ysgrifennu at bwy drwy nodi llythyren gyntaf eu henwau'n unig. Felly J – R (John at Richard), L – W (Lewis at William), ac yn y blaen]

Yr oedd John Morris, yr ieuengaf o'r pedwar brawd, hefyd yn un o'r galluocaf yn eu plith. Er na fu iddo fywyd hir, y mae digon o dystiolaeth yn yr ychydig lythyrau a gadwyd o'i waith, y byddai wedi gallu cyfrannu'n sylweddol at y cyfoeth a adawyd gan ei frodyr yn eu gohebiaeth hwy. Gwelwyd eisoes i'w frawd Richard ymadael yn ieuanc am Lundain, ac am beth amser trafferthus ddigon fu ei flynyddoedd cynnar yno. Ond daethai newydd ychydig yn well oddi wrtho, mewn llythyr ysywaeth nad yw wedi goroesi, ac ymateb i hynny a wna John yn y dyfyniad canlynol.

Da iawn yw clywed eich bod cystal arnoch, ac y mae 'ngobaith y dowch i fyny cystal cynt, er maint o drwblaethau a fu i'ch dilyn yn ddiweddar, drwy waith a chynorthwy rhai ewyllyswyr drwg, maleisgar,[1] a gobeithio mai er lles i chwi rhag llaw y digwyddodd yr unrhyw, os y chwi a wneiff wasanaethgarwch ohono, ac nid oes le [i] amau na wnewch, a chwithau â'r byd o'ch blaen, a chwedi cael pen y ffordd yn eich llaw. Diau nad oes un well ganddo glywed eich bod yn mynd ymlaen mor odidog, a Duw â'ch cynorthwyo yn eich holl amcanion.

ML i. 8-9. J – R. 22 Gorffennaf 1739.

Fel y dengys ambell ddyfyniad o'i lythyrau, yr oedd John yn athronydd naturiol.

A welwch chwi beth ydyw dyn pan fyddo'n dda arno? Pawb a rydd iddo. Pan fo'n dlawd a'i ben yn y dŵr, hwda di – hwrdd iddo hyd na bo dan ddŵr. Dyna fel y mae'r byd yn mynd erioed hyd yn heddiw, mal y gwyddoch.

ML i. 9. J – R. 22 Gorffennaf 1739.

---

1 Cyfeiriad at garchariad Richard. Gw. y Cefndir uchod.

15

Bu John, a oedd yn Lerpwl, a'i fryd ar fynd i'r môr, yn chwarae â'r syniad o hwylio i Ddulyn yn haf 1739, ond penderfynodd wedyn ei bod yn siwrnai hytrach yn fer a'r gyflog yn fach. 'Mi af i Fôn', meddai,

i roi tro, yn enw Duw, dros bymthengnos neu dair wythnos, ac yna dychwelaf yma i fynd i'r môr eilwaith. Ef a gynigiodd Maer y Dref imi fynd yn second mate ar un o'i longau sydd yn mynd i Guinea, os byddaf yma erbyn iddi fynd i ffitio allan, ac a addawodd sgrifennu ataf i Fôn pan fyddai arno fy eisiau. Mae'n anodd i ddynan dieithr o'm bath i gael mynd yn forwyn bennaf, o eisiau interest, etc. . . . I am . . . resolved to venture one trip, please God to give me health . . . I have neither wife (nor children to my knowledge) to cry after me, and if I don't go abroad now while I'm free, I am sure I never shall.

ML i. 9. J – R. 22 Gorffennaf 1739.

Daeth gobaith o'r diwedd y câi fynd ar fordaith yn ôl ei ddymuniad, a phrysurodd i hysbysu Richard am hynny, ac am y paratoadau angenrheidiol yr oedd galw arno i'w cyflawni.

This comes to let you know that I've put aboard of the *Recovery* . . .potyn ymenyn a chosyn wedi ei lapio i fyny mewn cwd lliain a chwart copr, y cwbl wedi eu llwybreiddio fal y llythyr yma, a chwedi eu rhoi dan siars Mr. Eules y forwyn,[2] yr hwn a addawodd eu cludo yn rhad. Y menyn a'r caws a ddaeth o Fôn, a'r copr a adewais yn angof heb ei yrru yn fy nghist, yr hon sydd wedi mynd ymaith ers dyddie yn y *John and Martha* . . . ynghyd â'm dillad gwely a'm *guardvine*, gwedi eu llwybreiddio i dŷ Ben Jones. Mi sgrifennais ato yn eu cylch ac i ddymuno arno gymryd gofal gyda hwynt, a'u ceisio i ryw le yn ddiogel hyd oni ddelwyf yna. Rwyf agos â blino yn disgwyl yma hyd yr amser.

ML i. 13. J – R. 27 Tachwedd 1739.

---

2 Diddorol yw'r cyfeiriad yma ac yn y dyfyniad blaenorol at 'forwyn' pan yw'n amlwg mai at ddynion y cyfeirir. Ni chofnodir yr ystyr hon yny geiriaduron.

Aeth rhai wythnosau heibio, a John yn dyheu am newyddion am ei eiddo a oedd ar ei ffordd ar ddwy long i Lundain. Ond daeth esboniad o Lerpwl o'r diwedd, fel y cofnodir yn y dyfyniad hwn:

Sgrifennais atoch ers talm byd mawr, ac at Ben Jones hefyd, a chyfri fy mod wedi gyrru fy nghist, dillad gwely, etc., gyda'r *John and Martha* . . . a photyn ymenyn a chosyn gyda'r *Recovery* . . . y rhai cyntaf gwedi eu llwybreiddio i dŷ Ben, a'r diwethaf i Jack's Coffee House, ond ni chlywais air byth oddi wrth un ohonoch, a finne yn y fan yma yn disgwyl fal y llwynog wrth geilliau'r tarw gynt) am rywbeth na wn pa bryd y daw. Ond dyma newydd wedi dyfod i'r dre fod y *John and Martha* yn Hylelake, wedi troi'n ôl ar ôl bod yn curo'r môr yn wreichion, a Duw ŵyr pa drefn sydd ar fy mhethau ynddi. Mae ei protecsiwn allan, a'r gwŷr wedi dianc oll i lan, rhag ofn cael eu presio gan wŷr y *Bonetta*, slŵp sydd yn Hylelake ar yr achos hwnnw, ac a ydys yn ei disgwyl i'r afon ers dyddie onibai erwined y rhew, yr hwn sydd mynd yn ôl ac ymlaen gyda'r trai a'r llanw mor erchyll nad eill neb wrthsefyll mono.

ML i. 14. J – R. 8 Rhagfyr [Ionawr] 1739-1740.

Ond yr oedd mwy o oedi'n wynebu John cyn cael hwylio'r cefnfor, a threuliodd beth o'r amser yn llunio ambell lythyr.

Mae hen ddihareb, 'Ni bu erioed dda o hir aros'. Da y gwn na bu dda i mi eisoes mo'r aros yma er decpunt, heblaw colli cymaint o'r peth gwerthfawr hwnnw, Amser, a gorfod rhedeg mewn dyled gyda hynny. Ond gobeithio y daw haid i gwch eto.

ML i. 15. J – R. 19 Ionawr [1740].

Er bod John a Richard yn gohebu'n gyson yn y cyfnod hwn o aros (er mai ochr John o'r ohebiaeth yn unig sydd wedi goroesi) mae ambell fwlch annisgwyl yng ngwybodaeth John am hanes teuluol ei frawd yn Llundain. Rhaid bod Richard wedi ei hysbysu am farwolaeth ei fab Llewelyn, ac wedi cyfeirio at ei ferch, Meirian.[3] Dyma ymateb John:

> You talk of your Llewelyn and Meirian! Ai D[iaw]l a gafodd wall ar y gŵr bonheddig? Ymhle clywn i sôn amdanynt? Nid oes bosibl eich bod yn briod, a chanthoch blant, etc., a minne heb glywed gair sôn erioed! Mae'n debyg mai wrth siawns y cawsoch hwynt (rwyn gofyn nawdd fy chwaer yng nghyfraith os wy'n camdybio – ond ai fi ŵyr pwy yw hi?) Os felly ni buasa waeth o ddrain crin pe aethai Feirian gyda'i brawd. Rych yn alaru ar ei ôl mal Dafydd Broffwyd gynt am ei fachgen. Duw ro amynedd i chwi.
>
> ML i. 15-16. J – R. 19 Ionawr 1739.

Yn yr un llythyr mae John yn rhannu gwybodaeth deuluol a ddaeth iddo gan ei frawd William o Fôn:

> Y brawd William a ddywaid i'n chwaer[4] ddyfod ar ei gwely'n ddiweddar, a geni iddi ddau fab, sef yr enwyd hwynt Iorwerth a Morys, a marw a wnaeth y ddau, a'u claddu a wnaethpwyd yn yr un arch yn Eglwys Penrhos. Fe gafodd eu mam amser go galed heb neb ond ein mam ninne, Duw â'i helpo, i roddi help llaw iddi, yr hon drwy eistedd i fyny ac ymegnïo mwy na'i gallu, a'i taflodd ei hun i afiechyd – mal cynt gyda minne pan syrthiais i'r badell a'r breci.[5] Nid hwyrach y caf well newydd yfory, os gwêl Duw'n dda.
>
> ML i. 16. J – R. id.

Yn ychwanegol at yr aros diddiwedd am ddechrau mordeithio dôi pob math o ryw fân drafferthion i flino John:

> Ef a gododd rhyw rwtws[6] melltigedig drwy gefnau fy nwylo dydd arall, a chwyddo a wnaethant yn ddirfawr, a chosi a dolur cethin

---

3 Am Feirian, gw. y bennod 'Meirian ac Angharad' isod.
4 Elin, unig chwaer y Morrisiaid.
5 trwyth melys, brag cyn iddo eplesu a ddefnyddir i gynhyrchu cwrw. GPC.
6 plorynnau, brech.

. . . Gorfu arnaf waedu[7] y Sadwrn diwethaf yn un braich, a dydd Llun yn y llall, yr hyn â'm gwnaeth mor anwydog nad wyf abl i ddangos fy nhrwyn ar y dec eto. Yr wy'n gorwedd y nos yn hamog y mate arall, a diau mai anniddan iawn ydyw bod fal hyn, heb na llyfr i'w ddarllen oriau segur, na dilledyn i'w newid ond gwisgo dydd Sul beunydd. Gorfod benthyca pin ac inc a phapur, ac mewn ychydig eirie rwy wedi mynd yn benbrudd gyddeiriog o'r achos.

ML i. 23-24. J – R. 16 Ebrill 1740.

Un diwrnod ac yntau'n dal i ddisgwyl hwylio, sylwodd John ar y dyddiad. 'Heddiw', meddai,

ydyw ffair Llannerch-medd. Onid digrif fyddai fod yno gyda'r nos yn cofleidio Morfydd? Ah! Gwraig gŵr arall, meddwch chwithe. Wala – pwy all help?

ML i. 34. J – R. 14 Awst 1740.

Ond o'r diwedd daeth y dydd hir ddisgwyliedig, er bod cryn ansicrwydd o hyd, fel y gwelir yn ôl yr hyn a ysgrifennodd John at Richard o Spithead:

We sailed from Torbay yesterday p.m. with a short warning for this place, a Duw a ŵyr pa beth yw'r achos. Ni a ddaethom yma ynghylch 3 p.m. heddiw, ac aeth y Duc William i'r lan yn union, a'r hanes rŵan ydyw ein bod ni i fynd gyda Syr Chaloner Ogle (yr hwn yw'n admiral ni) i'r Gorllewinol India, a bod 32 llong ryfel i gyd i fynd yno. A ydych chwi yna yn clywed dim o'r fath chwedlau? Gobeithio nad gwir monynt, canys nid oes dim byw yn y llongau tri dec yma yn y gwledydd gwresog hynny, ond os ein tynged fydd i fynd yno, croeso iddi. Ond bydded mewn llong lai. Ac os yno'r awn, pa beth a wneir am arian i ffitio allan â dillad

---

7 Meddyginiaeth gyffredin yn y cyfnod yn ystod pwl o anhwylder oedd agor gwythïen a gollwng ychydig waed.

teneuon, etc.? Rhaid gwneud llythyr cymun[8] a gadael llythyr atwrnai i rywun neu'i gilydd yn y fangre anghysbell yma. Ac os digwydd i ddyn fynd at ei deidiau cyn dychwel adre, yn iach ddisgwyl i neb o'i berthyynas ddim byth oddi wrtho. Maent yn dweud na chaiff un dyn sydd yn y llynges fynd i'r lan yma, nac un cwch chwaith, eithr cychod *tenders* sydd i gario y llythyrau, etc., yn ôl ac ymlaen i gludo bwyd a diod inni a phob peth,ond ni wn i pa sut fydd eto. Chwi gewch wybod mwy yn fy nesaf, ond cael clywed oddi wrthych yng nghynta, a gwybodaeth pa ddelw mae'r rhieni, etc., yr hyn sydd arnaf eisiau ei glywed yn gethin. Ni chaf hamdden i ychwanegu gan fy mod yn flin ac yn gysgadur, ac yn sgrifennu llinell neu ddwy adre hefyd. Felly brysiwch sgrifennu a byddwch wych.

ML i. 35. J – R. Spithead, 13 Medi 1740.

Nid i'r 'gorllewinol India' wedi'r cyfan yr aeth John yn 1740, ac yntau'n fêt ar fwrdd y *Torbay*. Yn hytrach ar ymgyrch yn erbyn y Sbaenwyr yr aeth, a'r wybodaeth nesaf a gawn amdano yw'r cyfeiriad mewn llythyr o eiddo William at Richard ar y 6ed o Ebrill y flwyddyn ganlynol, 1741, yn sôn am ei farwolaeth. Bu hynny ar y môr mewn ymgyrch ar Cartagena, porthladd i'r de o Alicante. 'Our poor mother is almost inconsolable', meddai William,

I endeavour'd then to dissuade her from her grief by telling her of the likelyhood there was some other person of the same name dying aboard (for there was one John Morris, of this country, in the fleet, but not, I believe, on board the *Torbay*). My father has, I hope more reason than to grieve intolerably. In short I never saw, and God be praised we never had, such reason for gruddiau gwlybion in our family, but if we live we must expect worse, or as bad, o ran – chwedl chwithau – nid oes i'r hwya ei oes ohonom mo'r hir aros yma.

ML i. 47. W – R. 6 Ebrill 1741.

---

8 llythyr cymun = ewyllys.

Y nesaf at John o ran oedran oedd William, ac yn dilyn yma ceir pigion o'i lythyrau ef at ei ddau frawd arall, Lewis a Richard. Ef, fel y dywedwyd uchod, oedd yr unig un o'r brodyr i dreulio'r rhan fwyaf o'i oes ym Môn, a bu'n ffyddlon iawn ar hyd yr amser yn cadw'r cysylltiad rhyngddynt hwy â'u rhieni oedrannus, ac â hanes ei hynt a'i helynt ei hun a'i deulu.

Dacw'r plantos wedi myned i'w gwelyau, a phob peth yn ddistaw ond y dwyreinwynt cryf, rhewllyd sydd yn chwibanu drwy'r dorau. Dyma finne yn dechrau epistol i ddymuno ichwi Flwyddyn Newydd gwell na'r Hen, er y byddaf fi fy hun yn ddiolchgar am ei chystal.

ML (Add) 34-35. W – L. Dydd Calan wedi bod nos. [1735/1736].

Rhoddai'r brodyr bwyslais arbennig bob amser ar bynciau yn ymwneud â'u hiechyd, ac ar yr hyn oedd orau i leddfu rhyw anhwylderau a ddôi ar eu traws.

Sôn a wnewch chwi nad yw pwyns[9] yn dda. Ydyw, ydyw – yn dda rhag pob annwyd. Ni cheisiaf ond barn gwŷr Llundain, pa beth a wnâi boblach ar y rhew mawr yma onibai fo? Mae'r dwfr wedi myned fel dur, a'r cwrw yn rhewi yn y llestri. Ond wrth gofio, rwyn ofni i Wmffra o Drefengan (gynt) gymeryd gyda'r mwya o frandi nos arall, oblegid fe'i caed y bore heddiw neu ddoe ar y ffordd fawr yn gelain.

ML (Add) 35. W – L. id.

Diddordeb mawr William oedd blodau ac amrywiol blanhgion a feithrinai yn ei ardd. Daeth i adnabod dynion o gyffelyb fryd a fyddai'n teithio'n gyson trwy Gaergybi ar eu ffordd i Iwerddon ac oddi yno, ac ymhlith ei gyfeillion yr oedd Thomas Pennant (1726-1798), y naturiaethwr a'r hynafiaethydd adnabyddus o'r Downing, Sir Fflint. Yma ceir ef yn hysbysu ei frawd Richard am y diddordeb

---

9 y ddiod *punch*, diod boeth yn cynnwys gwin, gwirod, dŵr, &c.

hwn a oedd wedi gafael yn dynn ynddo. Yr oedd mam y Morrisiaid hithau, fel y soniwyd eisoes, yn adnabyddus yn ei bro am ei dawn ym myd meddyginiaethau gwerinol.

I don't remember whether ever I told you that I've for upwards of three years been a-studying botany. A myn d[iaw]l, ni rown i mo'm llaw ar fy nghap i un gŵr yng Ngwynedd na Deheubarth am adnabod llysiau a deiliach! I've made a catalogue in English, Welsh and Latin of the plants, etc., growing in and about Holyhead, where we have a great many pretty rare ones, and likewise made a kind of a dry garden, or specimen of each plant. I've lately taken in hand and finished (with a design of adding the same to Dr Davies's *Botanologium*[10]) a catalouge of all the plants (in Latin, Welsh and English) out of Mr Ray's *Synopsis*[11] . . . Mae'n debyg eich bod yn meddwl bellach fod eich brawd Gwilym[12] yn hogyn o *egoist*, ac nid heb achos. Wala, wala, mae gwendid ar bawb weithiau.

ML i. 37-38. W – R. 14 Hydref 1740.

Fel ei frodyr eraill yr oedd gan William ddiddordeb ysol hefyd mewn pob math o bynciau llenyddol, a byddai wrth ei fodd yn casglu ac yn copïo deunydd barddonol a rhyddieithol.

Gan nad oes gennym fawr o waith y Brenin i'w wneuthur yr amser yma o'r tymor, mi gymerais yn llaw ers dyddiau sgrifennu mewn llyfr newydd tanlli, gymaint o waith yr ardderchog fardd hwnnw, Dafydd ap Gwilym, ag a fedrwn ddyfod o hyd iddynt o dwll ac o drafais, ac wele fi wedi cynnull i'r llyfr hwnnw well na 90 o gywyddau ac awdlau er y 5ed o Ionawr.

ML i. 43. W – R. 20 Chwefror 1740.

---

10 Adran yn ymwneud â blodau, planhigion &c. yn *Dictionarum Duplex* (1632) gan John Davies o Fallwyd (?1567-1644).
11 John Ray (1627-1705). Naturiaethwr ac awdur.
12 Byddai William yn hoff o gyfeirio ato ef ei hun fel 'Gwilym' yn ei lythyrau.

Byddai diddordeb William ym myd natur weithiau yn ei dywys ar ambell daith cryn bellter o'i gynefin, fel yn yr achos a gofnodir ganddo yma.

Gwybyddwch ddarfod i weinidog ein plwyf a phedwar o wŷr bonheddig eraill a minnau gymeryd taith ddechrau'r wythnos ddiwaetha i ben yr Wyddfa, neu'r Eryri, rhai er mwyn cael gweled y byd o'u hamgylch, eraill er mwyn gwario eu harian a chael digrifwch. Ambell un er mwyn cael edliw i'w cymdogion y buasent yn nes i'r nef na hwynt . . . a minnau (chwedl y mochyn) er mwyn dyfod o hyd i lysiau a deiliach y rhai a dyf yno yn anad unlle arall o dir Prydain Fawr. We had very bad weather so that the prosperous men were quite disappointed. I picked up about a score curious Alpine plants, most of them on the very top of Snowdon, ond roedd hi'n gwlychu, a chyn oered nad oedd dim byw yn hir yn y fan.

ML i. 52. W – R. 8 Mai 1741.

Pan symudodd Lewis Morris o sir Fôn i ddilyn gwahanol lwybrau yng Ngheredigion, gadawodd ar ei ôl ddwy ferch o'i briodas gyntaf – priodas a ddaeth i ben pan fu farw ei wraig, Elizabeth Griffith. Aros ym Môn fu eu hanes hwy i ddechrau gan ymgartrefu gyda gwahanol aelodau o'r teulu yno, ac yn y dyfyniad hwn ceir William yn rhoi darlun geiriol ohonynt i Richard yn Llundain.

Hanes y ddwy herlodes, h.y. Marged ac Elin, y gyntaf yn ddeg er Gŵyl Fair, a'r llall yn naw flwyddyn i'r un dydd. Yr hynaf yn balffas o lodes frongoch yr un agwedd a'i thad, a'r ifa' yn eneth lwydwen ei hwynepryd yr unlliw â'r papur yma. Yr hynaf yn dysgu'n odiaeth, a'r ifa' yn llawn ysbryd ac yn gymenddoeth (i.e. *witty*). Ar air maent yn debyg i fod yn ddeunydd gwragedd da, for they are fine children.

ML i. 61. W – R. 28 Hydref 1741.

Rhan o ddyletswyddau William oedd delio â chanlyniadau unrhyw longddrylliadau a ddigwyddai oddi ar yr arfordir yn ei ardal, a hynny weithiau yn torri ar draws ei gynlluniau.

[F]e ffaeliodd gennyf fynd hyd yn Nulas y Gwyliau yma, er bod 'y nhad wedi gyrru march i'm cludo yno. Yr achos a'i parodd ydoedd fod llong fawr wedi torri yn gyfagos i'r fan yma, a'r holl wŷr wedi boddi, a minnau yn fawr fy ffwdan yn ceisio cadw ac ymgeleddu'r pethau i'r Amral [Admiral] o achos mai 'mrawd[13] yw'r *deputy*. Mi ges annwyd ac oerfel i'm hesgyrn o'r achos. Ni safiwyd fawr o'r petheua, pob peth trwm yn y gwaelod, a phob peth ysgafn yn dipiau ar hyd y creigiau. Mi a fûm ddiwrnod neu ddau yn auctioneer of hen goediach na thalant mo'u cadw. I am in hopes of coming at the anchors and guns when the wind and weather comes fair.

ML i. 72-73. W – R. 2 Ionawr 1742.

Yng nghyfnod y Morrisiaid – a oedd yn aelodau brwdfrydig a theyrngar o Eglwys Loegr – gwelwyd Methodistiaeth yn cyflym ymledu dros y wlad, ochr yn ochr â thwf arafach a thawelach yr hen Ymneilltuwyr. Yr oedd Richard, mewn llythyr at William, wedi cyfeirio at rywun na chlywsai William amdano. 'I can't guess', meddai, 'who that Price you mention can be. No clergyman of this country to be sure'.

I fancy it must be a Methodist – religiously mad. This country, which some few years ago might be said not to have six persons within it of any other persuasion than that of the Church of England, is now full of Methodists or Independents or Prespyterians or some other sect, the Lord knows what. I believe they don't themselves. The Welsh name for 'em is 'pennau crynion'.

ML i. 83. W – R 19 Gorffennaf 1745.

---

[13] Lewis, nad oedd eto wedi ymadael am Geredigion.

Cyfeiriodd William at Wesley mewn llythyr at Richard ddwy flynedd yn ddiweddarach. Meddai, 'I believe the Methodists in general are trinitarians. John Westley [*sic*] embarked here for Dublin. Did not preach but dispersed his sermons'. ML i. 116.

Erbyn ei lythyr nesaf at Richard, serch hynny, yr oedd gan William fwy o wybodaeth am y Price uchod, a gallai gynnig hanesyn amdano y gwyddai a fyddai'n fêl ar fysedd Richard, fel yn ei achos yntau.

Price you mention is one Jones's curate of Llanfair and Llanbedr – an empty fellow. Mi ddyweda i chwi chwedl ddigrif yn ei gylch, ef a'r hen ewyrth Owen Parri'r saer. Mae Owain yn byw mewn tŷ i Mr. Meyrick a elwir Glyn Llanbedr, a chidag e yn lletya Jones yr offeiriad. A rhyw noswaith fe glywai Owain rhyw dwrw, ac amau wnaeth fod y forwyn yn mynd at yr offeiriad, a chodi a orug Owain yn ddistaw deg a myned a sefyll mewn congl yn gyfagos i stafell y gŵr. Ac yn y man Owain a welai y forwyn yn dyfod allan yn lladradaidd oddi yno, ac yn myned i'w gwely ei hun. Ac Owain yntau aeth at ei wraig. A'r bore, pan gododd, ebr ef wrthi, 'Siân, ni chaiff y llances yma aros ddim hwy yn fy nhŷ i, oblegid mae hi'n godinebu efo'r offeiriad, o ran mi a'i gwelais neithiwr gefnant nos yn dyfod yn ei uncrys o'i stafell'. Yna Siân a alwodd ar y wasanaethferch a'r offeiriad yntau a ddeua i'r fan.Yno tyngu a rhegi a orug y fenyw a'r offeiriad mai breuddwyd a welsai Owain, ac nid oedd dim coel ar ei lygaid, felly rhwng y wraig a nhwythau, bu raid i'r truan ddal ei dafod. Ond ymhen byr amser cafodd y pleser o weled geni iddi bwmp o gyw offeiriad, er mawr orfoledd i bob plaid.

ML i. 85-86. W – R. 17 Awst 1745.

Dyma William – fel y byddai'n chwannog i wneud – yn oedi i fyfyrio ar y modd yr âi'r amser heibio, a mynd ag yntau a phawb arall i'w ganlyn.

Rwyf i yr awron yn gwneuthur y peth a ddylaswn wneuthur 15 neu 18 mlynedd i rŵan, sef yw hynny, dechrau trin y byd a magu plant a chan mil o bethau a thrafferthion ac anghenion. A pheth sydd waeth na'r cwbl, dyma henaint a haid o gymdeithion aflafar, sef anwydau'r corff, yn chwarae mig ymguddio â dyn. O genawon hyllion! Gwir a ddywedodd rhyw hen Gymro yn amser ein teidiau:

> Pan basio ŵr ei ddeugain oed,
> Er bod y coed yn deilio,
> Fe fydd sŵn goriadau'r bedd
> Yn peri ei wedd newidio.

Wala, wala, nid oes ond gwneuthur y gore o'r amser, a draen am henaint.

ML i. 96. W – R. 27 Hydref 1746.

Byddai William yn hoffi addurno ambell ddigwyddiad a ddoi i'w ran ynglyn â'i waith a llunio rhyw fath o stori fer lenyddol.

Annwyl Frawd, I wrote you some time ago in answer to your last, should have waited a little longer for a reply had it not been for the following accident – or incident, call it what you will. A mi neithiwr yn eistedd wrth fy nhân efo'm cywely oddeutu 10 o'r gloch, mi glywn dwrf meirch yn dyfod tua'r annedd, ac ni chaem ni gytrym nad dyma gnocio yn drws. Mi a dybiais fod rhai o'r hen gyrff diddan gynt, megis Tomos Owen Lewis neu Risiart William gloff wedi codi o feirw ac yn dyfod a gwirod inni o'r byd arall. Ond yn lle hynny wele balff o ŵr bonheddig yn picio i mewn, ac yn cyfarch gwell imi. Nawdd Duw rhagot, ebe finnau, o ble yr wyt yn dyfod ac i ble yr ei yr amser yma o'r nos? Cyfaill wyf, ebr yntau, i'ch brawd Rhisiart yn Llundain, ac mi addewais alw efo chwi yn fy ffordd i'r Iwerddon. Yno rhoddi iddo wadd i eistedd a'i groesawu â bwyd a llyn. Yn y man fe ddywedodd mai ŵyr ydoedd i ryw wraig a fuase fyw yn Sarn Fraint, ac mae ei enw ef ydoedd Williams, a'i fod yn byw yn Llundain ers 10 mlynedd, ac nad ydoedd briodol. Rydoedd o Lundain ers mis ac wedi bod ennyd mewn tai gwŷr boneddigion yn Ninbych ac Arfon, efo pa rai yr ydoedd yn cymryd arno fod yn dra chydnabyddus. He was well dressed, had a good cutteau at his side, his fingers ringed, and acted the gentleman very prettily. He went off that night in the packet and promised to make a longer stay on his return.[14]

ML i. 99. W – R. 3 Chwefror 1746.

Dychwelodd William at bwnc y Methodistiaid mewn llythyr arall at Richard. 'Aie sant yw Siôn Westley [sic]?' holodd.

Mi glywais ei frawd [Charles] yn pregethu yma ddydd arall yn nrws tŷ tafarn. Naill yr oedd wedi ynfydu neu yn tybio fod eraill felly. Tebyg i un yn pregethu'r Efengyl i fagad o baganiaid di-gred, diwybodaeth.

ML i. 121. W – R. 18 Hydref 1747.

Ni allai William lai na chanmol ei ardd ar bob cyfle, a hoffai'n fawr petai ei ymdrechion ynddi'n cael mwy o sylw gan y byd.

Mae'r tywydd ffordd yma fal y byddai yn y dyddiau gynt ym mis Mawrth, neu ddechrau gwanwyn – gwynt a glaw a niwl oerllyd, dim tes! Mae gennyf yr ardd wycha' yn y fro. Mae yn awr yn tyfu ynddi agos i bob llysieuyn sy'n hadu hâd . . . pob un dieithrol a godidog, o'r *Rhodia Radix*, yr hwn a dyf ar ben yr Wyddfa yn Arfon, hyd yn oed y *Pinguicula*, yr hwn a dyf ar Dywyn Tre Owein ym Môn! A hefyd goedydd a manwydd beth difesur! Och na bai ambell un cywrain gwybodol yn dyfod yma i'w gweled. Ail yw i gannwyll dan lestr.

ML i. 132. W – R. 2 Mehefin 1748.

Profiad braidd yn drist i William oedd ymweld â'r eglwys ym Mhenrhosllugwy, a fynychai yn ei ieuenctid, a chael cenhedlaeth newydd yno bellach.

Myned echdoe i ymweled â'r rhieni . . . Daeth y nhad a mam ar eu meirch efo mi i'r Llan . . . Nid oedd yno fawr o'r hen boblach gynt

---

14 Os bu cystal â'i air ni chyfeirir at hynny gan William.

yn fywion. Cenedl arall sydd yno yn awr. The few remaining were Twm Rolant, Sion Bifan, Twm ab William Dafydd (dall fel ei dad), Hwmffri o Ddulas a'i feibion, Rhobert a Harri, William Owen Prys, byth yn glochydd a chyn sythed â'r gorsen, ac ymhell wedi 80, yn briod â Siân Siôn Oylfir, Lewis Siôn Oylfir – dyn croes cyfreithgar – Mrs Williams o Fodafon, ac ŵyr gyda hi agos cymaint â minnau, Twm Wiliam glochydd o Fryn Eithinog, Wiliam ap Huw Williams y seinar,[15] Owain Wmffras, Sion Lewis o'r Gadlas a'i wraig Alys. Ni welais i fawr neb arall o'r hen stondards[16] – ŵyr i hwn a hwn fydde pawb agos. Nid oedd ryfedd i chwi a minnau friglwydo.

ML i 135. W – R. 3 Hydref 1748.

Yr oedd marw plentyn yn brofiad cyffredin i rieni yn y ddeunawfed ganrif, ac nid oedd y Morrisiaid yn eithriad yn hynny o beth. Dyma brofiad William yn 1748.

Nid hwyrach na bydd waeth gennych er clywed pa fyd sydd arnom yn hen Ynys Fôn. Nid oes i chwi le i ddisgwyl newyddion mawr yn y byd o'r fath le anghysbell, oddigerth marw o un a geni un arall, a'r cyffelyb. Dyna'r hwsmonaeth sydd yma gan eich brawd Gwilym – claddu'r dydd arall globyn o fachgennyn, sef oedd hwnnw fy ieuaf, ac wythnos i heddiw geni pwmpog o herlodes yn ei le. Ni cheir yma roddi'r un enwau Cymraeg ar blantos, felly Siân[17] y galwyd hi. Claddu echdoe ei hen nain, sef oedd honno hithau Siân, wedi iddi fendithio ei gorwyres a hi yn 85 o oedran, a'i holl synhwyrau ganddi hyd y dydd diwethaf.

ML i. 138. W – R. 20 Chwefror 1748.

Fel y soniwyd eisoes, yr oedd William yn rhinwedd ei swydd yng Nghaergybi, yn cyfarfod â phob math o gymeriadau. Dyma gyfeirio at un ohonynt, ac am y rhodd garedig a gafodd ganddo.

---

15 sieiner, *joiner*
16 trigolion.
17 Jane oedd yr enw a roddwyd arni.

Dyma f'Arglwydd Castledurrow wedi rhoddi imi gorn Ffrenig i.e. *French Horn*, a chan fy mod yn cyfaneddu ar lethr gallt goruwch y Gaer, fy ngorchwyl ambell noswaith dawel yw chwythu yn fy nghorn er difyrrwch imi fy hun, ac er mawr ddiddanwch i'r Caeryddion[18] a'r rhelyw o'r Cybeaid.

ML i. 143. W – R. 2 Medi 1749.

Digrif, wrth anfon at Richard, yw ymateb William i'r newyddion fod eu brawd Lewis (y cyfeirid ato fel 'Llew' weithiau), a oedd bellach wedi ymgartrefu yng Ngheredigion, wedi priodi am yr eildro – y tro yma â merch ieuanc o ardal Goginan yng ngogledd y sir.

Wawch! Wfft i hyn! Na bo 'mond ei grybwyll! Dacw'r brawd Llew wedi ymbriodi ag un ieuanc o lwyth Ceredigion! Gŵr o hanner canmlwydd oed yn ymglymu â benyw oddeutu 25! 'Glew fydd y Llew hyd yn llwyd' ebr rhyw hen brydydd gynt. Mae'n debyg glywed ohonoch y newydd cyn hyn. Duw a roddo i'r cwpwl lwyddiant.

ML i. 145. W – R. Dydd Calan Gaeaf 1749.

Newyddion trist a oedd gan William pan anfonodd air at Richard rai misoedd yn ddiweddarach ynglŷn â marwolaeth ei briod. Erbyn hynny yr oedd ganddynt ddau o blant – bachgen a merch.

Rwyn deall fod John Owen[19] wedi sgrifennu atoch hanes marwolaeth fy annwyl wraig, yr hon a welodd yr Arglwydd yn dda gymeryd ato y dydd cyntaf o'r mis hwn, er mawr dristwch a cholled i mi a'm plant gweiniaid. Ni fedraf ddwedyd dim chwaneg ar y testun galarus yma, mae fy nghalon yn rhy lawn yn berwi drosodd. Duw â'm diddano i ac â'ch cadwo chwithau rhag tristwch.

ML i. 152. W – R. 21 Mai 1750.

---

18 William yn chwarae yma â'r enw 'Caergybi' i olygu 'pawb'.
19 Mab Elin, chwaer y Morrisiaid.

A phendrist ddigon ydoedd ryw fis yn ddiweddarach.

Mae'r amser yn neshau y pryd y bydd raid i'r hwya ei einioes ohonom ymado a myned i gartref y bedd. Felly gadewch i ni tra bôm yma efo'n gilydd ddiddanu tipyn y naill ar y llall, oblegid y mae digon o drwblaethau yn rhan y lwcusa ohonom.

ML i. 153. W – R. 18 Mehefin 1750.

Tebyg bod Richard, mewn llythyr nad yw wedi goroesi, wedi holi William, ac yntau bellach yn ŵr gweddw, am hynt ei deulu.

Wrth hir ddisgwyl ces eich llythyr o'r 16 ulto, a chan diolch amdano. Yn ateb iddo, mae imi fachgen a lodes, y cyntaf yn agos i'w bedair blwydd a hanner oed, yn mynd i'r ysgol beunydd, ac yn siarad Cymraeg [yn] dda a Saesneg [yn] rhesymol. Herlod llawn o ddireidi tebyg i'w ewythr [Richard] pan oedd yn ei oed. Pob castiau gwaharddedig, etc. Yr ail o gwmpas blwydd a hanner yn dechrau cerdded. Yr acsus[20] wedi ei dal yn ôl yn erchyll. Y mab, sef ei enw Robert, gartref yn gywely i'w dad, a'r eneth, sef Jane, gyda mamaeth yn y gymdogaeth lle bydd raid ei chadw dros ennyd. They are, God be praised, fine children, Gwyn y gwêl y frân ei chyw, meddwch chwithau.

ML i. 154. W – R. 23 Gorffennaf 1750.

Yn dynn ar sodlau'r hanes am farwolaeth gwraig William daeth hanes am yr un profiad yn achos Richard yn Llundain, ac anfonodd William air i'w gysuro yntau.

Wele yma eich llythyr o'r 25 a'r hanes galarus o farwolaeth y chwaer yng nghyfraith. Duw â'ch diddano ac a ddelo â'r byd wrth eich bodd. Rym ni i gyd yn weiniaid mewn wmbwrdd[21] o bethau, er hynny mae inni le i obeithio y cawn drugaredd a maddeuant drwy haeddedigaethau ein Iachawdwr, ac nid oes amau nad yw

---

[20] twymyn.
[21]wmbredd, amlder, nifer mawr.

hithau mewn anorffen esmwythdra a dedwyddwch. Duw â'n gwnelo'n barod oll i'w chanlyn. Yn wir, nid yw cadw tŷ heb wraig ond gorchwyl tra gwag. Rwyf i yn gwybod hynny yn rhy dda yn barod.

ML i. 159. W – R. 29 Awst 1750.

Yng nghanol ei drafferthion er hynny câi William gryn foddhad yn dilyn ei ddiddordebau llenyddol.

Dyma fi wedi taro wrth lyfr ysgrifen ac ynddo well na phedwar ugain o gywyddau yr ardderchog fardd D. ap Gwilym. Roedd gennyf lonaid llyfr ohonynt o'r blaen, sef o ddeutu 90. Mae yma o 30 i 40 nad oeddynt gennyf na chan neb arall yn y broydd yma.

ML i. 162. W – R. 23 Hydref 1750.

Mater o falchder iddo oedd bod ganddo nifer o gywyddau Dafydd ap Gwilym nad oedd gan ei frawd Lewis, a oedd yntau wrthi'n selog iawn yn casglu ynghyd waith y bardd hwnnw.

Oes y mae gennyf dwysgen o gywyddau D. ap Gwilym na fedd y brawd Llewelyn monynt. Mae imi o ddeutu saith ugain, ond dacw yng Nghallt Fadog[22] well nag un ugain ar ddeg ohonynt! Ie, digon digrif fyddai eu hargraffu. Gresyn bod cymaint ohonynt mor fasweddgar.

ML i. 163. W – R. 3 Rhagfyr 1750.

Annisgwyl braidd yw'r sylw olaf gan rywun o'r ddeunawfed ganrif. Ar drothwy blwyddyn newydd y mae nodyn gobeithiol yn llythyr William at Richard.

Ces lythyr ddoe ne echdoe o Allt Fadog. Y gŵr hwnnw yn achwyn yn dost ar y byd. Felly y gwnawn innau pe byddai wiw imi. Mae fy hen ffrind, sef Gobaith, yn ceisio sio yn fy nghlustia mai diboen i

---

22 Cartref cyntaf Lewis Morris yng Ngheredigion.. Gw. 'Y Cefndir' uchod.

ddyn dybio'n dda, ac y daw popeth well, well. Ond y peth gorau wedi'r cwbl yw disgwyl yn ddyfal wrth yr Arglwydd a rhoddi ein hyder a'n goglyd[23] arno. Dyna'r feddygyniaeth orau allan. Oni bai honno nis gwn beth a ddeuai ohonom.

ML i. 164. W – R. 1 Ionawr 1750 [1751].

Yr oedd Richard wedi cyfeirio at ei ferch, Meirian, mewn llythyr nad yw wedi goroesi, ac wrth ymateb y mae William yn rhoi ychydig eto o hanes dwy ferch Lewis o'i briodas gyntaf, a oedd yn dal i fyw ym Môn.

Da yw bod y nith, Meirian[24], yn gawres neu'n gores. Mae yma un gyfnither iddi yn ei hannerch, sef Marged[25], yr hon yw fy housekeeper i! Am y chwaer arall, mae hi mewn gwasanaeth ers talm byd (heb ddim cyflogiad eto) efo Morgan o'r Henblas. Mae hon yn lodes rwydd dda, ond ni wn i pa sut a fydd i'r llall[26] drin y dreth. Un bengaled ydyw. Rwyf hyd yn hyn yn cadw tŷ orau gallwy', sef yw fy nheulu, fy hun, a'm mab a'r nith a morwyn a chi a chath a dim arall. Mae fy herlodes[27] eto gyda'i mamaeth – ni wn pa sut a fydd trin y dreth pan ddêl hi adref. Ond ni waeth tewi na sôn am gartref, gwell a fai i minnau werthu'r creglach[28] yma a mynd i letya fal chwithau. Nid wy'n ennill fawr ar y gwaith yma.

ML i. 165. W – R. 30 Ionawr 1750 [1751]

Yr oedd goryfed *gin* – a oedd yn rhad iawn i'w brynu yn y ddeunawfed ganrif – yn un o broblemau'r oes, ac yn un a gysylltid â merched i raddau. Y mae *Gin Lane* yn un o luniau enwocaf yr artist William Hogarth o'r un cyfnod.

Gwych a fyddai i'r Parlment yna fedru wneuthur argae i lestair i'r

---

23 ymddiriedaeth, hyder.
24 Merch Richard. Gweler y bennod arni hi a'i chwaer Angharad isod.
25 Marged = in o ferched Lewis Morris o'i briodas gyntaf
26 Y llall = ei chwaer, Elin.
27 fy herlodes', sef ei ferch fach, Jane (Siân).
28 creglach, manion diwerth.

gin brwnt ymledu dros yr holl deyrnas a boddi o'r holl wragedd sychedig. Temperance is a most amiable thing! Lle da i'r un ohonom ddisgwyl mynd cyn hyned â'n rhieni tra bôm yn bolera ac yn gloddesta beunydd mor ddigydwybod. Ond ni choeliach chi byth gased gan eich brawd Gwilym ddiota y dyddiau hyn. Mae'n debyg mae'r achos yw am nad ydyw yn cytuno a'i dymer wneuthur felly, ac nid i unrhyw rinwedd.

ML i. 166-167. W – R. 2 Mawrth 1750 [1751].

At ei gilydd yr oedd William yn lythyrwr lled gyson, ond tystiolaeth ei lythyrau yw mai digon anghyson yn aml oedd llythyrau ei ddeufrawd ato ef. Dyma enghraifft o gwyn a welir yn lled aml yn ei ohebiaeth â hwy.

Mae ennyd fawr o amser er pan gefais lythyr oddi wrthych yn rhoddi hanes eich bod yn sâl ar eich iechyd, ac roeddwn yn gobeithio cael cyn hyn y newydd o'ch bod wedi mendio. Os y'ch felly pam na roesech i ni y melys cystal â'r chwerw? Mae imi frawd (rwyn gobeithio) yn Neheubarth Cymru [Lewis] na rydd i mi na'r naill na'r llall. Mae hi'n well na chwarter blwyddyn er pan ge's lythyr oddi wrtho, ac ni chlywai fod neb arall yn cael yr un mwy na minnau ffordd yma. Nid hwyrach fod yr hen elyniaeth gynt rhwng Gwynedd a Deheubarth yn tarddu allan o newydd, ac y bydd brawd yn erbyn brawd. Pa sut yr ydych chwi ac yntau yn sefyll? Oes llythyr yn dyfod yna weithiau? Wala, rhaid ceisio ymfodloni pe bae'r holl fyd yn anghofio dynan unig. Pawb drosto ei hun a Duw dros y cwbl yw'r hen ddywediad sydd yn cael ei le yn fynych.

ML i. 178-179. W – R. 16 Awst 1751.

Fel y soniwyd uchod, yr oedd William yn aelod ffyddlon o Eglwys Loegr, ond byddai ambell agwedd arni hithau yn peri ychydig o anesmwythdra iddo weithiau:

Dyma ddiwrnod wedi mynd yn ofer heddi wrth rythu fy llygaid ar

33

Esgob Bangor yn rhoddi bedydd i fagad o bobloedd, hen ac ieuanc. Ni welswn mo'r seremoni er pan fu'r Esgob Evans yn rhoddi ei fedydd i chwi a'r brawd Llewelyn yn Llannerch-medd ers yn agos i 40 mlynedd mi a wranta. Nid wyf yn leicio mo'r peth hanner da, fal y maent yn ei drin. Rhy debyg i rodres a rhiolti[29] Eglwys Rufain.

ML i. 179. W – R. 16 Awst 1751.

Breuddwydiai William am gyhoeddi llyfr ar ei hoff bwnc, sef blodau a llysiau, ond sylweddolai ar yr un pryd nad oedd hynny'n debyg o ddigwydd chwaith.

Pe bai'r gallu mal yr ewyllys, rhoddwn allan lysieulyfr iawn. Nid enwau llysiau yn unig ond hefyd eu rhinwedd a'u hamser, a'u cartref, etc., etc . . . Nid mynych mae wythnos yn mynd dros fy mhen na bwyf yn casglu at ei gilydd rhyw faterion, a hynny ers 10 neu 12 o flynyddoedd tuag at y perwyl hwnnw. Nid hwyrach mai gadael heb ei gorffen y byddis, i ryw genedl goeg sychu eu [tinau] â hwynt.

ML i. 187-188. W – R. 18 Rhagfyr 1751.

Byddai William o dro i dro wrth ei fodd yn darlunio taith o'i eiddo, gan fanylu ar y wlad y teithiai drwyddi, a'r trigolion a fyddai'n trigo ynddi. Ar ddydd Calan y bu'r daith a gofnodir yma.

Wedi aros ddwynos efo'r hen bobl [ei rieni], cychwyn tuag adref drwy lôn y Bwlch Coch, a heibio'r Efail Fawr. Gadael tŷ Siôn Oylfir a Bryndulas ar y llaw ddeau a mynd drwy'r lôn aethnen, a rhwng Bodafon Ruffudd Prisiart, a'r Gegin Ddu, a hwi a mi i Fryn yr Orsedd. Gadael tŷ William Owen Pwlcyn ar y llaw ddeau a mynd heibio'r Tŷ Hyfryd, ac i'r ffordd deg. Heibio'r Erw Hir, oddi yno i'r mynydd wedi gadael Afon Geiri a thŷ Rhisiart Niclas, a'r Fedw a Maes y Llan, etc., ar y llaw chwith, i ffwrdd â mi heibio Waun y Gimach a'r Tŷ Pinc, y ffordd y byddwn i yn mynd i dŷ fy

---

29 rhialtwch, miri.

nain ddydd a fu, heibio'r Arwydd Eithin a thŷ f'ewyrth Gruffydd Sion Owen, a gadael ffynhonnau'r helwyr ar y llaw chwith, a'r Brynnau Hirion a Cherrig y Llithr, ac at Gors y Mynydd a thrwy'r llyn heibio i dŷ Gras Williams, yr hen forwyn, a thŷ Siân Owen o'r Mynydd, ac i lawr at dŷ Huw Tomos, wedi gadael y Glyn a Bodafon y Glyn a'r Carneddi ar fy neau, a thŷ Iemwnt Bengam, a'r Fferam a thŷ mamaeth o'r tu chwith, ac ymlaen â mi at y Maenaddfwyn (wedi pasio Ffos Golmon), heibio i dŷ Harri'r gof, a thŷ Domos Prys, etc., ac i dŷ fy nain. Galw yno a how-di i'r cefnder Rhisiart Jones a'i wraig. Rhieni a'u plant a'u hwyrion yn gwledda. Oddi yno heibio i'r Eglwys (sef Llanfihangel Tre'r Bardd, lle cawsoch chwi a minnau gred a bedydd) at Glorach, a rhwng Ffynhonnau Seiriol a Chybi, a thrwy Ryd y Badell a heibio i Foel Lwydiarth i Lannerch-y-medd, ac oddi yno lincyn-loncyn i Gaergybi, drwy eira ac oerfel ddigon. Thus you have an exact journal of my return.

ML i. 188-189. W – R. Dydd Calan 1752.

Chwarae â'r gair 'un' a wnaeth William, ŵr gweddw, wrth gloi llythyr arall at Richard ychydig wythnosau'n ddiweddarach.

Mae'ch brawd Gwil byth yn unigol, *un* tŷ, *un* gardd, *un* bachgen, *un* lodes, *un* nith, *un* forwyn, *un* ci, *un* gath, *un* fuwch, *un* – ar air – unig yw pob peth a berthyn iddo, a thebyg i fod felly am a glywaf i. Rhaid cadw noswyl bellach i gael cymeryd *un* cyntun, ond nid cyn im ddywedyd i chwi ein bod ni oll yn *un* a chy*un* yn gorchymyn atoch. A'r *un*ig Dduw a fyddo'n gwarchod drosoch.

ML i. 192. W – R. 12 Chwefror 1752.

Ymateb y mae William yn y dyfyniad canlynol i un o'r ymosodiadau a wnaed gan rywun ar ysgolion Griffith Jones o Landdowror – bu nifer o ymosodiaidau tebyg o dro i dro. Sylweddolai William werth yr ysgolion hyn, ac yr oedd yn barod i ganmol ymdrechion y Methodistiaid hyd yn oed, i fynd â'r maen arbennig hwn i'r wal.

Wawch! Pa beth ydyw y twrw erchyll sydd o gwmpas y Neuadd Wen?[30] Pa beth sydd yn darfodi'r siaplan yna pan fo yn y modd echryslon yma yn ceisio taflu i lawr a llarpio mal llew rhuadwy ein hysgolin Cymreig ni? Y rhain, yn nhŷb pob Cristionogaidd Gymro diduedd, ŷnt dra mawr fendith i'n gwlad. Ai allan o'i bwyll y mae'r dyn? Pam waeth pwy a yrro ymlaen y daionus orchwyl, bydded o Dwrc, Iddew brych, pagan neu Fethodist? Oni fyddai hyfryd gennych, a chan bob Cymro diledryw, weled yn yr ysgol yma, sef ym mhlwy Cybi, ond odid 40 neu 50 o blantos tlodion yn cael eu haddysgu, yn rhodd ac yn rhad, i ddarllen yr hen Frytaneg druan, ac i ddeall egwyddorion eu crefydd? Y rhai (pe ni chawsid drwy draul a diwydrwydd Mr. Griff. Jones yr elusenni yma) a fasent, mae'n ddigon tebyg, bod ag un yn anllythrennog, ac ond odid, yn anghrefyddol – h.y. heb na dysg na dawn. A chan fod yr ysgolion hyn, o leiaf yn y wlad yma, dan lywodraeth offeiriadau'r plwyfydd, y rhai sydd yn dewis meistri o'u cymdogion eu hunain o ddynion crefyddol, sobr, etc., pa fodd y mae lle i neb rhyw elyn i'n hiaith feio ar y peth? . . . Pa beth a roddasai ein teidiau ni er gweled y fath ddedwyddwch . . . yn eu plith, a'i gael hefyd yn rhodd, ie, ei gymell iddynt? . . . Diamau fod Rhagluniaeth yn gweithredu mewn amryw foddion nas gwyddom ni, bethau cibddeillion, pa sut i'w deall. Digon tebyg mai heblaw tywallt gras i galonnau'r gwirioniaid yma, fod i'r odidog hen iaith hefyd, drwy'r modd yma gael, fel petai, ei hail fwrw a'i gloywi.

ML i. 197. W – R. 27 Ebrill 1752.

Yn ystod haf 1752 aeth William ar ymweliad â'i frawd Lewis a'i deulu yn Allt Fadog, yng ngogledd Ceredigion, a phan ddychwelodd i Fôn, aeth ag Anne, gwraig Lewis, yn ôl gydag ef – y cyntaf o ddau ymweliad a wnaeth hi â'r ynys.

Mae'n debyg glywed ohonoch oddi wrth Lewelyn yr hanes fel y darfu i'r wraig o'r Allt [Fadog] a minnau gychwyn oddi yno tua Môn Ynys wythnos i ddoe. Ni gawsom rwydd-deb odiaeth ar ein

---

[30] Whitehall.

taith, ac yr oeddem y drydedd nos, ym Mhentre-eirianell, wedi ymdreiglo dros freichiau moroedd a mynyddoedd echryslon. Daethom o hyd i'r hen rieni yn iachus dda iawn. Tariais yno ddwynos, yna adre yn nerth y carnau i fwrw golwg ar fy nau gyw, wedi bod oddi wrthynt dair wythnos gyfan! Cefais bawb yn iach, mawl i'r Goruchaf am ei holl fendithion. Rwyn disgwyl y chwaer yng nghyfraith yfory (under the convoy of my father) i dario yma un wythnos i weled rhyfeddodau Cybi.

ML i. 204-205. W – R. Nos Awst 1752.

Diddorol yw cynnwys yma ddyfyniad o lythyr gan Edward Hughes, cefnder agosaf i'r Morrisiaid, a ddaeth i Geredigion tua'r un adeg ag y daeth Lewis yno, gyda'r bwriad o weithio yn y diwydiant mwyn plwm. Nid oedd y berthynas rhyngddo ef a Lewis a'i briod yn un gariadus iawn, yn bennaf oherwydd ei ddiogi a'i hoffter o'r ddiod gadarn. Lletyai ar y pryd yn Allt Fadog, ac ysgrifennodd y llythyr y dyfynnir ohono yma, at William wedi i Anne Morris ddychwelyd gartref o Fôn, a sôn yn ddifrïol am y tlodi a welsai yno.

Er mwyn Duw, pa fodd yr ydych yn leicio cyneddfau'r wraig sydd yn byw yn y tŷ hwn? Mi a'i clywais hi yn eich clodfori chwi uwchlaw pawb oll! Ond ni welodd hi erioed y fath fywoliaeth ag oedd mewn rhyw dai ar yr ynys yna. Roedd ei siarad hi yn abl er codi'r ymgrafu ar boblach wirion gan gymaint o hylltod oedd hi yn ei ddywedyd ger bron ei phriod. Ond mae'n ddilys y dywedai hi saith gymaint wedi galw ynghyd ei chymydogesau a'r cyffelyb.

ML (Add) 230. Edward Hughes – W. 2 Hydref 1752.

Ac yntau yn ŵr gweddw bellach, aeth yn argyfwng blin yng nghartref William pan drawyd ei ddau blentyn gan y frech wen [smallpox], a fyddai'n berygl bywyd i'r sawl a'i daliai yn y cyfnod hwnnw.

Mi glywais rhyw dro sôn am ŵr, yr hwn wedi mendio o siâs[31] o glefyd, a ollyngasai yn ango ei enw ei hun. Nid llawer gwell mo'ch

---

31 pwl (o salwch, &c.)

brawd Gwilym yntau, wedi rhyw drallod a fu arno yn ddiweddar. Prin y gŵyr o ragor rhwng ci a buwch gan nolffder[32] a hurtrwydd. Gwybyddwch mae'r 9fed y clafychodd fy machgennyn, a'r 13 yr herlodes, o'r frech wen, a chan drymed yr haint, a daed oedd gennyf fy nghywion, ni ches na'm cof na'm synnwyr i feddwl am ddim ond y nhw er hynny hyd yr awron. Ond bendigaid a fyddo enw'r Arglwydd, maent eill deuoedd yn dechrau ymendio ac yn ddianaf. Mae'r bachgennyn yn cerdded 'rhyd y tŷ, a'r lodes hithe yn ddigon ei hamdden, ond heb ddechrau codi eto. Hi a'i cadd yn dra erchyll ac yr oeddwn yn ofni amdani yn dost. Bu'r llanc ynte yn llesg iawn. Ni bu monwyf ddau can llath o'r tŷ yma ers tair wythnos i fory. Mae'r frech yn lladd yn abl aml y ffordd yma. Rwyn meddwl fy mod i yn ddoctor brech wen go gywraint, wedi bod yn myfyrio arni ddydd a nos cyhyd o amser.

ML i. 217. W – R. 29 Rhagfyr 1752.

William y garddwr brwd, ar ôl diwrnod yn ei ardd, a welir yn y dyfyniad sy'n dilyn, yn annerch Richard, ac yn arddangos ei wybodaeth o'r gwahanol flodau a phlanhigion a dyfai yno.

Chwi a chwerthasech pe'm gwelsech heddi yn chwynnu, ac o'm hamgylch 4 neu 5 o hen wrageddos yn cymeryd dybaco, ac yn dywedyd hen chwedlau, ac yn diwreiddio ambell chwynoglyn wrth ei pwys. Ond deg i un na basech yn medru tynnu mo'ch llygaid oddi ar yr aneirif rywogaethau o dulips, ranunculas, anemonies, jonquils, irises, narcissus, crown imperials, hyacinths, auriculas, hepatica, polyanthus, saxifrage, martagons, a mil myrddiwn, onid dwy . . . o bethau gwychion eraill. Wala, wala, mae'n rhywyr cadw noswyl fal y gallwyf godi'r bore fory bump o'r gloch i'w trin.

ML i. 231. W – R. Hen Ŵyl Farc, 1753.

Byddai William, meddai wrth Richard yma, ac nid am y tro cyntaf, yn poeni pan fyddai cyfnod hir yn mynd heibio ac yntau heb dderbyn llythyr gan un o'i frodyr.

---

32 ynfydrwydd, ffoledd.

I have at last the pleasure of a letter from you, wedi bod yn disgwyl ni wn i pa hyd amdano. A da iawn yw gweled eich bod yn symud, yn byw ac yn bod. It is a weakness I can't get the better of, to be too anxious about my friends when I don't hear from 'em as often as I could wish. Chwi adwaenech Rhisiart William, y teiliwr o'r Efail Fawr. Fo fyddai ar yr hen ŵr ofn ei gysgod lawer tro pan ddigwyddai iddo ei weled â chil ei lygad wrth loergan lleuad. Unwaith y dychrynodd gwŷdd aradr[33] fo yn erchyll, ac ni ddaeth ato ei hun tan drannoeth a chael gweled wrth liw dydd o ba ddefnydd y gwnaed y bwgan lol. Ni waeth tewi na siarad, nid o'r un math o bridd y crewyd ni oll.

ML i. 235. W – R. 22 Gorffennaf 1753.

Gelynion i'r iaith Gymraeg ar y cyfan oedd esgobion Eglwys Loegr yng Nghymru, a cheir cipolwg ar ddiffyg amynedd un ohonynt yn y dyfyniad hwn o lythyr gan William at Richard.

Dacw un gŵr a wna aelod odiaeth i chwi, sef yw hwnnw Owen Holland of Plas Isa' in Conwy, Esq. . . . Fe ddaeth yma'r dydd arall i'm hymweld ac i lysieua, ac mi ddywedais wrtho y byddai raid iddo fod yn aelod [o'r Cymmrodorion] . . . Fe ddywaid imi hanes Mr. William Wynne[34] efo Esgob Elwy. Yr Esgob ar ei ginio efo offeiriadau a goreuwyr y wlad, o'i fawr ddoethineb a ddywedodd ei fod yn tybio mai gwell a fyddai petai'r iaith Gymraeg wedi ei thynnu o'r gwraidd, etc., a speech worthy of a Welsh bishop! O na basai Risiart Davies neu ryw rai eraill o'r hen esgobion Cymraeg yn medru cyfodi o farw'n fyw i grafu llygaid yr Alban allan o'r tyllau. Ond beth bynnag, fe ddechreuodd y bardd gynhyrfu, ac a roes i'r Sgotyn wers y persli.[35] Ni sonia fo mwyach am ddifa yr hen iaith o flaen y cadarn fardd.

ML i. 236-237. W – R. 22 Gorffennaf 1753.

---

33 ffrâm bren aradr.
34 William Wynn (1709-1760), clerigwr a bardd, a chyfaill i'r Morrisiaid.
35 Ni lwyddwyd i daro ar darddiad 'gwers y persli', ond y mae ei ystyr yn lled amlwg.

Dyma William yn rhoi ei athroniaeth parthed ei gyd-ddynion gerbron mewn llythyr at Richard.

That national distinction too much cherished by many is totally laid aside by me. I love an honest worthy man, let him be English, Welsh, Irish, Scots or whatsoever nation he may be of. The *man* should be distinguished and valued for his good qualities, and not for the country or family he was born of, ac yn ddistaw bach rwyn ofni fod ein cydwladwyr ni gan mwyaf yn fwy di-ddaioni na nemor rai o'u cymdogion, ac yn enwedig ein boneddigion, no public spirit or any benevolent qualities belonging to them. Balchder a rhodres a gorwagedd, etc. ym mhob cwr.

ML i. 271. W – R. 1 Ionawr 1754.

Nid garddio oedd unig ddiddordeb William, ond apeliai byd natur yn gyffredinol ato, gan gynnwys adar (un ohonynt yr un enw ag ef ei hun) a'u gwahanol arferion.

Mae'n debyg y gwyddoch mai gwilym yw enw math ar fôr aderyn, yr hwn sydd gyffredin amser haf yn y moroedd yma, h.y. o ddechrau Ebrill hyd ddechrau Awst. Un wy a ddodwa, ar graig noeth, ac ar hwnnw yr eistedda hyd pan ddeora. Yna cymryd ei godwm a wna'r cyw i'r dyfnfor, a byw yno rhag llaw, heb osod ei droed ar dir oddigerth i orffwys ar forgraig. Math o'r *puffingod* ydyw. Mae gennym o'r rheini 3 rhywogaeth. Un wyog ŷnt oll, ac yn nhyllau cwning y dodwa un math. These are what's pickled and collared at Beaumaris, and sold to London.

ML i. 273. W – R. 13 Ionawr 1754.

Sonia William yn y dyfyniad sy'n dilyn am ddod yn ôl gartref wedi bod oddi yno ddwy noswaith, a chael nifer o bethau wrth ei fodd yn ei ddisgwyl.

Echdoe y deuthum adref o siwrnai fach, wedi bod ddwynos ym Mhentre-eirianell, noswaith ym Moderwyd, ac arall yn y

40

Brynddu. Gerwin o'r llifeiriant sydd 'rhyd y wlad, y pontydd tan ddŵr gan mwyaf . . . Ond i wneuthur iawn . . . am yr holl ludded, pa beth ydoedd gartref i'm croesawu ond llythyrau oddi wrth fy neufrawd, oddi wrth fy nith Marged Morris o Fathafarn, oddi wrth fy nghyfaill Mr. [Thomas] Pennant o Downing, a gydag e flychaid o bethau gwerthfawr anial, viz., fossil shells, plants, animals, mine, minerals, etc. Wala, ni bu erioed ŵr mwynach ar wyneb y ddaearen hon rwyn llwyr gredu. There are twenty-six parcels of these curiosities. He told me in a former letter that he would send me no invoice of them, for I think (says he) that you'll be better amused with guessing at the particulars, ac felly fu fe weddai. Rwyf innau i gynnull iddo yntau lonaid y bocsys o ryfeddodau Môn ar fyrder.

ML i. 318. W – R. 11 Tachwedd 1754.

Fel ei frawd Lewis, cyfrifid William hefyd yn gryn law wrth drin anafiadau ac amrywiol ddamweiniau a ddôi i ran ei gyd-drigolion o dro i dro. '[M]ae'n ddyledus arnaf eich ateb', meddai mewn un llythyr at Richard, ' . . . felly dyma atoch chwi'.

But hold! I must dress a patient first. Dynan wedi gangrene daro ar ei fys, darfu i minnau drwy gymorth rhagluniaeth ei atal cyn iddo fynd ymhellach. Torri'r bys ymaith a wnaethai'r meddygon, ond rwyf i yn treio a fydd bosibl ei gadw iddo. Ni wn i eto pa sut a fydd. I have been a-battling with it for three weeks past.

ML i. 323. W – R. 14 Rhagfyr 1754.

Ymddengys fod pethau'n mynd o blaid Lewis pan ysgrifennai William at Richard yn yr un llythyr ag y dyfynnir ohono uchod, a bod gan Richard yntau le i fod yn ddiolchgar hefyd, rhagor William ei hun ym mhellhafoedd Môn.

Wrth sôn amdano, dyma lythyr heddi oddi wrtho, o'r 4ydd, o'r Esgair [y Mwyn], a chant o hanesion digon difyr. Mae'r gŵr, debygwn, yn abl diofal arno. Pethau ffeind, ffeind ydyw'r mwnws[36] bydol, dyweded a phregethed yr offeiriadau a fynnont yn eu herbyn. Nid oes dim byw yma hebddynt. 'Gwael iawn [fodd] y gwelaf fi / Ben bonedd heb un beni', ebr rhyw hen brydydd,[37] ac yn wir ddiau, gwael yw pawb hebddynt. Rydych chwi ac yntau wedi eich gosod lle mae digon o fwnws i'w cael. Ond fe ddigwyddodd i Wilym druan, roddi ei bawl yn llawr mewn congl anghysbell, lle nad oes ond y tlodi bwygilydd. Yma nid oes nac arian na mwyn arian, na dim ond y creigiau noethion, ac ambell heiddglwt[38] yma ac acw.

ML i. 324. W – R. 14 Rhagfyr 1754.

Cyn rhoi clo ar ei lythyr y tro hwn daeth rhyw don o fyfyrdod dros William.

Cannwyll yr einioes, 'mrawd Richard bach, sydd yn mynd lai-lai beunoeth, ac o bydd eich brawd Gwilym fyw i weled dyddiau C'lanmai, fe fydd yn hynafgwr deng mlwydd a deugain oed! A beth a dâl sôn am wragedd, ffosils, cregynach a masweddwaith D. ap Gwilym, a chant o bethau gwegion eraill? Rheitiach rhifo paderau ac ymbaratoi i'r siwrnai faith honno, i gael ymgyrraedd nefol goron, chwedl Goronwy, na bod yn gwilrhin[39], ac yn bwhwman fal plantos gwirion ffôl. Beth meddwch chwi? Yn wir, mae'n erchyll edrych yn ôl. Mae arnaf ofn y gallwn i gyd ddywedyd i ni dreulio ein blynyddoedd fel chwedl, ac och pa sut a fydd edrych ymlaen? Nid oes inni ond gwneuthur ein gorau tra bôm, a Duw a rydd ei rad ar ein gorchwyl. Sgrifennwch gynta galloch, da chwithau, a thipyn o ryw ddiddanwch i'ch *caredicaf frawd penbrudd ddigon.*

ML i. 325. W – R. 14 Rhagfyr 1754.

Fel naturiaethwr brwd byddai William yn mynd ar ambell sgawt i

---

36 cyfoeth, golud, arian.
37 Deio ab Ieuan Du (c.1460-1480).
38 haidd + clwt. Clwt o dir i dyfu haidd arno.
39 gwichian, crechwenu.

chwilio am bethau o ddiddordeb iddo yn y byd hwnnw, a mynd â'i fab, Robin, i'w ganlyn ar dro.

Dyma finnau beunydd yn olrhain allan bethau anrhyfeddol yn y cwr yma i'r byd, er mawr syndod i'r dysgedigion. Chwerthasech pe'm gwelsech y dydd arall ar lygad distyll, a ffon badl i'm llaw, a'm mab a'i fasged ar ei fraich yn cludo'r prog[40]. Roedd y bobl yn meddwl mai clapio[41] y buom, ac yn wir roedd lle i feddwl hynny, a hithau yr wythnos o flaen y Pasg. Ond mi ollyngais i yn angof mai at ŵr afiach yr wyf yn sgrifennu ac nad oes ond odid dim blas ar wansens o'r fath yma. Ond gobeithio'r gorau, a'ch bod chwi a'r lodes well, well bob dydd.

ML i. 409. W – R. 19 Ebrill 1756.

Daeth profiad anarferol i ran William a'i gyd-drigolion yn eu hardal hwy o Fôn ym mis Awst 1757, a dyma sut y soniodd amdano wrth yrru gair at Richard – ac at Lewis hefyd, a ddigwyddai fod yn aros gyda'i frawd yn Llundain ar y pryd.

A fi ddoe oddeutu 5 o'r gloch ym Mhorth y Maen . . . ar fy mhen fy hun yn olrhain allan wyrthiau, ac wedi bod dan greigiau yn crogi uwch fy mhen, fel petaent yn yr awyr ac ymron cwympo, mi glywn ryw dwrw mud fal taran megis yn myned o'r gogledd i'r deau-orllewin, ond ni chlywais ddim siglo. Pan ddeuthum adref mi gefais i hyd i bobl y dref yma wedi dychrynu gan ddaeargryn, yr hon a ysgwydasai yr holl dai a'r llestri ynddynt dros ysbaid munud neu ddau fal y tybir. Rhai pethau yn cwympo oddi ar silffa, y piwter a'r llestri priddion yn curo wrth ei gilydd. Dyma hi heddiw yn ddiwrnod marchnad, a'r un fath gyfrif o bob man. Ond mawl i'r Goruchaf, ni chlywa'i fod dim niwed wedi digwydd yn unlle.

ML. ii. 6-7. W – R a L. 13 Awst 1757.

---

40 broc môr.
41 clapio wyau, sef 'cardota wyau cyn y Pasg, gan ddefnyddio math o brennau i wneud twrw wrth y gwaith'. GPC.

Yr oedd gan y Morrisiaid ieuainc gynt yn eu cartref, Pentre-eirianell, gopi carpiog o Eiriadur Dr. John Davies o Fallwyd, a gyhoeddwyd yn 1632. Aeth Richard ag ef i'w ganlyn pan aeth yn ieuanc i Lundain, a phan fynegodd William yr hoffai gael hwnnw wrth ei benelin, cafodd ei siomi ar yr ochr orau.

Bwriad ac amcan y llythyr hwn yn benna' dim yw talu diolch am y Dr. Davies a yrrasoch imi. Nid oeddwn i yn disgwyl namyn yr hen eirlyfr a welswn gynt yn yr hen gartref, ond dyma chwi wedi anfon imi yn lle hynny lyfrgrawn[42], ie ac amgenach na llawer llyfrgrawn. Pa fath un yw hwnnw a fuasai gan Siôn Morgan y Difinydd pan ddewisasoch y fo yn lle hwn? Ond pa sut bynnag bydded hysbys i'r holl fyd fy mod yn dra diolchgar am hwn, ac ni wadaf nad wyf yn falch ohono, pa waeth gennyf fi pwy a wypo. Mi yrrais yna heddiw lonaid croen llythyr o ddiolchiadau am y pethau eraill a gefais gennych, fy eneidiau, ond yr oedd hwn, sef y geirlyfr, yn haeddu'r epistol ei hun, ac epistol a ga, oblegid y mae yn ei ofyn.

Drannoeth . . . Ai tybed fod yr hen gorff yna sy'n byw yn Llan San Siâms yn iach? Bu llawer o heldrin rhyngddo fe a minnau mewn breuddwyd neithiwr. Siôr y Brenin yr wyf fi yn ei feddwl – hir oes iddo. Dyma'r amser yn dynn at un mlynedd ar hugain er pan ydwyf yn ei wasanaethu yn gywir ac yn ffyddlon yn y fangre yma, ac nid moreb wael yn y byd mo foreb Gybi Sant.

ML ii. 58. W – R. 26 Rhagfyr 1757.

Gwelir William yma yn cyfeirio at helbul a ddigwyddodd yn nhre Caernarfon ar ddechrau 1758. Ni lwyddwyd hyd yma i ddod ar draws unrhyw gyfeiriad arall at y cyfryw ddigwyddiad.

Bu ryfel yr wythnos ddiwethaf yng Nghaernarfon, y mob a ddaethant o'r chwarelydd a'r mwyngloddiau, ac a aethant i'r Gaer ac a dorasant ystorysau, ac a werthasant ŷd, menyn a chaws am

---

42 llyfrgell.

iselbris. Yna meddwi a chwarae *mas y riwl*.[43] Codi a wnaeth y Caeryddion yn eu herbyn mewn arfau, lladd un, anafu eraill, carcharu rhyw fagad a gyrru'r lleill ar ffo. Rhaid i'r Ffrench ddyfod i'n hymweled i Brydain i edrych a wna hynny ein cytuno â'n gilydd. Ni bu erioed y fath wallgofiad ar bobloedd. Duw'r heddwch a'u llonyddo, meddaf fi.

ML ii. 62. W – R. 13 Chwefror 1758

William flinedig sydd yma, yn penderfynu dechrau llythyr at Richard ar nos Fawrth ym mis Mai, ac yna ei barhau trannoeth wedi noson o gwsg.

Llyma fi yn rhoddi fy 'nglun i lawr i wneuthur deuparth llythyr, oblegid fe ddywaid yr hen ddihareb mai hynny yw dechrau gwaith. Dioer nad oes yn fy mryd wneuthur mo'r traean heno, a phwy a fyddai mor annrhugarog â'i ddisgwyl gennyf, a wypai mor lluddedig ydwyf? A phwy a fedra eistedd ar ei ben-ôl yn y tŷ a fai ganddo iechyd, aelodau, gardd, rhaw a chribyn ar dywydd godidog o'r fath yma? Cawsom hin go galed dros ysbaid pythewnos ne' well, dwyreinwynt cethin yn poethi'n erchyll. Ond yn awr dyma, mawl i Dduw, wlawiau hyfryd er lles i'r deyrnas yn gyffredinol, ond yn fwy enwedigol i'm gardd newydd i. Nos dawch heno. Ni soniwn i am ddim yn y byd yn fy myw yr awron ond am ardd.

ML ii. 64. W – R. 9 Mai 1758.

Diau y byddai Richard yn Llundain bell yn gwerthfawrogi ambell bwt o newyddion am gymeriadau a fyddai'n gyfarwydd iddo gynt yn ystod ei ieuenctid ym Môn.

Pwy oedd yma gynna' ond Wil Bedward, y ffidler gynt, sy'n ddynan tlawd yn dyfod ar ei dro am dipyn. Ie, a Sudna Owen o'r Mynydd, arall dlawd – gronyn o hen wreigan fechan, fechan

---

43 maes y riwl. *Unruly*, GPC.

wenieithgar, yn canu cerddi o'i gwaith ei hun, ail i Râs Williams ei chymdoges. Mae golwg ar y rhain yn dwyn i'r cof y diniwedrwydd a'r llawenydd gynt pan oeddym ym mharadwys.

ML ii. 80. W – R. 26 Gorffennaf 1758.

Yn un o'i lythyrau yr oedd Richard wedi dannod i William fod arno fyd da a dedwydd yn ei gynefin ym Môn, ac yn ei ardd, ond anghytuno a wnaeth William, er ei fod yn nesu at gytuno erbyn y diwedd.

Gwyn eich byd (meddwch) sydd yn cael amser i hau a phlannu. Nage, nage! I chwi y perthyn y gwynfyd sydd yn cael aur ac arian yn ddyrneidiau i'ch llogell am eich trafferth a'ch blinder. Ni cha Wilym druan gan ein Harglwydd y brenin prin ddigon i'w ddilladu fo a'i deulu, ac nid oes fawr i gael oddi wrth hau a phlannu ond gronyn o bleser i'r llygad. Oes, y mae hefyd iechyd i'r esgyrn. Dyma fal y bydd poblach. Pawb yn gweled ei gymydog yn ddedwyddach nag y fo ei hun. Ond da dywedyd y gwir. Rwyn meddwl fod yma fwy o bleser nag yn y ddinas fyglyd yna, pe bai dyn heb fod fal y Gŵr yn y Lleuad, a baich ar ei gefn.

ML ii. 105. W – R. 27 Mawrth 1759

Yr oedd John Owen, nai y Morrisiaid, mab eu chwaer Elin, ar ôl dilyn ei ewythr Lewis i Lundain, wedi chwilio'n ofer am waith yno, ac wedi penderfynu mynd i'r môr, fel ei ewythr John Morris gynt. (Gweler y dyfyniadau ar ddechrau'r bennod hon). Ond byr fu ei yrfa, a bu farw ar fwrdd ei long tua diwedd mis Gorffennaf 1759. Yn y darn o lythyr isod a yrrodd ei ewythr William at Ieuan Brydydd Hir, ceir hanes ei ddiwedd trist. Yn ôl pob tystiolaeth, fel y crybwyllwyd eisoes, yr oedd yn ŵr ieuanc hynod dalentog, a byddai wedi gwneud enw iddo'i hun petai wedi byw.

Dyma ichwi awdl Iorwerth Beli a sgrifenasai fy nai a'n hannwyl gyfaill Siôn Owain, yr hwn ysywaeth sydd wedi myned i ffordd yr holl fyd cyn blodau ei amser. Bu farw o glefyd mawr a oedd yn y llong yn Gibraltar, sef oedd honno yr *Edgar*, Capten Drake, colled am eginyn môr-ryfelwr, bardd, telynor, &c., &c. Beth na allsem ddisgwyl gan y cyfryw un pe gwelai y Goruchaf yn dda ddodi iddo lawnder o ddyddiau. Ond Efe, moliant iddo, a wyddai orau pa beth oedd gymwys i wneuthur ag ef, mae'n rhaid i ninnau ymfodloni. Dyrnod trwm i'w rieni ydoedd y golled ohono, eu cyntaf anedig ydoedd. Roedd y Capten yn cwyno'n fawr ar ei ôl. Basai'n well ganddo, meddai ef, golli hanner ei wŷr na'i glarc Jack Owen. Fal hyn yr ysgrifennodd fy mrawd Richard ataf yn y llythyr a ddug yr hanes trist. 'Mae Ieuan Fardd yn awr? A daring yn Llanllechid[44] fyth? Mae'n rhaid cael ganddo eilio marwnad i'r godidog fardd, Siôn Ywain, yr hwn a fu farw yng ngwasanaeth ei frenin a'i wlad ar y cefnfor.

ML (Add) 408-409. W – Ieuan Brydydd Hir. 13 Hydref 1759.

Fel y crybwyllwyd eisoes uchod, balch iawn o'i ardd y byddai William bob amser, a hoff iawn ganddo oedd ei harddangos i bwy bynnag a ddangosai ddiddordeb ynddi.

Nid oes un gŵr nac un ferch gywrain wybodus a ddaw i'r fangre nad rhaid iddynt gael golwg ar wyrth ac anrhyfeddodau Gwilym. Yr un fath a fai i Fwslemiad fyned i Fecca heb ymweled Twm Mahomed.

ML ii. 130. W – R. 17 Hydref 1759.

Ychydig ddyddiau yn unig cyn marwolaeth John Owen ar y môr oddi ar Sbaen (gweler uchod), collwyd ei frawd iau, William Owen, pan oedd ar fordaith i Jamaica. Gyrrodd William air at ei frawd yn Llundain.

Annwyl Frawd Ungalon. Yr oeddwn yn disgwyl heddiw ronyn o lythyr oddi wrthych, onibai hynny buaswn wedi ateb yr eiddoch

---

44 Yr oedd Ieuan yn giwrad yn Llanllechid ar y pryd. Am fywgraffiad a chasgliad o lythyrau John Owen gw. fy nghyfrol *Fy annwyl nai Siôn Owen* (2002).

o'r 16 yn dwyn y newydd (tostur i'w rieni) o farwolaeth y llencyn arall yn Siamaica. Yn wir ddiau, mae'r digwyddiadau yma wedi gadel eu hôl yn drwm iawn ar fy nghalon i, a thrymach fydd ar eiddo ei rieni pan glywant. Ond o'm rhan i, ni fedraf mo'r dywedyd wrthynt farwolaeth yr ail, cymaint yw fy ngwendid a'm traserch tuag atynt a'u plant. Fe weddai mai at yr un amser y galwodd y Goruchaf am y ddeufrawd, nefoedd i'w heneidiau, (ni wn i paham y gwaherddir y dywediad[45]) druain. Mae fy ngobaith na bydd i'r Hollalluog ffrewyllu monom yn drymach, ac y bydd iddo ddodi inni ras i fod yn fodlon i'w ddoeth amcanion Ef. 'Pan laddo Duw, y lladd yn drwm', medd y ddihareb.

ML ii. 132. W – R. 27 Hydref 1759.

Ceir mwy nag un awgrym yma a thraw yn llythyrau'r ddau frawd arall fod Lewis yn ŵr pur gorffol, a cheir hwy'n cyfeirio ato yn ei gefn fel 'y Tew' neu'r 'Bras o Benbryn' ac yn y blaen. Ac ni faliai William ddweud hynny wrtho yn ei wyneb.

Mae gan Siôn y Gwŷdd o'r tŷ nesaf yma fochyn du torllaes, byrdroed. Mi fyddaf yn meddwl amdanoch bob tro y gwelwyf o.

ML ii. 143. W – L. 13 Rhagfyr 1759.

Pan aned ei ŵyr cyntaf yn 1754, sef mab ei ferch Elin o'i phriodas gyntaf, ysgrifennodd Lewis Morris gerdd i gofnodi'r ffaith. Dyma'i ŵyr cyntaf, a dechreuodd fyfyrio ynghylch mynd yn hen. Arweiniodd hyn at lunio cerdd hir, sef 'Caniad Hanes Henaint' lle dychmygir hen ŵr yn dod at y drws un noson yn wael ei wedd. Pan ofynnir iddo beth yw ei neges dywed mai Henaint yw ei enw, a'i fod yno i gyhoeddi genedigaeth yr ŵyr cyntaf. Bydd yr henwr hwn bellach yn lletya gydag ef weddill ei oes. At y gerdd hon y cyfeiria William yma.

Pam y tynnech chwi Henaint yn eich pen cyn bod yn rhaid? Chwi welwch yr ymddial arnoch o ddifrif am eich diofalwch. Dyma fi,

---

45 Tybed a oedd rhyw arlliw o Babyddiaeth yn glynu wrth y geiriau?

oedd ddigon diniwed a difalais, heb wneuthur erioed na rhimyn na dim arall i'w ddigio, oddigerth canu eich cerdd, a'i gwastraffu ar led i eraill, dyma fi, meddaf, yn cael fy nghystwyo gantho yn ddigon anrhugarog. Braidd na thyn fy nannedd o'm pen. Nid yw fy llygaid, chwaith, ddiogel iawn.[46]

ML ii. 143. W – L. id.

Myfyrio ar ddiwedd blwyddyn y mae William yn y dyfyniad isod – ac yn codi cwestiwn am gyfeiriad gan Richard a'i doluriodd braidd.

Ni welais i mo well y flwyddyn 1759, er pan [oeddwn] blentyn, i Gybi. Fy mendith gyda hi pan êl heibio, dyma hi ymron myned i bant. Onid eill yr holl deyrnas ddywedyd yr un peth?

Pam y'm gelwch yn Wilym Tew? . . . Ai tew yw dyn debygach chwi a fedrai gerdded 5 milltir neu 6 cyn ei ginio, drwy gorsydd a drysni, ar rew, a'i wn ar ei ysgwydd, yn olrhain hwyaid gwylltion, petris, cyfflogod, adar y bwn, adar duon, ceiliogod bronfraith, socanau[47] a chesig eira,[48] elyrch a gwyddau gwylltion, etc? Nage, nage.

ML ii. 147. W – R. [?21 Rhagfyr] 1759.

Byddai William o dro i dro yn hoffi tynnu coes Richard wrth ddannod iddo ei fywyd 'esmwyth' yn Llundain, er nad hynny oedd y gwir, fel y tystir yn fynych yn ei lythyrau at ei frodyr ac at ei dad.

Dyma hi'n dywydd heddi – rhew ac eira mawr a dwyreinwynt echryslon, braidd y medr dyn nac anifail sefyll ar ei draed gan y naill a'r llall! Dacw'r môr yn ysgyrnygu ei ddannedd yn ddychrynllyd. Dedwydd oedd y llongau a ddihangodd yma neithiwr. Ni wyddoch chwi yn y drefan fyglyd yna pa beth yw byw

---

46 Am y gerdd 'Caniad Hanes Henaint', gw. Hugh Owen: *The Life and Works of Lewis Morris* . . .285-290, E.G. Millward (Gol.): *Blodeugerdd Barddas o Gerddi Rhydd y Ddeunawfed Ganrif*, 73.

47 socan = bronfraith fawr.

48 caseg y ddrycin, *fieldfare*.

ar greigiau'r môr. Mi a fynegaf i chwi. Diddanwch amser haf ac anhyfrydwch y gaeaf. Pa beth ond hynny? Ni cheir mo'r chweg[49] heb y chwerw.

ML ii. 158. W – R. 11 Ionawr 1760.

Cyfeiriwyd eisoes at ddiddordeb William mewn drylliau, a dyma ef yn sôn am un newydd sbon a brynodd.

Ond oeddwn ddigrif brynu ffowling pîs[50] newydd tanlliw'r dydd arall o bwrpas i ladd pobl oni ymgroesant, a chwning pobl tŷ nesa fydd yn dyfod i'm gardd? Dacw ergyd ynddo i ladd y gwningen wen . . . Wala! Mi ddywedais i chwi, dacw fi wedi saethu'r ddwy wningen a oedd yn pori fy mhincs[51] i etc. Pam y meiddiant hwythau ddyfod i'm gardd i a maint y rhybyddion a roddais?

ML ii. 161-162. W – L. 23 Ionawr 1760.

Y mae rhywbeth yn gyfoes iawn yn yr hyn sydd gan William i ddweud am etholiadau:

Yn boeth y bo'r elecsiwnau. Nid oes ond melltith yn eu canlyn. Y fall a'u dyfeisiodd i beri anghydfod a chynnen a dialedd ymhlith dynol ryw.

ML ii. 171. W – L. 5 Chwefror 1760.

Cyhuddwyd Lewis gan William o fod wedi digio Henaint pan ganodd iddo, ar enedigaeth ei ŵyr cyntaf (gw. uchod, ML ii. 143), a dychwela yma at yr un pwnc ar ffurf stori ddychmygol.

Gwae fy nghalon, 'mrawd annwyl, pa beth a wnawn? Dyma un a berthyn yn agos i chwi a minnau yn ymddigwylyddio am gael aros gyda mi yn wastadol, fel pebai gydymaith im. Mi â'i cynghorais i

---

49 melys.
50 'A fowling piece, a light gun for shooting wild fowl' OED.
51 penigan, ceilys, (garden) pink, carnation.

ddyfod yna, a'ch bod chwi yn aplach i'w gadw na myfi, gan fod gennych fwy o laweroedd yn dyfod i mewn. 'O ho!'ebr ynta, 'mi a fûm yn Llundain gyda'ch brawd, y Mr. Morris o'r Nafi Offis, ac fo â'm gwadodd ac a dyngodd y mawr lw fod iddo fo wraig ieuanc, ac y byddai yn swil ganddo gynnwys fy math yn ei dŷ ym Mhennington Ystryd'. 'Wale!' ebe finna, ewch chitheu i Benbryn yn Nyffryn Melindwr yng Ngheredigion at fy mrawd Lewis. Fo fydd o yn sôn llawer amdanoch. Deg mil i un na chewch ganddo fo groeso os tynnwch arno garennydd'.[52] 'Pwy', ebr yntau mewn digllonedd, 'ai Llywelyn Ddudew? Ni busai waeth i chwi fy anfon at Dywysog y Cymry nag ato yntau. Os coeliwch chwi'r gwir – a'r gwir ni chywilyddia ei berchen – mi euthum yno toc ar ôl geni iddo ŵyr, ac a dynnais siapri[53] arno, ac a'i hysbysais fy mod yn perthyn iddo, ac wedi bod yn hir gyda'i rieni ym Mhentre-eirianell yn cael croeso ganddynt, fal yr oeddynt hwy bob amser yn ddigon croesawus i bawb ar a ddelai yno ar ei hynt. Ac nad elwyf byth oddi yma oni wnaeth o wawd a phricsiwn[54] ohonof yn lle fy fy nghroesawu! Ac a wnaeth i mi ryw rimynau gwag, ac â'u heuodd ar led y byd ar fedr fy ngwylltio ymaith, ond nid llawer gwell a fu er y gwaith'. Pe dywedwn i chwi gyhyd â chywydd, rwyn ofni mai dyma lle myn dario, oni fedrwch chwi berswadio'r wraig i gymeryd o i mewn – haf, gaeaf a gwanwyn.

ML ii. 194-195. W – R. 24 Ebrill 1760.

Gwelsom William eisoes yn cyfeirio'n geryddol at helynt y chwarelwyr hynny yng Nghaernarfon (gw. uchod 13 Chwefror 1758), ac yma ceir tystiolaeth y gallai pethau fod llawn cynddrwg ar ei ynys hoff yntau weithiau.

Pe byddech byw ym Môn Ynys y dyddiau hyn, ni wyddech chwi faint yn y byd o ragoriaeth rhyngddi (h.y. ei thrigolion) a Sir Aberteifi ei hun. Nid oes yma fwy nag yna ddim drwg am ladd

---

52 arddel perthynas.
53 cellwair, ysmaldod, hwyl.
54 cyff gwawd, testun sbort.

dyn, nid hanner cymaint ag am ladd ceffyl neu eidon du. Dacw fab Huws Maelog, *meddynt*, wedi dwyn trais ar hen wraig (merch Fichel Siencyns o'r Diwmares gynt), ac wedi ei dienyddu wedyn. Wedi hynny fo aeth drosodd yn ara' deg i'r Werddon. Dacw Wmffras o'r Bont yntau (meddan nhw) wedi leinio Lewis y Bont yn gymaint ag y bu farw'r dyn yn gelain cyn pen yr wythnos, a'i wraig a'i blant yn golledig o'r achos. Ni chlywaf fod fawr dwrw o'r achos. Dacw rywun, fe ddywedir, wedi dienyddu rhyw lencyn tlawd tua Chleifiog, a phob peth yn llywaeth ac yn llawen. Wfft i'r bobl!

ML ii. 204. W – L. 23 Mai 1760.

Poenid William yn ei fwthyn gan wynt yn taro i lawr y simnai a llanw'r lle â mwg, ond clywodd am ddyfais y gellid ei phrynu i rwystro hyn, ac fe aeth amdani – a chael, er peth siom iddo, ei fod wedi dechrau ffasiwn ymhlith ei gymdogion, ac nad ganddo ef yn unig yn yr ardal y byddai'r fath ddyfais fodern.

Doe y gosoded ar flaen corn un o'm dwy simnai, offeryn a wnawd o bridd yn Lerpwl, neu'n rhywle. Ni weled erioed yng Nghybi mo'i fath. Ni thynnodd pobl y dre mo'u llygaid oddiarno er pan godasant o'u gwlau. Dyma ei lun: Tri braich sydd iddo, a hanner coron ei bris. Rhaid cael gwynt deau a glaw cyn ei brofi. Dacw bawb yn dref yn myned i yrru am rai i'w dodi ar gyrn eu simneiau. Erioed y gwelais i – os gwna i gamp yn y byd, rhaid i bawb fy nynwared. Yr oeddwn yn gobeithio y cawsai fy simnai i ragori ar simneiau eraill.

ML ii. 227. W – L. 23 Gorffennaf 1760.

Yr oedd Lewis a William yn arddwyr prysur a chydwybodol, ond yr oedd gofyn i'r ddau fod yn gyson wyliadwrus.

Ry'ch yn sôn am afalau, a phiogod yn eu bwyta. Pam na saethwch chwi nhw? Ond wrth gofio, mi â'ch clywais yn dywedyd mai po fwya a saethid o'r rheini, mwya gwbl yr amlhânt. Mae'n debyg i mi achwyn yn fy llythyr diweddaf (nage – diwaethaf yw'r gair, oblegid mi glywais ein hoffeiriad ni yn dywedyd 'diweddaf' yn ei bregeth, ac yn troi yn ôl i ddywedyd 'diwaethaf'). Ie, mi achwynais ar ladron a dorrodd fy mherllan ardd i. O chwiw garn lladron a ddygodd fy ngellyg a'm hafalau cyn eu myned hanner aeddfed.

ML ii. 244- 245. W – L. 30 Awst 1760.

Ei ddannedd oedd un o'r pynciau y cododd William mewn llythyr at Lewis. Nid oedd eu cyflwr yn dda, ond gallai gysuro ei hun nad cynddrwg ei olygon.

Och fi, ha ŵr fab, chwi ddywedasoch ryw dro nad ydoedd dim o'r fath a chael gan ddannedd ail sefydlu yn yr enogl[55] wedi iddynt unwaith fyned yn rhyddion. Gobeithio nad gwir, ai e? Dyma fi ers pythewnos neu well yn ffaelio bwyta rhag rhydded yw'r deintws. Ac os y nhw ni sefydlant yn well, yn iach fwyta crystyn na dim caledfwyd. Rhaid croesawu bwyd llwy, y sef uwd a llymru, sucan gwyn, potes sew[56] a phosel[57]. Ie, a gylfined o bwdin meddalfwyd o'r fath. Dywedwch os oes ganddoch gyngor rhag rhydd-ddeint. Mi wneuthum fath ar amod na thynnwn yr un byth, o achos bod y Doctor Brwmffild ers talm wedi tynnu darn o'n genogl i ganlyn rhyw ddant claf. Mae hynny, mi wranta, ers pum mlynedd ar hugain o leiaf. Mae fy llygaid, mawl i'r Goruchaf, yn llawer gwell nag y buont. Nid oes dim meddwl am ysbectol. Rwyn darllen ac yn sgrifennu 'ngorau glas beunydd, ie, a pheunoeth, a dyma fi heno wedi dyfod hyd yma wrth gannwyll fain. Am hynny, nos dawch.

ML ii. 264. W – L. 26 Hydref 1760.

Wrth ysgrifennu at Richard lai na mis yn ddiweddarach yr oedd ei ddannedd yn dal i boeni William.

---

55 asgwrn gên, *jaw-bone, mandible.*
56 *soup, broth, stew.*
57 llaeth neu laeth enwyn twym wedi ei geulo â chwrw, &c., *posset.*

Ond y mae yma haint sydd waeth o bai bosibl [na'r peswch], a hwnnw yw'r ddannodd. Ni ellais fwyta pryd o fwyd fel Cristion ers pythewnos neu dair wythnos. Dim llai na phump o ddaint rhyddion. O henaint, henaint! Pam y deuit cyn gynted efo'th gyfeillion anniddig? Oni fuasai ffitiach iti alw ym Mhenbryn neu ym Mhennington Strŷd efo'r gwŷr rheini a aned flynyddoedd o'm blaen i? Ie, na dyfod i'm amharchu i sydd ŵr gweddw.

ML ii 274. W – R. 18 Tachwedd 1760.

Cafodd William achos pellach i gwyno yn fuan wedi iddo ddechrau ar ei ymdaith drwy'r flwyddyn ganlynol. Dyma ysgrifennu at Lewis am yr hyn a ddigwyddodd.

Dyma fi, druan gŵr, yn grupl. Cwynwch i mi, da chwithau. Echdoe a mi yn myned yn ddiofal oddi yma i'r Costwm Hws, llithrodd fy nhroed aswy wrth gongl cegin yr Hen Weldyn, a syrthio a wneuthum a'm glin ddeau ar garreg, a throi a wnaeth y ffêr hithau a sigo yn erchyll. Digon o waith a gefais i ddyfod i'm cabandy, a dyma lle byddaf yn sirmwd[58] ni wybod pa hyd. Chwyddodd y ffêr a'r glin yn erwin dost. Da y dihengais (h.y. Duw a'm cadwodd) heb dorri'r goes neu badell y glin. Yr ydwyf heddi yn well na doe, yn gallu rhoi pwys ar y troed. Ond gan mai llonyddwch yw'r feddygyniaeth ore i'm cyflwr, rhaid im aros yn fy unfan hwya gallwyf.

ML ii. 298. W – L. 11 Chwefror 1761.

Ar ddiwrnod teg o haf, a'r anaf i'w droed bellach wedi gwella, ni allai William lai na mynegi ei ddiddanwch wrth yrru gair at Lewis.

Hafaidd yw'r tywydd. Prydferth yw fy ngardd. Gwerdd yw ei gwisg, aml-liwiog ei blodau, a'u perarogl sydd megis tarth oddi ar ynysoedd y Dwyrain. A phwy a glywai ar ei galon eisteddial yn y tŷ?

ML ii. 357. W – L. 2 Gorffennaf 1761.

---

[58] murmur, sibrwd, ?tuchan.

Yr un oedd ei falchder yn ei ardd y Gwanwyn canlynol, a byddai wrth ei fodd, fel y gwelwyd eisoes, pan fyddai rhyw deithiwr neu'i gilydd, wrth basio drwy Gaergybi, yn dangos diddordeb ynddi, ac yntau ar ei ennill fel canlyniad.

Ni bu fy ngardd i erioed mewn cymaint anrhydedd ag yr awron. Dacw'r Arglwydd Trimlestown wedi anfon ugain rhyw o blanhigion gwerthfawr from his seat at Trimlestown, 20 miles from Dublin, na bu gennyf yr un ohonynt erioed, with an obliging letter to follow them, and a promise of many more when he returns to his seat from England, where he's gone for a short while. He is one of the most knowing men in botany, gardening, etc., I ever met with, and allowed to be the greatest physician in Europe, and an honest man. Ond rhyfedd ei fod o'r grefydd Babaidd![59]

ML ii. 465. W – L. 17 Ebrill 1762.

Cofnodi anlwc dybryd a ddaeth i ran ei gymydog y mae William yma, gan obeithio ar yr un pryd na fyddai yn effeithio arno ef.

Wawch! Dacw fuwch Siôn Wŷdd wedi bod nos arall yn fy nghwrt i, a chwedi bwyta o'r yw ar y pared oedd yn tyfu yno ers 16 neu 17 mlynedd, a chwedi marw o'r achos. Drwg oedd hynny, ond-e? Ond ni wŷr eu perchen pa beth o'r achos, ac ni cha wybod o'm bodd.

ML ii. 516. W – L. Nos Calan Gaeaf Hen, 1762.

Cofnodi anlwc arall llai trist a wna William mewn llythyr at Richard yn fuan wedyn ac yntau ar y pryd yn derbyn cyflenwad o gwrw i'w seler. Sylwer ar ei chwarae ar y gair 'tôst' tua diwedd y dyfyniad.

---

59 Sylw Lewis Morris oedd: 'Gwnewch yn fawr o Lord Trim[b]lestown. Pam waeth pa ffydd fo gan ddyn mwyn, cywrain – onid ydyw iawn i bawb geisio mynd i'r nef ei ffordd ei hun?' ML ii. 464.

Wawch fawr anferth! Dyma dwrw cwrw Nerpwl yn myned i'm selar, er mawr ddiddanwch im. Roedd hi yn sech ers pythewnos . . . Wawch arall! Dacw'r ceiliog brith (tra bu'r forwyn yn derbyn y cwrw) wedi dwyn y tôst oedd o flaen y tân i'm brecwast, a minnau ymron llewygu amdano hefo the. Dyma fal y mae, a thôst o'r cwynfan!. 'The world is chequered', medd y Sais, a gwir a ddywedodd y tro hwnnw.

ML ii. 519-520. W – R. 25 Tachwedd 1762.

Breuddwydiai William lawer, fel y gwelwyd, am fod yn awdur cyfrol yn ymwneud â'i ddiddordeb ym myd natur, a gwelir ef yma, mewn llythyr at Lewis, yn ymgomio rhyngddo ag ef ei hun am y cyfle na ddaw bellach.

Beth a fyddai i mi gynnull Natural History and Antiquities of the Island of Holyhead in the county of Anglesey? A roddwch chwi gymorth i mi pe byddwn cyn ynfyted, dwedwch? Am hynny ni waeth cymeryd yr holl ynys Fôn o ben bwygilydd, ond pwy â'i mesura? Pwy, ond fy mab wedi iddo ddysgu'r holl gelfyddydau gan Bwlffordd o Nerpwl? Pam na bu'sech yn meddwl am y fath beth â hyn, Wiliam, ugain mlynedd i'r awron? Ateb: Nid oeddwn i yn cael mo'r amser y pryd hwnnw, gan ddilyn oferedd, a hau ceirch gwylltion, felly mae hi yr awron yn rhy hwyr i ddechrau, a chwi yn ddwyflwydd ar bymtheg a deugain oed! Hir y buoch a'ch llygaid heb agor i weled gwyrthiau'r greadigaeth, ac yn awr y maent yn dechrau tywyllu, a hi'r einioes yn hwy[r]hau. Dyma fal y byddaf yn ymgomio wrthyf fy hun, and thus all projects fall to the ground that have their foundation in the air.

ML ii. 529-530. W – L. 27 Rhagfyr 1762.

'Chwi a roddasoch chwi i mi beth o hanes eich corffilyn afiach', meddai William mewn llythyr at Lewis. 'Hwdiwch chwitha beth cyfrif o'm pabell bodr, ansutiol, ie, ac anhrefnus ddigon'.

Mae'r corun yn arfoel[60], a'r fflegan gwallt[61] yr un lliw â'r pry llwyd.[62] Mae'r golwg, er na welir mo'r llongau ymhell tu draw i Ynys Moelrhoniaid, eto, mawl i'r Rhoddwr, maent yn abl i ddarllen ac ysgrifennu agos cystal a buont orau erioed. Rhaid craffu ar dywydd tywyll. Dyma lyfrithen ar amrant un o'r ddau. Nid oes yma yr un hen wrechyn i'w rhifo[63] ymaith. Dyma'r dannedd wedi myned allan o bob trefn. Rhai wedi eu tynnu, 4 yn rhyddion ac yn dra anoddefus, a'r rhelyw ohonynt, nis gwn i mo'u twym na'u hoer nhw. Mae'r gwddwg yn awr yn iawndda, yr oedd o allan o'i hwyl y dydd arall. Chwys ddwynos a'i hiachaodd. Ond dyma benddu neu ddau arno, eto heb ddyfod yn addfed. Dyma'r ysgwydd chwith yn naca gweini, mae'n debyg mai'r rhywmitis sydd ynddi. Dyma blaster drosti o gyngor yr hen ŵr o Fodorgan gynt, sef Burgundy pitch wax and frankinsense. Onid yw gwell, nid yw ddim gwaeth. Nid llawer o boen sydd onid wrth droi'r llaw yn ôl wrth wisgo a diosg fy nillad, a chyrraedd rhywbeth a fo gerllaw. Haint y Marchogion[64] a fydd ar droau, rhwymder a'i dwg gan mwyaf. Anderson's pills sydd lesol i agoryd y ffordd. Mae'r forddwyd aswy bob amser ers blynyddoedd lawer a rhyw gyffni ynddi, a'r goes honno a gadd ei chystwyo mo'r erchyll, a'r troed sydd fwy tyner na'r gymar, a chwyddo a wna erbyn glaw a dwyrein[wynt], a phan wasg yr archen[65]. Dyma'r glin deheuig ynta yn o anystwyth er pan roddais o'i le o fewn y ddwy flynedd neu dair. Briwo bob amser wrth roi a thynnu'r hosan. Nid oes yma neb i'm helpu ysywaeth. Felly dyna i chwi gyflawn hanes o'r wisg briddlyd ddarfodedig o'm heiddo.

ML ii. 596-597. W – L. Hen Ddydd Calan Gaeaf. [1763].

Yma gwelir William yn anfon pwt o newydd da i Richard am eu

---

60 penfoel, heb wallt.
61 rhywbeth anhrefnus neu ddi-lun.
62 mochyn daear, *badger*.
63 rhifo llyfrithen, *to charm a sty on the eyelid*. GPC.
64 *piles*.
65 esgid.

brawd Lewis, a oedd, fel y cofir, yn ymddiddori yn y diwydiant mwyn plwm yng Ngheredigion, lle trigai.

Wrth sôn am y Bras[66] dyma ebistol oddi wrtho, a wawch fawr anferth ynddo! Dacw fo wedi agoryd gwythïen, yr hyn â'i iachaodd o'i holl lesgedd. A pha wythïen ydoedd, debygech ai 'r basilica ynteu'r mediana? Nid yr un o'r ddwy, ond gwythïen o fwyn plwm odiaethol a'i cododd oddi ar y bwrdd bach, ar gefn ei farch, er gwaetha'r fygfa a henaint a musgrellni.

ML ii. 540. W – R. 21 Chwefror 1763.

Cwyno mae William yma oherwydd y golled a ddioddefai yn ei ardd gan ymweliadau un ysgyfarnog yn enwedig, a'i benderfyniad i ddioddef dim mwy.

Ni ches i er pan ym ganed y fath golled gan sgwarnog ag y ges eleni. Dyfod im gardd bob nos dros ddeufis. O'r diwedd, mi ddigiais o ddifrif calon, ac a elwais fy nghymdogion ynghyd, a'u milgwn a'u cŵn codi a'u pastynau, etc., ac yn gyfagos i'r Gorswen . . . y codasom hi, a'm gweddi fu lanastra iddi. A chefais y pleser o'i bwyta ar 'y mwrdd, ac erioed ni phrofais ei daed. Ni chymerai hon ylfined o unrhyw ddail ond carnasiwns a stock gilly flowers.

ML ii. 551-552. W – L. 13 Ebrill 1763.

Profiad braf a ddaeth i ran William ar ôl taith arbennig oedd sylweddoli ei fod yn abl i wneud mwy nag y tybiodd yn bosibl i rywun o'i oed a'i iechyd ef. Taith dridiau, perthnasol i'w waith oedd hon. Cychwyn o dŷ ei dad, a drigai bellach yn Llannerch-y-medd, ar y 23ain o Ebrill, a dychwelyd i'w gartref yng Nghaergybi ar y 25ain.

Mi a ddeuais adref cyn y nos heb orffwys yn unlle – 26 neu 27 milltir o leiaf. Ni wyddwn y gallwn wneud y fath wrolder. Mae henaint a heiniau yn bwrw ofn ar boblach, ac yn gwneuthur

---

[66] Un o lysenwau ei frodyr ar Lewis. Weithiau 'y Bras o Benbryn'. Gw. uchod ML ii. 13 Rhagfyr 1759.

iddynt ddrwgdybio ohonynt eu hunain, ac yn eu perswadio nad allont wneuthur y peth a'r peth, neu fyned o'r fan mewn hyn neu hyn o amser. Ond e weddai pan elir i'r afael, y bydd mwy o allu nag a feddyliom. Ond mae'n debyg y gwyddoch chwi mai o'r tu arall y byddwn yn camgymeryd fynycha.

ML ii. 554. W – L. 27 Ebrill 1763.

Fel swyddog yn y Dollfa yng Nghaergybi yr oedd gofyn i William fod yn wyliadwrus yn barhaus rhag y rhai hynny – Gwyddelod gan amlaf yn yr achos yma – a oedd bob amser yn barod i amddifadu'r Brenin o'r tollau a oedd yn ddyledus iddo.

Here's a ship arrived from Antigua laden with rum to be warehoused and exported, and nothing can be done (fe weddai) until an answer be had from London. Fe ballai'r amser i mi fynegi ichwi y tricia a'r castiau mae'r Ficws [?] a'r Gwyddelod a'r Mancsmyn[67] yn ei dyfeisio i gogio ein Harglwydd Frenin – a minnau, a neb arall, yn eu gwarchod, fel y gwelech-chwi gath lwyd yn gwylio can twll ar unwaith rhag llygod, ac yn wir, rhyfedd fy mod yn fyw, ymhlith y fath genhedlaeth drofaus â hon. Ond yr un llaw a'm cadwodd ym Mhwll Pillo[68] a'm ceidw rhag eu dichellion.

ML ii. 599. W – L. Hen Ddydd Calan Gaeaf [1763].

Yn 1763 symudodd Richard o'i gartref yn Pennington Street i fyw mewn tŷ a safai o fewn tiriogaeth Tŵr Llundain. Gwelodd William ei gyfle i dynnu coes, oherwydd gwyddai o'r gorau am hanes gwaedlyd y Tŵr hwnnw mewn blynyddoedd a fu. Ac anodd i William oedd dychmygu tŷ heb ardd yn perthyn iddo.

---

67 brodorion Ynys Manaw.
68 Yr oedd William, yn gynharach yn yr un llythyr, wedi cyfeirio at y lle hwn wrth sôn am ddamwain a gafodd ychydig yn gynt wrth fynd ar daith ar gefn ei geffyl. 'Syrthio a wnaeth y ceffyl gwinau bach danaf wrth fynd ym Mhwll Pillo, a minnau dros ei ben yn rholyn ar y traeth, ond cadwodd Rhagluniaeth fi yn ddiogel. *Laus Deo*'. ML ii. 598.

Gerwin o gyhyd y buoch yn llunio eich llythyr, a gerwinach yw canfod eich bod wedi ei orffen yn y Tŵr Gwyn, na bond ei grybwyll! Yn enw'r daioni, pam y rhoddech eich pawl yn llawr y fan honno? Onid yno, os oes coel ar Chwilcs[69], y byddid yn anfon holl draeturiaid o'r Alban a phob cwr o Brydain Fawr, ac na ato'r sêr i 'mrawd i gael fyth ei fwrw yn un o'r rheini. A thŷ heb ardd, meddwch! Pam waeth a fai gennyf geffyl heb gyfrwy, neu long heb hwyl, neu grwth heb fwa, ie, neu delyn heb gyweirgorn na hynny. Ond wrth gofio, gŵr dinesig ydych chwi, wedi eich diddyfnu oddi wrth erddi a pherllenydd. Am hynny boed llwyddiant i chwi a'r eiddoch yn eich annedd ddi-ardd.

ML ii. 600. W – R. 5 Tachwedd 1763.

Daeth y diwedd i ran William yn weddol o sydyn yn yr un flwyddyn ag y gyrrodd y llythyr uchod at Richard. Ar y 26ain o Dachwedd daeth i'w ran i hysbysu ei frodyr am farwolaeth eu tad oedrannus. 'To add to my grief', meddai wrth Lewis, 'I am confined to my chamber, and chiefly to my bed by a violent fit of the rheumatism, accompanied by a slow fever, and two most painful impotumes on my neck, one near the spine, so that I have no rest'. Byddai'n amhosib iddo, meddai ymhellach, fynd i'r angladd 'to pay the last tribute due to so good a father'.

Hwn oedd ei lythyr olaf. Bu yntau farw ar yr 28ain o Ragfyr, bron fis union ar ôl ei dad.

---

[69] John Wilkes (1727-1797). Gwleidydd a elwid yn 'Gyfaill Rhyddid'.

O lythyrau Lewis a Richard Morris

Gwelir yn dilyn yma ddyfyniadau o lythyrau Lewis Morris at ei ddau frawd ac weithiau at eraill, megis Edward Samuel (1710-1762), rheithor Llangar, Meirionnydd, ac o lythyrau Richard Morris at ei frodyr yn bennaf, a rhai hefyd at Evan Evans, Ieuan Brydydd Hir.

I had a letter t'other day from one John Bradford[1], a correspondent of mine in Cowbridge, Glamorganshire – ye prime of South Wales poets. He tells me I could not understand ye hodge podge which they speak. I question whether there is a man in South Wales that can write a tolerable cywydd.

ML (Add) 48-49. L – Edward Samuel. 1 Hydref 1736.

Tybir mai at ei gyfaill a'r aelod seneddol, William Vaughan o Gorsygedol, y gyrrodd Lewis y llythyr y dyfynnir ohono isod, lle ceir ef yn chwarae â'r gair 'mwyn' a ffurfiau eraill sy'n cynnwys yr elfen 'mwyn'. Yr oedd Lewis erbyn hyn wedi dechrau ymddiddori yn y diwydiant mwyn plwm yng ngogledd Ceredigion. Gw. y bennod 'Y Cefndir' uchod.

Yr y'ch chwi'n haeru . . . fod mwyn wallgofiad, neu bendro'r mwynwr, yr hyn sy waeth na bod yn lloerig. Nage, nage, nid un o'r ddau eithr *mwynach* nag erioed ydwyf, a *mwynder* y mwynglawdd a'm mwyneiddiodd. *Mwyneiddiach* mab ni bu rhwng breichiau mwynferch. *Mwynwyr* yw fy ngweinidogion [gweision] yn y *fwyngraig*, a pha mwyaf o *fwyn* a godant, *mwynach*, *fwynach* wyf innau wrthynt. Mae yma hefyd rai benywod *mwynion* yn golchi *mwyn*, ac os golchant yn dda, *mwyn* iawn y cânt finnau, a hynny a'u gwna hwythau yn *fwyneiddiach, fwyneiddiach*. O addfwyn fwynder! Pa beth sydd *fwynach* na bun *fwyn*? Ac er mwyn profi o fwynder y feinir

---

1 Ar John Bradford (1706-1785) gw. y *Bywgraffiadur*.

fwynaidd, dewiswn fod gyda hi yng ngwaelod pwll *mwyn*, o flaen cael mwyniant ym *mwyn* blas y gŵr *mwyna* yng Nghymru.

ML (Add). L – ?William Vaughan. 26 Medi 1744.

Dyma adwaith Lewis pan glywodd bod ei frawd iau, William, yn bwriadu priodi.[2]

[Dear Brother] . . . Wb, wb, wawch, hai whw! Wfft i hyn! Priodi. Na bo yma ond ei grybwyll! Duw gadwo'r marc! Pwy fuasai'n meddwl? A welsoch-i erioed? Nawdd Duw rhag hynny! Ai gwir a ddywedwch? Ar f'enaid i – rhyfedd! Garw oedd y mater. Ai mewn difri y dywedasoch? Ni waeth tewi na siarad. Ni all dyn ochel tynged. A gafodd wraig a gafodd fwynder, a gafodd blant a gafodd bleser. Chwi gewch chwithe lawer wrth drin yr hen arfer.

Ac ar eich pedeirber y ceir chwi bob amser
O'r bore hyd hanner, o hynny i bryd swper,
Pan chwilier, pan helier, pan ddalier, pan gaffer
Pa fwynder, pa hoffter sydd ail i fun dyner?
Er hyfder, er cryfder, nid yw'r cwbl ond ofer,
Nid yw pregeth na gosper yn gwneuthur cyfiawnder
Ond llwybrau melysber yn tynnu at y mater.

ML (Add) 138. L – W. 17 Chwefror 1744 [5].

Nid oedd gan William, fel y gwelwyd eisoes, fawr o olwg ar y Methodistiaid, nac ar John Wesley yntau, y croesodd eu llwybrau unwaith ar un o deithiau'r efengylydd hwnnw o Gaergybi i Iwerddon.[3] Ymddengys oddi wrth y sylw byr yma o un o'i lythrau at Richard, fod Lewis unwaith wedi dod wyneb yn wyneb ag un arall o'r arweinwyr cynnar, sef Howell Harris.

I know nothing of the . . . Methodists, nor of their tricks for there are none of them here [Ysgrifennai Lewis o Geredigion]. I have

---

2 Tebyg oedd adwaith William yntau pan glywodd am fwriad Lewis i briodi'r eilwaith. Gw. uchod Dydd Calan Gaeaf 1749 ymhlith y dyfyniadau o waith William.

3 Gw. uchod William at Richard 19 Gorffennaf 1745.

myself heard Howel Harris tell a congregation at Llanfairmuallt, in Brecknockshire, that God was come among them that night. 'Take hold of his skirts', says he, 'for he never hath been among you before', with a great deal of the like fulsome stuff that made most of his audience weep.

ML i. 151-152. L – R. 9 Ebrill 1750.

Yr oedd hen goel ymhlith mwynwyr a gloddiai am fwyn plwm yng ngogledd Ceredigion, fod bodau tanddaearol o ryw fath yno, a'u bryd – yn garedig iawn – ar arwain y rhai a chwiliai am y mwyn at y gwythiennau lle ceid ef. Gwnaent hynny, meddid, drwy gnocio yn y mannau priodol, fel y gellid cloddio amdano yno. Coel hen wrach oedd hyn i lawer o fwynwyr, ond yn annisgwyl braidd, ni fynnai Lewis Morris ei hanwybyddu.

People that know very little of arts or sciences, or of the powers of nature . . . being full of conceit of their own abilities and knowledge, will laugh at us Cardiganshire miners that maintain the being of knockers in mines – a kind of good natured impalpable people but to be seen and heard, and who seem to us to work in the mines. That is to say, they are types of forerunners of working in mines, as dreams are of some accidents that happen unto us . . . I must speak well of these knockers, for they have actually stood my very good friends, whether they are aerial beings called spirits, or whether they are people made of matter, not to be felt by our gross bodies, as air and fire the like. Before the discovery of Esgair-y-mwyn mine, these little people (as we call them here) worked hard there day and night, and there are abundance of honest, sober people that have heard them (although there are some people amongst us who have no notion of them, or of mines either), but after the discovery of the great ore, they were heard no more . . . These are odd assertions, but they are certainly facts, though we cannot and do not pretend to account for them. We have now very good ore at Llwyn-llwyd where the knockers were heard to work, but the knockers have yielded up the place and are no more heard. Let who will laugh.

We have the greatest reason to laugh and thank the knockers, or thank God who sends us these notices.

ML i. 312 – 313. L – W. 14 Hydref 1754.

Math o lymru tenau yw bwdran, yn ôl GPC, sucan gwyn neu frwchan, a gellir dychmygu mai hwnnw a thalp o fenyn ynddo, a blesiodd Lewis, fel y dywed wrth William.

Wele hai eto, dyma fi newydd ddarfod swpera ar fwdran llygadog, y bwyd gorau a brofais i erioed. Ni fyddai ddyn farw gan mlynedd tra gallo fo fwyta llonaid ei fol o fwdran llygadog. Ped fae gennyf amser mi wnawn ganiad 'Bwdran Llygadog'. Oh the high life of feeding on bwdran llygadog! Oni wyddoch chwi beth ydyw, ymofynnwch.

ML i. 320. L – W. 24 Tachwedd 1754.

Bydd y Morrisiaid yn sôn yn fynych am 'gymryd vomit', hynny yw gwacáu'r stumog yn fwriadol drwy gymryd rhywbeth i beri chwydu. Ar un achlysur o leiaf, aeth pethau o chwith pan aeth Lewis am y gyfryw feddyginiaeth.

Do fe fu agos imi a mynd o'r byd yma i dragwyddoldeb y dydd arall, ac rwyn ddigon agos eto, Duw a'i gŵyr. Ond wrth gymeryd *vomit* (Cardiganshire *moment*) a blood vessel broke and my blood ran as thick as my finger agos iawn. Dychrynodd y Doctor a phawb, ond y fi. The operation of *ye vomit* was just over, so I did not take anything to stop ye blood, for I knew it would do me good. Felly fe stopiodd, ac y mendiais o ronyn i ronyn yn lew iawn, ond fy mod yn groendenau iawn a'r bol wedi gostwng – felly bydd gwragedd ar eu gwelyau. I believe I shall never venture another *vomit*.

ML i. 337. L – W. 15 Mawrth 1755.

Oherwydd ei ddiddordeb yn y gweithiau mwyn plwm, daeth Lewis i gysylltiad agos am beth amser ag Arglwydd Powys, a drigai yng

Nghastell Powys, ac a oedd yntau, fel tirfeddiannwr, yn llawn brwdfrydedd ynglŷn a chloddio am fwyn. Ar ei ymweliadau cyson â Llundain dôi Lewis i gysylltiad mynych â'r Arglwydd a dreuliai lawer o'i amser yno.

Mae Arglwydd Powys, hil yr Herberdiaid, yma gyda mi bob dydd agos – dynan mwyn iawn. Nage, nid dynan eithr dyn trwyddo, yn llawn o synnwyr a gwybodaeth, dysgeidiaeth, etc. It is a great honour to be concerned with such a man, even in writing, dictating, contriving and planning letters, etc. Fi'n gweled bai arno fo, ac ynte'n gweled beiau arnaf innau dro arall, ac oddi yno gofyn imi: Is not this right? Duw â'i catwo, a'i wraig fwyna'n y byd. Roeddwn yn dywedyd i chwi fod fy mol wedi gostwng, ond dacw fol Arglwyddes Powys wedi codi, a'm gwraig innau o fewn mis i'w hamser, a dyna'r peth mwyaf sy'n fy nhrwblio i, achos fod yn amhosibl i mi fod yno erbyn hynny . . . Moliant i Dduw am ddyn fal Arglwydd Powys ag ymennydd yn ei ben. Roedd ef yn fy stafell i y bore heddiw, fal y mae agos bob dydd, weithiau ddwywaith y dydd. Gwae fi na buasai'n dwysog. Mi rois iddo heddiw anrheg oedd well ganddo ei chael nag aur melyn, ie, nag aur coeth o Ophir,[4] sef dangosiad o achau ar bapur fal ag y mae ef yn deillio o'r brenin Harri'r Seithfed, y peth na wybu e erioed o'r blaen.

ML i. 342. L – W. 14 Ebrill 1755. id. L – W. 19 Ebrill.

Yn rhinwedd ei swydd o dan y Goron yng Ngheredigion, a olygai amddiffyn hawliau'r Goron yno mewn perthynas â chloddio am fwyn plwm, byddai Lewis yn mynd ben-ben yn gyson â'r tirfeddianwyr lleol a oedd yn gyndyn iawn i gydnabod yr hawliau hynny. Un canlyniad i hyn oedd bod galw ar Lewis yn aml i ymweld â Llundain i ymladd achosion cyfreithiol ar ran y Goron, a dod wyneb yn wyneb yno â chyfreithwyr cyfrwys. Ond yr oedd yn ffyddiog ei fod yn ddigon o ddyn i gwrdd â hwynt.

---

4   Man a gysylltir ag aur mewn sawl llyfr yn yr Hen Destament.

[D]uw'm helpio. Nid wyf i ond Llewelyn dlawd . . . digon di-ffrindiau, a heb ddyn o *sens* yn fy ngwasanaeth – a terrible case. Pwnio'r byd, a miloedd ar filoedd o bunnau'n berwi o 'nghwmpas i, ac eto nid oes ond ychydig yn glynu wrth fy mysedd o eisiau medru celfyddyd cyfrwystra a gwasgaru'r gwan, etc. Ni fedraf i moni oll, na gwenieithio i'r cryf chwaith – mean spirited people can do both. I have a kind of a spirit that cannot bend, and now they call me here about ye offices 'the proud hot Welshman', oblegid er fy mod yn Llundain er dechrau Chwefror, nid eis i eto i ymddangos nac i ymostwng i un o wŷr y Treasury, er cymaint ydynt. Nid oes ryfedd, yntau, fy mod yma cyhyd. Gadewch iddo. I will have it done in my own way, or it shall not be done at all.

ML i. 346. L – W. 14 Mai 1755.

Soniwyd eisoes fod Evan Evans (Ieuan Brydydd Hir) yn aelod ychydig yn iau o gylch y Morrisiaid. Cyfrifid ef yn ysgolhaig galluog gan y cylch, ond tueddai i fod yn wyllt ac yn fympwyol ar brydiau. Felly y gwelai Lewis bethau ar yr achlysur hwn, yn ôl ei adwaith, ond diau mai ei ddiddordeb mewn pethau Celtaidd a arweiniodd Ieuan i'r Ynys Werdd.

Mae pen Ieuan Brydydd Hir debygwn wedi troi, sef ei ymennydd. Beth oedd anifail gwan, tlawd o'i fath ef yn ei geisio yn y Werddon? On his tour of Europe mi wranta![5] The poor lad is eaten up with vanity and pride, a kind of canker or rust, and hath quite forgot from whence he came, and what substance he hath for these tours. Benthyca arian gan bob dyn a pheidio â thalu byth, and running into all manner of vices.

ML i 356. L – W. 4 Gorffennaf 1755.

Cyfeiriwyd eisoes uchod at Edward Hughes, cefnder cyfan i'r brodyr Morris, a ddaeth yntau i weithio yn y diwydiant mwyn plwm yng ngogledd Ceredigion, ac am y berthynas lai na chariadus rhyngddo

---

5 Yn y cyfnod dan sylw byddai meibion y dosbarth uwch mewn cymdeithas yn ystyried taith hirhoedlog – i'r Cyfandir yn bennaf – yn rhan anhepgor o'u hieuenctid.

ef a'i gefnder Lewis. Pan fyddai Lewis o raid yn gorfod treulio cyfnodau lled faith yn Llundain, ar ysgwyddau Edward Hughes y syrthiai'r cyfrifoldeb o yrru ymlaen ddiddordeb Lewis ei hun yn y diwydiant yno.

All well in Cardiganshire. Have heard from them yesterday, ond bod Ned Hughes yn feddw felltigedig. Ni wna fo na lles iddo'i hun na neb arall . . . Sucanwr pendenau a hwyaden sychedig, blerwm bolerog a glafoeriwr chwydlyd. Ffei, ffei, Iorwerth, Iorwerth. Yn meddwi yn lle agor *shaffts* yr hen *Roman rake*, lle mae digon o fwyn plwm ac arian. I cannot help being surprised at the odd taste of that man, who understands things very well, that after I had given him orders to open an ancient rake in ye mine three months ago, and the command of any money wanted for that purpose, that he had not the curiosity to do it yet, though I desired it.. Perhaps there may be immense riches there. Who would not have looked into a chest where it is thought there is a hundred thousand pound? Wele, wele, gwell gan Iorwerth gwrw llwyd a lol mwynwyr meddw na'r cwbl i gyd.

ML i. 364. L – W. 29 Gorffennaf 1755.

Gwelwyd uchod (14 Ebrill 1755) mor gynnes oedd teimladau Lewis Morris at Arglwydd Powys, yn bennaf oherwydd diddordeb y ddau yn y diwydiant mwyn plwm yng ngogledd Ceredigion yn y cyfnod hwnnw. Dyma brawf pellach o'r berthynas hapus a fodolai rhyngddynt pan aeth Lewis a Richard i'w weld wedi iddo gael damwain yn ei gartref.

Wel, mi logais *chaise* ddydd Mawrth, ac a euthum a'm brawd gyda mi i Finchley i dŷ Arglwydd Powys, ac roeddwn yn disgwyl ei weled yn sâl yn ei wely. Ni ches i gytrym[6] pan eis i'r tŷ, na welwn ef yn fy nghyfarfod dan wenu, ac yn fy llusgo gerfydd fy llaw i'r stafell lle cawsai godwm wrth ddringo i gyrraedd papur ar ben *escritore*[7]. 'Ar fendi' ebr ef, 'bu agos i mi a thorri fy ngwddw.

---

6   amrantiad, chwinciad.
7   desg ysgrifennu.

Edrychwch yma, dyma'r clais. Mi syrthiais o ben y fan acw ar fy mhen i lawr, ac fe neidiodd y *vertebrae* o'i lle'. 'Duw gatwo'r marc!' ebr finnau, 'it was a very narrow escape. Surprising it is that there are so many people alive when death appears in such various shapes'. Bid a fynno, rwyn well fy nghalon ar ôl gweled mwyn ei galon mor llawen. He will be in town today or tomorrow, and he'll call with me.

ML i. 373. L – W. 4 Medi 1755.

Yr oedd gan Lewis, nid yn unig frawd o'r enw Richard Morris ond hefyd fab yng nghyfraith o'r enw hwnnw. Gŵr hynod am ei daldra oedd hwn – gryn dipyn uwchlaw chwe throedfedd – a oedd wedi priodi Elin, merch Lewis o'i briodas gyntaf, ac wedi mynd i fyw ato i Fathafarn ym Maldwyn. Cyfeiriad ysgafn at ddamwain drist sydd gan Lewis yma, wrth ysgrifennu at William, a phosibilrwydd annisgwyl a allai fod er lles ei fab yng nghyfraith tal.

Dyma fi yn cysgu o drymder uwchben y papur, ac yn ffaelio sgrifennu dim chwaneg. . . . Dyma'r llygaid wedi agor eto, a dacw George Evans, Stiward Mathafarn, wedi boddi 'i hun yn feddw – nage, fel hyn:

> Yn feddw f'aeth i'w foddi
> O bentre Aberdyfi
> Gan yrru i'r môr yn wag 'i siol[8]
> A llond 'i fol o frandi.

And so in a freak he fell off his horse and was drowned in an instant. We have been framing a letter here to Mr Kynaston to have him succeded as agent by R. Morris o Fathafarn, and I have some hopes it will do. We shall know in a few days.[9]

ML i. 459. L – W. 18 Chwefror 1757.

---

8   pen, penglog.
9   Methiant fu'r cais.

Yn y dyfyniad canlynol, ceir Lewis Morris yn annerch Dafydd Jones o Drefriw, sir Gaernarfon (?1708-1785), 'bardd, casglwr llawysgrifau, cyhoeddwr ac argraffydd', chwedl y *Bywgraffiadur* amdano. Gwelai Lewis gyfle i ychwanegu gwybodaeth werthfawr, drwy gymorth Dafydd Jones, at y gwaith mawr a oedd ar droed ganddo, sef y *Celtic Remains*, tasg na lwyddodd i'w chwblhau.

Rwyf i yn casglu enwau holl afonydd Prydain a Ffrainc a'r Eidal yr un modd. A phwy a ŵyr enwau afonydd etc., ond y cymdogion nesaf? Ac ni roes ein hendeidiau gynt enw ar un afon na chornant heb ryw achos amdano. Onid oddi wrth y *llechi* y cafodd afon *Lechog* ei henw? A *Charrog* oddi wrth ei gwely caregog? Llyn Dulyn o achos ei fod mewn mawnog? Llaethnant achos ei dwfr llwyd? Ambell un ag enwau dynion arnynt, eraill ag enwau adar ac anifeiliaid, megis *caron, alarch, marchnant*. Eraill o achos eu buandra, megis *mochnant*, eraill o achos eu harafwch, megis Llyfnant.

ML (Add) 306-307. L – Dafydd Jones o Drefriw. 14 Ebrill 1757.

Gwych a fydd gweled peth o hanes afon Gonwy a'i nentydd a'i chornentydd a'i haberoedd a'i ffynhonnydd a'i dolydd a'i glynnoedd. Dywedwch hefyd ym mha blwy y mae Llyn Geirionydd, a'r cyfryw hen enwau, fal y gallo dyn ymofyngar gael bodlondeb. Da fyddai cael gwybod hefyd pa enwau Cymraeg sydd ar y pysgod sydd yn y llynnoedd a'r afonydd, megis y brwyniaid yn afon Gonwy (pysgod medd yr hen chwedlau a wnaeth San Ffraid gynt), a pha enwau Seisnig hefyd a roir arnynt. Pwy ŵyr nad ewch yn *Ddewi Philosoffydd* wrth drin pethau o'r fath yma? Fe fu lawer Dewi heblaw Dewi'r archesgob, ac ni wyddom ni'n dda pa fath fuchedd a ddilynodd hwnnw. Feallai nad anhebyg i esgobion Cymru yn ein dyddiau ni. Oni ddaeth ef gydag *Uthr o Lydaw* i gael bywoliaeth yma? Ac oni throes Arthur yr hen *Ddyfrig* Archesgob o'i le a gorfu arno fynd i orffen ei oes i Fynachlog Enlli, fal y cai *Ddewi*, oedd yn gâr i'r *Brenin* fod yn Archesgob Cymru? Nid seintiau oedd pob un a elwid yn seintiau gwedi hynny gan Bab Rhufain. Dynion fal ninnau oeddynt, rhai'n dda a rhai'n ddidda.

ML (Add) 308. L – Dafydd Jones o Drefriw. 19 Ebrill 1757.

Anaml y collai Lewis Morris y cyfle i edrych i lawr ei drwyn ar y Deheuwyr, fel y gwelir yma lle mae'n sôn wrth William am daith a gymerodd ei ferch Elin i Fôn o'i chartref ym Maldwyn.

Mae natur pobl Llanallgo a'r Fferi gynt yn fy merch Elin, ddyfod cyn belled o ffordd i weled ei gwlad heb ddim negeseuau. The ancient Gauls were also noted for that kind of fondness for relations, etc., and so the Northen Pictish Britains with their clans. Ond nid oes fawr o hynny yn y Deheudir. They are another nation of people. Rhywogaeth estronol.

ML i. 486. L – W. 18 Mehefin 1757.

Yr oedd Dafydd Jones – drwy fawr drafferth – wedi llwyddo i gyhoeddi llyfr yn Llundain, pan oedd y fath dasg yn amhosib yng Nghymru, sef *Blodeugerdd-Cymry*, a bellach yn dibynnu ar garedigrwydd cydnabod a chyfeillion i geisio hybu ei werthiant. Cafodd lawer o gefnogaeth a help gan Lewis pan oedd yn paratoi'r gyfrol, ond mater arall oedd ceisio gwerthu copïau ohoni.

Mae rhyw drafferthion yn fy rhwystro i rhag myned eto adref [o Lundain], ac felly nid allaf wneuthur fawr gymorth oddi yma. Ond dacw fy mab yng nghyfraith, Richard Morris o Fathafarn [gŵr ei ferch, Elin, fel y gwelwyd uchod] wedi ysgrifennu yma gael ohono ynghylch *dwsin o suscribers* a dalodd iddo ac y cais ychwaneg: mi wnaf innau fy ngorau, ond cael ohonof amser i gymeryd fy ngwynt ataf. Am y bobl *sydd yn barod i ddywedyd na wnaf i ond bod yn ddifater o'ch gwaith*, gofynnwch i'r genedl grasfant[10] honno a wnaethant hwy hyd yn hyn gymaint ag a wneis i tuag at eich cymorth chwi a phawb arall ar a ddangosasant eu

---

10 genau brwnt, serth ei ymadrodd, *scurrilous mouth*. GPC.

hewyllys tuag at loywi a phrydferthu'r iaith Gymraeg? Mi debygwn y ceir hwynt yn ail i'r gwybedyn ar echel y gertwain oedd yn gweiddi, 'Gwelwch y fath lwch wyf i yn ei wneuthur!' ac nid oedd ganddo yntau law yn y byd yn y gwaith.

ML (Add.) 309. L – Dafydd Jones o Drefriw. 24 Mehefin 1757.

Mewn llythyr arall at Ddafydd Jones ceir Lewis yn mynegi yr hyn a dybiai ef oedd yn wirionedd am ei gyd-genedl.

Lle gwelo Gymro un Cymro arall yn debyg o wneuthur rhywbeth na allo ef ei hun, fe gyfyd rhyw genfigen fach yn ei galon, ac a rwystra'r llall, os geill, yn lle ei helpu fal cenhedloedd eraill.

ML (Add.) 317. L – Dafydd Jones o Drefriw. 2 Medi 1757.

Ffaith wybyddus yw bod rhyw fân bryfed a elwir bugs wedi blino Llundeinwyr dros lawer cenhedlaeth, ac yr oeddynt yno pan ymwelai Lewis â'r ddinas o dro i dro.

Dyma hin baradwysaidd, a minnau yn cymeryd Friars Balsam a'r siwgr rhag peswch a phigyn, a phryfed cochion a elwir bugs yn fy mhigo'r nos. 'Gwrachod y twca' are called by some 'church bugs'. Ai tybed nad bwgan oedd y bugs yma gyntaf, yn pigo dyn yn ei gwsg? They are a very great plague, and it is very odd that they are not to be seen in open airy countries such as Wales, but common in Spain. They sleep all winter and appear about May. They'll go off now soon.

ML ii. 14. L – W. 7 neu 8 Medi 1757.

Yr oedd Lewis yn un a allai droi ei law at bob math o weithgareddau, fel y dengys y dyfyniad canlynol o lythyr at William. Gw. hefyd y bennod ar 'Y Cefndir' uchod.

I have been very busy lately in finishing a microscope for you of my own making and contrivance, chiefly adapted for sea plants and the use of your cabinet, but will serve for anything else. It has

8 lenses and is a curious thing in its kind. The worst of it is I have very few tools except mynawyd, twca, ffeil, morthwyl a phlyers. Not so much as a handvice or an oilstone. And yet you'll say when you see this that Robinson Crusoe could not have done the like. 'Ni bydd diffyg arf ar was gwych' ebr yr hen ddihareb.

ML ii. 22. L – W. 24 Medi 1757.

Diddorol yw sylwadau Lewis wrth William am eu brawd Richard yn Llundain. 'Gwyliwch eich brawd Richard', meddai . . . 'y dyn meddala ar a welsoch chwi erioed! Gwirion, gwan, credulous and wants common cunning. Duw a helpo pob gwan'. ML i. 134.

Hwyl fab ei dad yw Rhisiart. Nid da ganddo a'i cynghoro, ac eto fe ŵyr fod y cyngor yn dda, ac a'i canlyn efallai, ond ei gael wrth siawns. Positive, precipitate, indefatigable. Quick enough and ingenious, but to credulous. [L]oves his country to excess, and for that reason his countrymen, who all impose upon him that he deals with, and he chooses to deal with them because they are his countrymen, and I would for my part sooner deal with a Turk or a Jew than with a London Welshman . . . He lives now in a neat, genteel, comfortable house, with his family. Ond mi gefais i lawer o drafferth i'w hudo ef iddo. Ni bu erioed yn ei fath, mae'n addef, ac nid oedd blas ganddo ymadael â rhyw ddrewdwll brwnt lle roedd ei hun yn byw (by way of office or chambers), a'i deulu yn byw mewn lle arall mewn croglofft. Ond nid ychydig o gost a fu i mi, yn prynu mân bethau i wneuthur i'r tŷ newydd yma edrych yn daclus, heblaw talu'r ardreth, etc., cyn gallu ei hudo o'i dwll o achos hardded y lle. People that have used themselves to hugger-mugger[11] way of life don't know what it is to live comfortly and genteel, and it is difficult to bring them to it. Now he begins to like this way of life, and has bought several good pieces of furniture, while before the money went for liquor, or was lent to Welshmen that pretended to be in distress and would never pay again.

ML ii. 27. L – W. 5 Hydref 1757.

---

[11] anhrefnus, cymysglyd.

Cyn ymadael â Phrydain am America ym mis Rhagfyr 1757, gwasanaethai Goronwy Owen fel ciwrad yn Northolt ym Middlesex, a oedd yn ddigon cyfleus iddo fynychu cyfarfodydd y Cymmrodorion yn Llundain, lle câi gwmni Richard yn rheolaidd, a Lewis hefyd pan fyddai ar un o'i ymweliadau â'r ddinas honno. Erbyn hynny, oherwydd bywyd afradlon y bardd yn bennaf, nid oedd llawer o Gymraeg rhwng Lewis a Goronwy.

Dr Nichols [yr offeiriad y gwasanaethai Goronwy iddo yn Northolt cyn ymfudo] told Goronwy that peaches grow wild in the woods of Virginia, and tobacco more common in the fields than wheat in England. A ydych chwi yn cofio'r pennill?

> Lle mae gwin yn troi melinau,
> A chan punt am gysgu'r borau.

Dyna lle bydd meddwi ac ymdrabaeddu mewn ffosydd, fal y bu'r dydd arall pan fu Siôn Owen[12] yn Northolt. Duw gyda ni ac a'n cadwo rhag y fath ddyn anfoesol, afreolus. The oddest mixture upon earth! My brother says he is sure he'll change his way of living when he is in high life, and his wife too, but I insist he will grow worse, and his wife too, and that they will be a discredit to the Cambrians [h.y. y Cymry].

> Ffei ohonynt, ffei, ffei, ddiawl,
> Piso'n y potes, cachu yn y cawl.

ML ii. 31-32. L – W. 14 Hydref 1757.

Mewn llythyr at William (5 Tachwedd 1757) ceir Lewis yn dweud wrth ei frawd 'Query whether he [Will Griffith, gwas i Lewis, a chyfaill hefyd] or Siôn Dwyran be the most learned'. Byddai'r Siôn Dwyran hwn yn casglu ffosilau, creiriau ac amrywiol gywrainbethau i William, a gallai dynnu llun boddhaol pan fyddai galw am hynny. Wrth ateb Lewis, gyrrodd William ato enghraifft o waith Siôn. 'Hwdiwch ergryff (?argraff) Siôn Dwyran', meddai, 'ni fedr Wil y Griffith . . . dynnu lluniau o'r math yma'. Dyma ateb Lewis.

---

12 John Owen, nai'r Morrisiaid.

Mi ddaliaf i gynglwst fawr ar droed Will Grifft yn erbyn Siôn
Dwyran, er bod Siôn yn ffosilwr ac yn dallt Lladin. A fedr Siôn
gorddi a thorri sietingau, a godro, a gwneuthur certwein o ben
bwygilydd, a cherbyd pe bai achos? A fedr ef hel ffwlbart a chath
goed a bywoliaid o'r fath, byrhwch, broniwenots a mochyn
daears? A fedr Siôn wneuthur baril a cherwyn, a melin a phandy
ac eglwys a choed siefftydd, a chwimsi, ac engine ddŵr ac engine
wynt a smelting house? A fedr ef wneuthur turntrees a storches,
a chiblau a thraed picasau? A fedr ef swyno wrth y lleuad newydd
a gweled dau beth yn un? A fedr ef wneuthur twll i dynnu'r bobl
gleifion trwy'r ddaear fyw, ac adnabod deilen grwydrad, a chant o
bethau eraill pe chwenychwn eu henwi a fedr Will y Grifft? Felly
i orffen eich pennill:

> Erioed ni aned yn Sir Fôn
> Mo ail i Siôn chwilotwr. – WM
> Ond Wil Gruffudd, gŵyr y byd,
> A'i curodd o hyd cwlltwr. – LM

ML ii. 45-46. L – W. 14 Tachwedd 1757.

Yn y dyfyniad canlynol y mae Lewis yn dwyn ar gof yr achlysur
hwnnw ym mis Chwefror 1753 pan ymosodwyd arno yn Esgair-y-
mwyn ger Ffair Rhos a Phontrhydfendigaid gan nifer o
dirfeddianwyr lleol a byddin fechan o'u gweision, a'i ddwyn yr holl
ffordd i garchar tref Aberteif yng ngodre'r sir. Yr oedd Lewis wedi ei
benodi gan y Trysorlys ar ran y Goron, yn asiant gwaith yr Esgair a
gweithiau eraill yn yr ardal. Llwyddodd hyn i ennyn dicter rhai o
deuluoedd bonheddig yr ardal, gyda'r canlyniad uchod.

Last February 23rd was just four years to the day I was taken by
the rioters and carried to Cardigan prison. Ar y noson hon mi
freuddwydiais fy mod yn y môr hyd fy mogail, a'r tonnau yn curo
o'm deutu. A phwy fyddai yno yn y dŵr gyda mi ond y Brenin a
llawer o'i swyddogion. A mi yn y dŵr yn ymoeri'n braf, fe ddaeth
â'r ddau fraich trwsgl hyn i'm cof pan ddeffroais:

74

Dyma'r haf, lle braf i'r Brenin,
O ŵr tew, i oeri tin.

I wrote it down that morning and really expected some strange
event.

ML ii. 38-39. L – W. 1 Tachwedd 1757.

Ac yntau ar un o'i ymweliadau â Llundain, soniodd Lewis mewn
llythyr at William yng Nghaergybi am yr hyn a welai o ffenestr ei
ystafell.

Dyma ardd wrth fy ffenestr lle rwyf yn sgrifennu, ac mi wranta
fod gan y garddwr werth canpunt o *gases* a gwydrau arnynt i
gadw letys a'r cyfryw ddail rhag y rhew. Three frames on each
with square panes leaded, several hundreds of glass balls,
meysydd mawrion o gennin a gabaits. A gerwin o'r tail poeth
myglyd maent yn ei gario i'r tir dan y *cases* yma, a llawer o
ddynion â berfâu yn ei gario. Take notice that their barrows have
broad wheels. Wele hai, pa newydd ydyw hwn, meddwch
chwithau? Wele hai eto, it shows these people (as rich as they are)
have but the same methods of raising garden stuff as other people
have.

ML ii. 48-49. L – W. 19 Tachwedd 1757.

Yr oedd Goronwy Owen, a oedd bellach wedi hwylio am America,
wedi gadael casgliad o'i gerddi yng ngofal Richard Morris a'i nai
John Owen, yn y gobaith y llwyddent hwy i'w cyhoeddi. Fel y
gwelwyd, yr oedd enw Goronwy, oherwydd ei yfed a'i fywyd
afradlon, yn ddrewdod yn ffroenau Lewis bellach, ac nid oedd yn
awyddus i hybu bwriadau'r ddau arall. A beth bynnag, meddai, yn y
llythyr at William y dyfynnir ohono isod, credai ei fod yn deall
dyhead Richard am i'r cyfryw gerddi weld golau dydd.

This morning brother Richard and John Owen attacked me with
telling me that a certain printer in London (William Roberts, a
Llandegái man) was ready to publish Goronwy's works at his own

expence if we could not get subscriptions, and they proposed to make it a half crown book by adding some old poems to it . . . But I was not able to to persuade them that it would not do, for that Goronwy's works would not make three sheets in print, and those without notes would look bald and unintelligible. But (quoth they) the addition of some ancient poetry would make it a half crown book. Yes, no doubt, a ten guinea book if you have a mind, but who is to write out those old poems and explain them with notes? . . . [T]he whole scheme looks to me like a man that had found a bag of nails on the road, and would buy timber and all other materials to build a house of those nails. [B]ut I see the loadstone and magic that is in them is the *Cywydd Marwnad Marged Morris* [sef mam y Morrisiaid] and some silly empty encomiums on her sons, which should be perpetuated to future ages in these poems which must live for ever. But if the sons can make nothing else perpetuate their memories, I (as for my part) would choose this ill-expressed poem would never do it, for I should be ashamed of it. As much ashamed as I was of the advertisement formerly put in the newspapers about yr *allor yn y fynwent*,[13] for it would make people look empty and vain, and ready to swallow the flattery of fools and indigent beggars. Suppose only your case as you are described in that *cywydd*, a most miserable botanist:

A allai fod (felly ei fam),
Ddeilen na nodai William!

That is, in plain English – he was as good a botanist as an old woman. Wonderful indeed! '*Chwiliai ef yr uchelion*'. In the clouds, I suppose. But if he meant by *uchelion* the tops of mountains for *dail*, why not *iselion* too, *a môr a thir am wyrth Iôn*. Our grandchildren, from this blind account, can only gather that William gathers *dail* from *môr a thir*, and so makes *eliön ac olewon* of them as his mother did and as most good old women doctors do. Lewis's station is to watch the Welsh *awen*,

---

13 Gweler y cyfeiriad at angladd Marged Morris yn y bennod ar rieni'r Morrisiaid.

76

Gwarcheidwad Awen, an excellent post! And he is fit for nothing else, and for aught our grandchildren may know, might have been a *clerwr* from house to house.

> *Rhisiart am gerdd bêr hoywsain*
> *Hafal ni fedd Gwynedd gain.*

No poet in North Wales to be compared to him. Is not this a lying rascal? The man never wrote a poem in his life[14]. But he would be glad that the world should believe he did, and so would have this lie published. *Duw'n catwo ni rhag dylni.*

ML ii. 53-54. L – W. 24 Tachwedd 1757.

Fel y nodwyd uchod, cyhoeddwyd cyfrol Dafydd Jones o Drefriw – *Blodeu-gerdd Cymry* – yn 1759, ond cyn hynny, fel y gwelir isod, achubodd Lewis Morris ar y cyfle i gynnig sawl cyngor iddo cyn y cyhoeddi. Gwelir yma awydd Lewis – ac fe'i ceir mewn mannau eraill yn ei lythyrau – i bwyso ar awduron Cymraeg i beidio â rhoi lle i'r Saeson wawdio eu hymdrechion wrth eu cyhoeddi.

[N]id yw eich rheswm yn erbyn gadael allan enwau Seisnigaidd y mesurau, megis *Leave Land* yn ddigon pwysfawr, nac o bwys yn y byd, canys ni ddywedodd na Hanes y Ffydd nac Edward Llwyd erioed fod yn gymwys i ddyn gymysgu Saesneg a Chymraeg . . . ond y peth y maent yn ei ddywedyd yw fod llawer o bob iaith yng nghymysg â'i gilydd er y dechreuad lle cymysgwyd hwynt yn Nhŵr Babel. A phwy bynnag a roddo yn ei lyfr ddanteithion o *Ging's Ffansi, Lêf Land, Hefi Hart, Swît Risiart, &c.* yng nghymysg â chaniadau Cymreig, sydd debyg i gogydd meddw a roe ar yr un ddesgl faw moch a thom ieir a cholomennod a thar a mefus ac eirin gwynion. Ni pharchodd y Saeson mo'r Cymry erioed gan ddywedyd *to the tune of Morva Rhuddlan*. Onid yw enwau ceinciau Seisnig yn dangos mai penglogau dylion yw'r Cymry na fedrant wneuthur cainc eu hunain? Mae'n rhaid cael y

---

14 Nid yw hyn yn wir wrth gwrs. Gw. T. H. Parry-Williams: *Llawysgrif Richard Morris o Gerddi* (1931), cviii-cxxi.

mesur o Loegr (na bon'd ei grybwyll) cyn y gallom ni ganu pennill! Ffei, ffei na chyfaddefwn hynny i'r Saeson os y'm mor ddigelfyddyd. Fe fuasai chwith gan yr hen feirdd Cymraeg glywed rhyw ddyn yn sôn am brintio llyfr o ganiadau Cymreig ar ddeuair fyrion, deuair hirion, englyn milwr, hir a thoddaid, ac yn dywedyd o'u blaen i ryw bobl Seisnigaidd, feilchion mai ar fesur two short words, two long words, soldier's verse, long and melting yr oeddid i'w canu, oni chwarddai'r Sais yn ei lawes gan ddywedyd – wele'r Brytaniaid o'r oes yma yn llyfu ein chwydion ni? Dangoswch y rhesymau hyn i Mr. William Wynn, neu ryw ŵr o synnwyr ag a gâr ei wlad. Sothach ddrewedig yw'r ymadroddion Seisnig ymhlith y Gymraeg, ond os bydd ambell air Seisnigaidd mewn cerdd nid oes mo'r help, ac efallai mai Cymraeg a fydd hefyd os chwiliwch am dadogaeth y gair, er y tybia'r annysgedig mai Saesneg yw.

ML (Add) 344. L – Dafydd Jones o Drefriw. 24 Mehefin 1758.

Gellir dychmygu mai siomedig ddigon i Ddafydd Jones oedd cynnwys y llythyr y dyfynnir ohono isod, ac yntau wedi gobeithio y byddai Lewis wedi llwyddo i werthu rhai copïau o leiaf o'i gyfrol *Blodeu-gerdd Cymry*.

Dafydd Jones, Dyma chwi newydd ddyfod i'm cof, a mi newydd godi o hir glwyf a pherygl bywyd, a braidd y sefais yn nhir y rhai byw. Braidd gof gennyf, ac megis breuddwyd, ddarfod i chwi sgrifennu ataf y byddai'ch llyfr yn barod ynghylch y Nadolig, a dymuno arnaf yrru ichwi enwau *subscribers* os oedd neb yma o'r fath, fal y caech hwynt yn y Gwyliau. Ni ddaw i'm cof ple rhois eich llythyr, na phwy a addawodd gymeryd eich llyfr, na dim arall yn y byd. A dyma'r lythyr cyntaf a gynigiais i ysgrifennu wedi dyfod ohonof i ychydig o synhwyrau. Gwan iawn a fûm, a drwg o'r fath arnaf. Fy nghof a'm synhwyrau oll agos wedi fy ngadel, ond mawl i Dduw a'u rhois imi yn ôl eilwaith, er fy mod yn fusgrell eto. Nid wyf yn gallu cofio neb a *subsgribiodd* heblaw a gawsoch pan oeddech yma, ond yr enwau sydd yn niwedd y llythyr hwn . . . Gobeithio eich bod ar ddarfod bellach, ond mi a wn . . . ddiflased yw'r argraffwyr meddwon, didoraeth, ac mi â'ch cyfrifaf yn lew iawn os dowch yn groengyfa oddi wrthynt. Pobl dost ydynt ym mhob gwlad. Bu 'ngwraig i hefyd yn sâl iawn, ac eto heb ymendio, ac ni fedraf fal Job gynt ond grwgnach a gridwst dan fy mlinder, er nad yw hynny leshad yn y byd imi. Byddwch wych, a phrysurwch o blith Plant Alis[15].

ML (Add) 381. L – Dafydd Jones o Drefriw. 26 Rhagfyr 1758.

'Melys yw dial' medd y gair Saesneg, a dyna brofiad Lewis unwaith yn ei ardd, fel y soniodd wrth Richard.

[D]yma fi newydd fod yn yr ardd yn tynnu cloben o sgyfarnog dewaf a welais erioed o'r trap mawr a fydd yn dal lladron a sgwarnogod. Erchyll y bwytaes hi fy mhlanigion ifainc i. Ninnau a'i bwytawn hithau yn ein digofaint.

ML ii. 176. L – R. 24 Chwefror 1760.

Yn yr un llythyr teimlodd Lewis ar ei galon hysbysu Richard am gyflwr iechyd ei deulu a'i anifeiliaid ar hynny o bryd.

Wele, dyma drefn fy nhylwyth i yn ddyn ac yn anifail. Myfi a'm gwraig yn pesychu am y mwyaf. Jenny, my little girl, in a chincough. Siôn y Defaid (y bugail) in a violent cough and a swollen head, bled this morning. Siân y Gwartheg (nid cowmon sydd yn y wlad yma) in an intermitting fever, had a vomit last night and voids worms and coughs much. Wil y Grifft, a cold in his head, can hardly speak. Arthur yr amaeth aradr yn cyfarth fal llew. Y forwyn fach a *chlowyn* . . . yng nghepil ei morddwyd. Y ddwy gaseg fawr a'r gaseg las bach, a'r eboles a'r ceffyl Wmffre, a'r gaseg Charlton yn pesychu (clefyd Lloegr) am yr uchaf, a minnau yn rhoi ffisigwriaeth iddynt. Y gwartheg, rhai'n bwrw lloi ac yn ffaelio bwrw eu brych, eraill yn bwrw eu mamog, etc. Y defaid, wedi i'r tywydd caled ddal arnynt, agos â thrigo gan

---

15 Saeson

wendid. Prin y mae nerth ynddynt i fwrw ŵyn. A chwiwgwn o gymdogion yn gyrru cŵn arnynt. Och yn eu calonnau.

ML ii. 178. L – R. 24 Chwefror 1760.

Breuddwyd Lewis Morris oedd cyhoeddi rywbryd waith o'i eiddo, ac a ychwanegai ato ar hyd ei yrfa, a alwai'n *Celtic Remains*, ac a ddisgrifiodd fel hyn. 'It is a Critical, Historical, Etymological, Chronological, &c. and Geographical Dictionary of Celtic and British names of men and places'. Ond daeth ei helbulon personol a theuluol rhyngddo â dod â'r gwaith i ben. Cyhoeddwyd rhan ohono ymhell ar ôl ei farw, ac erys y gweddill mewn llawysgrif yn y Llyfrgell Genedlaethol.

I have gone no further than the letter C, and can do but little at a time. Must not I attend the garden and ye orchard? Hau barlys a chlofyr (meillion they are called in Denbighshire). Onid rhaid plannu bwytatw? Onid rhaid cau'r caeau gwair a'r llafur, a lladd mawn, a chwynnu'r goedwig, er mwyn cael coed hefyd i roi ar y tân? A dyna fân drafferthion. A dacw'r llanc yn mynd i'r dref. Rhaid gyrru'r llythyr i ffordd heb ei orffen.

ML ii. 202. L – R. 2 Mai 1760.

Nid oedd fawr o hwyl ar Lewis pan ysgrifennodd y llythyr at Richard y dyfynnir ohono yma.

Nid oes yma ond bwyta'r mêl o'r cwch, ac ni all ef ddal allan nemor (nid mawr) o amser. Bydd ry hwyr cynilo pan eir i din y cwd. A drought on my garden and a great blast on my fruit trees has spoilt the finest sight I ever saw. Solomon in all his glory was *caci mwci* to it. O achos hynny nid oes yma fawr ffrwythau, ond digon o syfi (mefus) a llaeth. Gwych yw'ch *Barbadoes Spirits*. Nid oes yma lwyaid o ddim ond brandi bach Seisnig drewllyd.

ML ii. 210. L – R. 13 Mehefin 1760.

Pan oedd Lewis yn ei lawn iechyd byddai'n brysur bob amser yn ei lyfrau a'i lawysgrifau, heb sôn am ei ymwneud â'r diwydiant mwyn plwm yn ei ardal o gwmpas Goginan, Cwmsymlog a Chwmerfyn. Fel yr heneiddiai dôi llai o gyfle iddo barhau felly, ac aeth llawer o'r arfau a ddefnyddiai gynt yn hen ac yn rhydlyd.

Wele hai, dyma hi'n Dduwsul arnaf innau fal chwithau, a'r meysydd gleision yn fy ngwahodd allan i rodio, ond mae henaint a gafael yn fy ngwar, ac wedi anafu fy ysgyfaint na fedraf prin anadlu i sgrifennu tipyn o oferedd at fy mrawd. Fy ngwaith i beunydd yw trwsio ciblau a barilau a phob arfau tân i edrych a geir ceiniog o Gwmerfyn . . . a thrwsio berfâu olwynog a rhawiau, a bwcerau, a cholragau, a chleifisiau, a gwagrau, a morthylau, a gyrdd, a chynion, ac ebillion, a nodwyddau, a ramerau, a cherwyni golchi, a landerau, a bwningau, a rowliau, ac ystorsiau, a rhaffau, a swebiau, a phympiau, a llawer o ryw fân bethau sy'n perthyn i waith mwyn a ollyngwyd yn ofer yno o eisiau edrych ar eu hôl.

ML ii. 217. L – R. 23 Mehefin 1760.

Mewn ateb i'r llythyr hwn gan Lewis (ML ii. 221) meddai Richard, 'Fe wnaeth eich bwningau a'ch ystoriau a'ch yswebiau, ddigon o chwerthin yma. Wfft i'r fath beiriannau'.

Cyfaddefai Richard Morris o dro i dro mai'r Sabath oedd yr unig gyfle yn fynych iawn a gâi i lunio llythyr at Lewis neu William, er bod ei gydwybod yn ei bigo. Felly hefyd Lewis weithiau.

Annwyl Frawd. Yn lle mynd i'r meysydd i rodio, nac i'r eglwys i ragrithio, a Duw, yr hwn sy'n gweled trwy bob peth, dyma fi yn eistedd i sgrifennu ateb i'r eiddoch o'r 5ed i'r 7fed, neu'r wythfed o'r mis hwn. It was one of the great characters given by Aneirin to one of his heroes in the *Gododdin* (the grand heroic poem wrote on the battle of Breithell Gatraeth) ei fod *ef yn lladd Saeson seithfed dydd*. If it was meritorious then to kill Saxons on a Sunday, it is now lawful to write letters, for then Christianity was in its primitive purity.

ML ii. 223. L – R. 13 Gorffennaf 1760.

A hwythau'n mwynhau tywydd hafaidd o gwmpas eu cartref ym Mhenbryn, Goginan, daeth yn bryd i Lewis a John, dau fab hynaf Lewis Morris, fynd yn ôl i'w hysgol yn Ystrad Meurig a'u hathro yno, Edward Richard.

Dyma dywydd gwych ers wythnos, a'r bechgyn wedi mynd i'r ysgol heddiw, wedi bod yma wythnos yn bwyta gwsberins a chyrans, a sirins[16] ac afalau haf (Summer Sweetings), a phŷs a ffa a garaits, a phob ysglyfaeth nad ŷnt i'w cael yn Ystrad Meurig. Mae'r ddau yn pwnio Lladin yn rhyfeddol, ac ni chlywodd eu mam erioed y fath eiriau â'r *Indicative Mood, Passive Voice*, etc. Ni welsoch chwi blant erioed tebycach i lanciau Pentre-eirianell.[17]

ML ii. 225. L – R. 13 Gorffennaf 1760.

Gellid tybio mai diwrnod mawr yn hanes fferm Penbryn, cartref Lewis, oedd diwrnod medi rhyg, sef grawn a ddefnyddid fel bwyd i anifeiliaid, neu i wneud bara tywyll a garw, *rye bread*. Isod gweler gofnod Lewis am yr achlysur llawen hwn.

Wawch! Dacw 45 o bobl wedi bod ddoe yn medi y rhyg eiddof, a pheth pŷs hefyd. Brecwast o fara a chaws a llaeth a maidd. Cinio o lymru a llaeth a bara ymenyn, ond y swper, sef y pryd mawr, o lond padell ddarllo o gig eidon, a chig defaid a garaits a thatws a photes, a phwding blawd gwenith, ac ynghylch 20 galwyn o ddiod fain, a thros ugain galwyn o gwrw. A rhoi tannau yn y ffidil goch bren, a ffidler yn canu iddynt wedi bwyta llond eu boliau. A mynd i'r sgubor ar y llawr coed, a dawnsio ohonynt yno hyd oeddynt yn chwys diferol, a stên fawr a chwrw wrth eu cluniau, a darn o dybaco i bob un. Dyna fywoliaeth![18]

ML ii. 242 L – R. 18 Awst 1760.

---

16 ceirios
17 Sef Lewis ei hun a'i frodyr.
18 Ymatebodd Richard i hyn mewn llythyr ymhen rhyw fis. Meddai,'Yr ydych yn ddigri'ch calon efo'ch gwledd medi rhyg. Rwyn cofio rhyw gamp o'r fath honno ym Môn wrth gario adref y cynhaeaf. Bwyta ystwins [stwnsh] o datws a maip, bara ceirch a maidd, etc'. ML ii. 255.

Byddai Lewis Morris yn gyfarwydd iawn â chael hwn a'r llall o bell ac agos yn galw i'w weld yn ei gartref o bryd i'w gilydd – pobl a rannai ei amrywiol ddiddordebau ac a wyddai am ei ddiwylliant eang [Gw. y dyfyniad L – R (9 Chwefror 1761)]. Ond nid un o'r rhai hynny oedd yr ymwelydd a ddaeth i'w weld unwaith ar gais Edward Richard, Ystard Meurig.

David John Oliver called here yesterday as drunk as a slater, who told me he had no letter from you, but he had his message in his head. What is that? said I. Here it is, said he, and sung out with a loud voice an excellent song made on pont Rhydfendigaid, and before I could thank him he brought me out another, saying, 'Dyma un arall a wnaeth ef i hoelion rhod', and that being scarce done, 'Dyma un arall i 'nhad oedd â darn o drwyn ganddo a dreuliwyd gan y fflagen[19], a dyma un arall i Bob, a dyma un arall i Guto, a dyma un i Sioni'r Golau, a dyma un i &c., &c. The datgeinydd delivered them all with great justice, and gave me great pleasure, and I could not help thinking of the Druidical Bards of old who spoke all in verse. And the man looked wild as if he had been possessed at Delphos[20]. He promised[21] to get me a copy on paper of some of those I admired most, and that he would bring them me next Sunday in exchange for a bellyful of bottled ale.

ML (Add) 494-495 L – Edward Richard. 15 Hydref 1760.

Ni chafodd Lewis Morris fwynhau iechyd ffafriol yn ystod ei flynyddoedd olaf, fel y gwelir wrth y dyfyniad sy'n dilyn o lythyr at Richard.

Dyma fi'n cynnig sgrifennu atoch i ddywedyd that I am just returned from the Shades of Death. I was taken with a most cruel pleuritic fever above a fortnight ago . . . I bled plentifully three

---

19 costrel, potel fawr, ffiol.
20 Yr enw gynt ar Ynys Delos yng Ngwlad Groeg, man geni chwedlonol Apolo.
21 Mewn llythyr at Edward Richard ar ddechrau Rhagfyr 1760, meddai Lewis, 'David John Oliver has not been a man of his word'.

times before I got rid of the stitch. Some of the fever is here still, but got under pretty well. Restless nights and drowth[22] are its signs. I am grown very thin and weak. I sweated exceedingly and do still. Dyna hanes y clwyfus. In a fortnight I hope to be well. A fever is the best cure in the world for pride and vanity. It shows a man that he is but a helpless worm. Oni buasai bod gwraig yma ni wn i beth a ddaethai ohonom. My eyes dazzle, I can write no more.

Yn dipyn gwell, mawl i Dduw. Bu agos imi ollwng yn angof dywedyd i chwi y mawr ymwarediad a gefais rhag llosgi yn ulw yn fy ngwely yng nghanol gwres y ffefer. The chimney of my bedchamber took fire in a violent manner. The flame was above two yards high. The servants were just going to bed. The fire came down in lumps and rolled under my bed. A thatched house adjoining was covered with the coals of soot, all on fire. I was very calm, thank God, and in a few minutes the room where I lay was afloat. This was bad, but not as bad as fire. This increased my fever, and if providence had not interfered would have been our ruin.

ML ii. 277. L – R. 30 Tachwedd 1760 a id. 1 Rhagfyr 1760.

Fel ysgolhaig ymhell o flaen ei oes byddai doniau Lewis Morris yn hysbys i eraill a rannai rai o'i lu diddordebau, a chodai awydd ar ambell un i alw gydag ef i sgwrsio ac i rannu profiadau.

Daeth yma ŵr ddoe a gadwodd lawer o sŵn. One James Bowen, a painter of Salop, a great antiquary and really ingenious man. He had several inscriptions, has been long in the Tower copying grants, etc., for one Mr. Mitton that was an ingenious man and a great traveller. Mae'r dyn yma yn debyg i Ieuan Brydydd Hir – antiquary mad, yn troi ei lygaid ac yn adnabod yr holl MSS. yn y Cottonian a'r Bodleian a phob man, ac yn ysgrifennu llaw dda dros ben and can imitate any of the ancient hands. He has no Welsh and was surprised to see things here that puzzled him. He

---

22 sychter, syched.

was in raptures about my MSS. and inscriptions. Dyma heddiw Morgan Jones o Ddinas Mawddwy, a very ingenious man – a mountain antiquary. Nid oes enw lle yng ngwaith Llywarch Hen nac ym Meddau Milwyr Ynys Prydain braidd, na ŵyr ple maent hyd y mynyddoedd.

ML ii. 295. L – R. 9 Chwefror 1761.

Cyfeiriad byr at angladd hen ŵr a geir gan Lewis yn y frawddeg sy'n dilyn, o lythyr at William, ac awgrym o bosib o'r hyn a oedd i gyfrif am ei hirhoedledd.

Mae'r wreigen eiddof fi gwedi myned i gladdedigaeth hen ŵr o 87, sef yr hen Jacob, a yfai botelaid o *gin* bob nos.

ML ii. 383. L – W. 15 Medi 1761.

Ganed ŵyr cyntaf Lewis Morris yn 1754, sef mab ei ferch Elin, a oedd yn briod â Richard Morris dal, ac a drigai ar hynny o bryd ym Mathafarn ym Maldwyn. Lluniodd Lewis, y taid, gerdd ar yr achlysur, a alwodd yn 'Ganiad Hanes Henaint',[23] ac at honno y cyfeiria yma.

Drychwch ar y gerdd a wneir i henaint pan anwyd Lewis o Fathafarn. Nid oes air ynddi nad wyf yn ei gael yn wir yrŵan, er nad oedd ond geiriau ysmala pan ddywedais hwynt. Caniad a dâl aur yw hwnnw. It concerns all mankind er nad yw ond gwaith un noson uwchben bowl o bwyns.

ML ii. 385. L – R. 21 Medi 1761.

Fel y sylwyd eisoes byddai Lewis bob amser yn awyddus iawn i beidio â rhoi cyfle i'r Saeson ddilorni'r Cymry a'u hiaith. Dyma ei gyngor i Richard pan oedd ei frawd yn Llundain yn paratoi rhestr o aelodau'r Cymmrodorion.

---

23 Cerdd hir, 45 o dribannau. Gw. Hugh Owen: *The Life and Works of Lewis Morris* ... 285-290.

Er mwyn Duw, pan brintioch gofrestr newydd o enwau'r Cymmrodorion, na rowch hwn a hwn weaver, a hwn a hwn tinker, a hwn a hwn cooper. Let their titles be disguised as much as possible, that every English fool may not have room to laugh in his sleeve and say 'such a Society indeed!'

ML ii. 386. L – R. 21 Medi 1761.

Diddorol yw cyfeiriad Lewis yma at y ffair gyflogi a gynhelid yn Aberystwyth bob mis Tachwedd, a'r dull a ddefnyddid i gyflogi gweision a morynion. Parhaodd yr arferiad hwn hyd at gyfnod o fewn cof y rhai a aned ym mlynyddoedd cynnar y ganrif ddiwethaf. Cynhelir y ffair yr un pryd bob blwyddyn o hyd, ond ffair wagedd yn unig ydyw bellach.

Dacw'r wraig a'm holl deulu agos wedi mynd heddiw i farchnad fawr Aberystwyth, a elwir Dydd Llun y Cyflogau – cymaint â ffair fawr. Hi aeth yno i gyflogi gweision a morynion. Heddiw mae pawb yn rhyddion, and they are hired at sight in the street, as they buy Negroes in America. No character is ever required, but some are so cautious as to forestall the market which is not reckoned as fair play. Felly dyma finnau yn cael llonyddwch i sgrifennu gair neu ddau atoch, rhag i chwi anghofio fy mod yn lledfyw.

ML ii. 404-405. L – R. 16 Tachwedd 1761.

O bryd i'w gilydd byddai Lewis yn anfon at Richard yn y Swyddfa'r Llynges yn Llundain i ofyn iddo am yrru ychydig o ddeunydd swyddfa y byddai cyflenwad digonol ohono, gellid tybio, wrth law Richard (gwas i'r Brenin yn rhinwedd ei swydd). Byddai yntau'n anfon cyflenwad i Lewis yn fuan wedyn, o'r hyn a chwenychai.

Wele hai, dyma bytisiwn yn dyfod oddi wrth y gwan at y Brenin Siôr y Trydydd i ddymuno cael ganddo beth papur gwyn (mae gan Siôr ddigon), peth cŵyr coch, rhai pensils da i Lewis a Siôn. A oes un office penknife fal y bydde yn y Cwstwm House[24], a charn

---

[24] Lle aeth William Morris i weithio'n ddiweddarach, a lle y gwyddai Lewis yn dda amdano.

oliffant ganthi? A oes dim inkpowder i wneuthur inc i'r plant? Onid oes, prynwch beth i mi, a cheisio clobyn o focs (nid fal y tro o'r blaen pan fu orfod torri'r siwgr er mwyn cael lle, a hwnnw'n toddi am ben y papurau, etc., a rhoi yn y bocs hwnnw ddigon byd o virtu, canys mae'r cabinet gwych yn mynd ymlaen yn wndwn, a llawer o sôn amdano hyd y gwledydd . . . Wele hai, beth eto fydd yn y bocs? Pa beth ond llyfr ustus o heddwch.[25]

ML ii. 405. L – R. 16 Tachwedd 1761.

William fel arfer, a oedd yn cael achos yn lled fynych i feio'i ddau frawd am eu harafwch yn ateb ei lythyrau, oherwydd yr oedd yn llythyrwr pur selog ei hun. Ond yma, gan Lewis y clywir y gwyn honno wrth yrru at Richard.

Annwyl Frawd. Mae hi'n hir o amser er pan glowais oddi wrthych, a minnau'n disgwyl, disgwyl beunydd, ond ni ddaeth un gair. Pa beth â'i perai? Gobeithio nad clwyf na chledi. Ond mae'n rhaid i chwi a minnau ddisgwyl beunydd am ein datodiad yn ôl cwrs natur. Canys (fal y dywaid yr hen Edward Owen, tad Henry'r gof o'r Maenaddwyn), 'pan basio dyn ei ei drigain oed mae'n mynd i'w grogi' – i.e., he is good for nothing.

ML ii. 442. L – R. 14 Chwefror 1762.

Ac yntau'n byw yn y wlad ac yn magu anifeiliaid, gallai Lewis ambell dro anfon rhodd dderbyniol iawn i Richard, a enillai ei damaid mewn swyddfa dywyll yng nghanol Llundain. Byddai gofyn gwneud paratoadau manwl er mwyn sicrhau y cyrhaeddai'r cig mor fuan â phosib ac mewn cyflwr da.

Wele hai, os ceir gan y cariwr Amwythig alw yma ar ei ffordd y bore fory, fe ddaw gydag ef glun hwch a besgwyd ym Mhenbryn. Mae hi wedi ei lapio mewn lliain bras, ac yn pwyso 14 pwys a hanner heb y lliain, fal y caffoch fwyta golwythion gartref, tra bod

---

25 Yr oedd Lewis erbyn hyn wedi ei ddyrchafu'n Ustus Heddwch.

dannedd yn eich pen, a chyn myned ohonoch fal fi, sydd heb ddant braidd a dâl i sôn amdano. Dyma'r wreigyn newydd ddyfod o Aberystwyth, lle bu hi heddiw yn marchnata ac yn taflu arian gyda'r gwynt. Fe eilw'r cariwr, medd hi, fory'r bore am y sbawd[26] cig hwch, ac fe ga'r llythyr hwn fynd gydag ef i'r Amwythig, ac mi a dalaf i'r cariwr am ei gludo yno. Telwch chwithau am ei gludo oddiyno i Lundain. Nid oes yma ddim arall a dâl i'w yrru i chwi, hyd na chaffom ddigon o fwyn. Ac yna chwi gewch ddanteithion y mynydd, sef grugieir, a'r ceiliog du, etc., a hanes priodasau, etc., a rhyw lol botes o'r fath honno.

ML ii. 450. L – R. 8 Mawrth 1762.

Yn y darn canlynol o un o lythyrau olaf Lewis, ceir ef yn disgwyl clywed unrhyw awr am farwolaeth ei dad yr oedd ei einioes yn araf ddirwyn i ben. Meddai wrth William.

Neithiwr ddiwethaf y daeth eich llythyr . . . a da iawn oedd ei weled, a chlywed eich bod i gyd yn fyw. Ond y mae rhywbeth yn dywedyd imi y bydd y llythyr nesaf oddi wrthych a sêl ddu arno, felly Duw â'n paratao ni i gyd . . . Dyma fi wrth fy nwyffon yn bur fusgrell, ac yn newid gyda'r tywydd. Weithiau'n bwyta ac yn yfed peth cwrw, weithiau nad ellaf edrych ar un ohonynt, na chael cysgu hun o fesur tair nos.

ML ii. 602. L – W. 25 Tachwedd 1763.

'Nid hir y byddaf yma', meddai Lewis wedyn yn y dyfyniad canlynol o lythyr at Edward Richard, Ystrad Meurig, ac y mae sŵn ildio i'w glywed drwyddo.

Tra bôm ni y tu yma i'r bedd, cymwys yw cadw'r hen arfer o ymrwbio yn ein gilydd mal ceffylau ac anifeiliad eraill. A chan ein bod yn medru gwneuthur rhyw fath ar lythrennau, difyr iawn yw gohebu mewn llythyrau a dywedyd ein cwyn wrth ein gilydd.

---

26 ysgwydd fel darn o gig.

Gwir a ddywed Selyf[27], gwagedd o wagedd &c. Deugain mlynedd i heddiw ni bydd hanes am un ohonom, eithr bydd un rhan ohonom yn bridd du, a'r llall yn y goruwch-fannau, gobeithio yn byw yn dragywydd. Onibai'r gobaith o fywyd tragwyddol fe dorrasai fy nghalon i o achos rhyw ddigwyddiadau a ddaeth i mi yn ddiweddar. Ond beth yw damweiniau a chroesau'r byd bach hwn wrth yr anhraethadwy dragwyddoldeb fydd i ddyfod pan neidiom dros y dibyn mawr! Collais y dydd arall fy mebyn annwyl dros yr hwn y rhoeswn fy hoedl.[28] Ar ôl hyn collais fy annwyl dad, yr hwn oedd megis cyff fy hoedl innau, ond fe a gafodd amser mawr, dros ddeg a phedwar ugain mlynedd, mewn llwyddiant a iechyd fynychaf. Collais yn ddiweddar un (hyd y gwn) frawd im oedd yn byw ym Môn. Anaml fod ei ail yn fyw o ran doniau dynol, a gwybodaeth anianol yng ngweithredoedd yr Arglwydd. Dyma finnau fal hen gadechyn yn ymlusgo ar eu hôl, ac nid hir y byddaf yma, canys braidd y mae chwythiad ynof, weithiau yn peswch, weithiau yn sych-dagu. Weithiau yn meddwl am fyw er mwyn fy mhlant, weithiau yn meddwl marw er mwyn fy hun. A dyna hanes hen ddyn llipa. Hyd yn hyn yn iaith y Celtiaid – y rhai oedd ein hen deidiau ninnau, ac nid difalch ydym ddyfod allan o'r fath bobl hynod – hyn hefyd sydd wagedd a blinder ysbryd.

ML (Add) 603-604. L – Edward Richard. 11 Ionawr 1764.

Bu Lewis Morris farw ym mis Ebrill 1765, ac fel y nodwyd ym Mhennod 'Y Cefndir' eisoes, fe'i claddwyd yng nghangell eglwys Llanbadarn Fawr, ger Aberystwyth. Nodir ei fedd gan faen a osodwyd yno yn 1884 gan ei or-ŵyr, y bardd Saesneg, Syr Lewis Morris.[29]

---

27 Solomon.
28 John, a fu'n ddisgybl i Edward Richard, ac a fu farw o'r frech wen yn 12 mlwydd oed y flwyddyn flaenorol.
29 Gweler llun o'r maen yn J. Richard Williams: *Mynegai i Gofiannau*. Llyfr ii., a'm cyfrol innau *Y Llew a'i Deulu* (1982), 122.

Yn dilyn, gweler rhai dyfyniadau o lythyrau Richard yn Llundain. Prysur iawn y byddai ef bob amser, gan weithio oriau hirion yn Swyddfa'r Llynges. Cofiwn i Oronwy Owen ei annerch unwaith ar ddechrau llythyr â'r geiriau 'Ein Tad yr hwn wyt yn y Navy'. Yma gwelir ddyfyniad o un o'i lythyrau cynnar at ei rieni sy'n sôn am ei fywyd tra thrafferthus ar yr adeg honno.

Anrhydeddus Dad a'm Mam,

Rwyn llwyr ofyn maddeuant am na fuaswn yn ysgrifennu atoch yn gynt, ond yr oeddwn wedi rhoddi llw na 'sgrifennwn byth hyd na byddo gennyf ryw newydd da i'w roddi, ac yrŵan, Duw a ŵyr, nid oes gennyf fawr i ddywedyd amgen na'm bod wedi cael gwaith i 'sgrifennu i'r Senedd tra [bo'n] eistedd (eleni ynghylch 3 mis) ar ôl bod well na dwy flynedd allan o bob gwasanaeth a dala sôn amdano. Hi fu yn fynych yn dost iawn arnaf. Nid oeddwn yn tybied yn gymwys i ddywedyd i chwi fy hanes i'ch gwneuthur yn anesmwyth. Mi ddioddefais fwy nag a feddyliech byth, ond ni ddywedaf ychwaneg am hynny . . . [G]an hynny os bydd yn eich ffordd anfon i ddyn ddarn o frethyn, a photiad bach o ymenyn a chosyn, neu ryw fân gelfi o'r fath hynny, hwy fyddant dra chymwynasgar [yn] y byd sydd ohoni yrŵan. Fe alle na ddioddefodd un o'i wlad erioed gymaint o gystudd a blinder ag â'm goddiweddodd i o fewn y 4 blynedd ddiwethaf, ond rwyn gobeithio y bydd yn beth gwell arnaf o hyn allan, a bod Duw wedi rhoddi diben ar fy nghystuddiau trymion byth bythoedd, Amen. Bellach, rwyn gobeithio eich bod chwi yn iach ac wrth fodd eich calon. Heneidd-dra, mi wn, sydd gan mwyaf anesmwyth, ond gobeithio y caf y dedwyddwch eich gweld yn fyw pan fo'r byd yn well arnaf nag yrŵan, y pryd y cewch glywed y fath hanes ag a wna i chwi ryfeddu. Yn y cyfamser rwyf yn deisyf eich bendith . . . Os gyrrwch ataf fi, llwybreiddiwch at Benjamin Jones, Salter, near Union Stairs, Wapping, London, a thelwch y post, cans mi fyddaf fi fynycha amser heb geiniog yn fy mhoced! Chwedl chwith yw h[o]n, ond y mae'n ddigon gwir ysywaeth. Pa fodd bynnag, rwy'r awron mewn anrhydedd mawr tra parhao y gwaith hwn, ac a fydd tipyn o arian yn fy ffordd, ond 'y mod mewn dled eilwaith dros 'mhen a nghlustiau. Ni ddigwyddodd imi o hyd ond y naill anhunedd ar sawdl y llall, ac rwyf yn awr mor gydnabyddus ag aflwyddiant nad wyf un amser yn disgwyl dim arall. Mae hyn yn ddigon o'r fath bruddaidd hanes am y tro. Gobeithio y cewch well yn fy nesaf. Oddi wrth eich ufudd fab trwmglwyfus, Rhist Morys.

ML (Add) 859-860. R – Morris Prichard. 27 Chwefror 1738/9.

Fel ei frawd William, nid oedd gan Richard chwaith fawr o olwg ar y Methodisitiaid cynnar.

Mae pobl yr Apostol Whitefield[30] byth yn pregethu yma o gwmpas y meysydd. Dyma i chwi rai o lythyrau'r gŵr ynghylch ei ffydd. Danfonwch hwy i'r brawd Lewis efo'r cyfle cynta. Yma gwelir mal y mae'r gwŷr yn gosod eu hunain allan megis Crist ei hun. Maent yn cyhoeddi damnedigaeth i'r holl fyd os ni byddant yn yr un feddwl â hwynt. Maent mor sanctaidd ac mor llawn o'u hysbryd glân, nad oes dim nefoedd i ddyn bydol os ni fydd mor berffaith â hwythau. Mae yma lawer o drueiniaid wedi gwallgofi o'u hachos, yn anobeithio am drugaredd i'w heneidiau!

ML (Add) 862. R – Morris Prichard. Gorffennaf 1740.

Yr oedd William Vaughan, Corsygedol (1707-1775), aelod seneddol sir Feirionnydd o 1734 hyd 1768, yn fardd ac yn gyfaill agos i'r Morrisiaid. Ef a ddewiswyd yn 'Benllywydd' cyntaf Anrhydeddus Gymdeithas y Cymmrodorion, ac yma ceir Richad Morris yn ysgrifennu llythyr ato wrth gyflwyno iddo gopi o Osodedigaethau cyntaf y Gymdeithas honno, sef ei waith ef a'i frawd Lewis.

Llyma ichwi lyfr *Gosodedigaethau Cymdeithas y Cymmrodorion* wedi eu hargraffu o'r diwedd, yr hwn a ddengys pa bethau mawrion yr ydym ni, y Cymry Lloegraidd, ar fedr eu gwneuthur er lles ac anrhydedd i wlad ein genedigaeth, pan yr ydynt hwythau, y trigolion cartrefol yna, er cywilydd i'w hwynebau (os

---

30 George Whitefield (1714-1770), un o arweinwyr cynnar y Methodistiaid yn Lloegr.

medrant gywilyddio) yr wyf yn dywedyd, nid yn unig yn diystyrru ac yn dirmygu'r wlad a roddes anadl iddynt, ond hefyd barchedicaf iaith eu mamau, yr iaith odidocaf dan y ffurfafen! Eithr nyni y Cymmrodorion, onid wyf yn camgymeryd, a ddatguddiwn i'r byd werthfawrogrwydd yr hen iaith hon mewn lliwiau mor brydferth ag y bydd ei chyfri rhag llaw yn anrhydedd fedru ei siarad ymhlith dysgedigion a dyledogion y deyrnas – ie, yn llys y Brenin, mal yr arferid gynt ym mrenhinllys yr ymerawdr Arthur! Duw a roddo i chwi, syr, hir einioes ac iechyd, yr hwn ydych, ysywaeth, agos yr unig bendefig o Gymru ag sydd ganddo wir gariad i'w wlad a'i iaith. Och fi'r cymendod sydd wedi cael gwall ar y rhan fwyaf o'n boneddigion, y rhai ydynt yn ddig felltigedig wrth y Gymraeg front sy'n pwyso mor drwm ar eu hysgwyddau druain. Gorthrymder na allant mo'i oddef! Heb unwaith ystyried mai po fwyaf o ieithoedd a fydd dyn yn ei ddeall, helaethaf a fydd ei wybodaeth. Ond yr wyf yn darllen ei bader i berson. Felly mi dawaf â sôn. Chwithau a esgusodwch y brygowthan.

ML (Add) 264-265. R – William Vaughan. 14 Mehefin 1755.

Bu Goronwy Owen, fel y crybwyllwyd eisoes uchod, yn giwrad yn Northolt, Middlesex cyn ymfudo i America, ac o fewn pellter cyfleus i Lundain a chyfarfodydd y Cymmrodorion yno. Dôi Richard Morris ar ei draws yn gyson yng nghyfarfodydd y gymdeithas honno, a Lewis yntau, pan fyddai ar un o'i ymweliadau â'r ddinas. Tipyn o embaras ydoedd iddynt oherwydd ei yfed direolaeth a'i ymddangosiad personol, fel y gwelir yn y darn hwn o lythyr gan Richard at Ieuan Brydydd Hir, nad oedd yntau yn gwbl rydd bob amser o grafangau'r ddiod feddwol.

Bardd godidog yn ddiau y Goronwy, ond Duw a edrycho, nid oes arno fwy ystum i fyw'n y byd na phlentyn. Mae'n ffaelio ei gynnal ei hun ar ei guradaeth, ond rhedeg yn nlêd pawb yn nhref a gwlad. A hyn wedi dod i glustiau'r Dr. Nichols[31], ac rwyn ofni yn

---

[31] Dr. Samuel Nicholls, yr offeiriad olaf y bu Goronwy Owen yn giwrad iddo cyn iddo fudo i America.

fy nghalon y try ef allan o'i wasanaeth, canys y mae'n achwyn ei fod yn dwyn gwaradwydd arno! Gresyn oedd. Lle esmwyth ydyw, dim i'w wneuthur ond gwasanaethu ar y Suliau mewn un eglwys, a'r tâl yn llawn hanner canpunt yn y flwyddyn. Gwyn ei fyd a fedrai glywed am beth o'r fath honno i chwi. Os digwydd i mi gael hanes dim a dâl edrych ar ei ôl, chwi gewch wybod yn union. Yn wir, mae'n ddrwg gennyf glywed nad yw gwlad plant Alis[32] a'i thrigolion yn dygymod â chwi. Gresyn na chaech fywoliaeth yn eich gwlad eich hun.

ML (Add) 288. R – Ieuan Brydydd Hir. 26 Hydref 1756.

Cwynai Richard yn gyson yn ei lythyrau am yr oriau hir yr oedd galw arno i'w treulio wrth ei ddesg yn Swyddfa'r Llynges yn Llundain. Ond, fel y gwelir isod, weithiau, er nad yn aml, llwyddai i ddod yn rhydd o'i hualau, a mynd ar daith o'r ddinas fawr, fyglyd.

Er hyn i gyd, mi ddihengais wythnos i ddoe'r bore. 6 o'r gloch i Siatam mewn cerbyd. Roeddwn yno 2 o'r gloch, ciniawa yno, ac i ffwrdd yn y *passage boat* i Sheerness, lle na fuaswn ers 30 mlynedd. Cael croeso mawr yno, aros drwy'r Sul, cerdded i'r wlad i Queenborough, yfed syllabub in a farmhouse, nofio yn y môr heli, cael golwg ar bob peth yn y Garrison a'r King's Yard, etc. Cychwyn fore Dduwllun yn ôl, 9 o'r gloch. Bwydydd a diodydd i fyw ar y ffordd, gwynt teg, landio wrth y *Tower Wharf* 5 o'r gloch. Myned yn union at fy ngorchwyl oddi ar y dŵr. Yr oedd pedwar ohonom ynghyd. Never had such a pleasant trip.[33]

ML ii. 232. R – L. 9 Awst 1760.

'Gwych oedd eich taith i Siatam', meddai Lewis wrtho mewn llythyr cyn diwedd yr un mis (ML ii. 241), gan ychwanegu, 'Dacw ddyn yn mynd i'r ne' / Gwyn ei fyd a fai'n ei le, ebr yr hen chwedl'.

---

32 gwlad plant Alis = Lloegr.
33 Gweler cyfeiriad cynharach, ond byrrach, at yr un daith yn union flwyddyn ynghynt. ML ii. 118.

Diau i'r pwt newyddion canlynol dynnu dŵr o ddannedd Lewis, gartref yng Nghymru.

I'll tell you what I have done y dydd arall. I had my name put down with a set of the Tower gentry to visit ye British Museum for 3 hours. I could have stayed there three days, I verily believe, without victuals or drink. Ni welodd llygad dyn erioed y fath ryfeddodau! The first hour was in three rooms containing the MSS. of ye Cottonian and King's Library, the second hour among the printed books, and the third hour among the curiosities of art and nature. Yr olwg arnynt yn ddigon er gyrru dyn gwyllt o'i gof!.

ML ii. 220. R – L. 5ed Sul wedi'r Drindod 1760.

Gweithiai Richard oriau hirion, fel y sylwyd eisoes, ac yn aml byddai'n hwyr iawn arno'n ymlwybro tua thre drwy strydoedd tywyll Llundain. Nid annisgwyl iddo gael damwain ar un o'r teithiau blinderus hyn.

Mi gefais neithiwr godwm hyll yn Ragfair wrth fynd adref yn y tywyll, ddeg o'r gloch, yn lluddedig fy nghalon, o'r offis yma, a briwio fy nglun a diwyno fy nillad. Duw â'm helpo. Nid oes neb ond y fi yn aros mor hwyr yma.

ML ii. 223. R – L. Y 5ed Sul wedi'r Drindod 1760.

Ond gellid dioddef anafiadau ar y stryd yng ngolau dydd yn ogystal, fel y tystia'r darn hwn o lythyr diweddarach at Lewis.

Dyma lle'r ydywf heb chwimio dros y gorddrws ers wythnos i Ddiw Llun diwethaf. Wrth fyned i'r offis y bore hwnnw ar fryn y Twr, llemais o'r neilltu oddi ar ffordd cart ar ffrwst, a thorrais, meddynt, a *tendon* yng nghroth fy nghoes. Tybiais i mi gael dyrnod aruthr ar y fan megis â phêl galed, neu benffon crwn, yr hwn â'm brathodd at fy nghalon, a digon o waith a gefais i ymlusgo i'r offis, a dau ddyn i'm cynnal i fyny! Gosodais bob peth mewn trefn yno ore ag allwn, a dyfod yma mewn cerbyd i gadw gwyliau'r goes anafus. Mae hi yrŵan yn llawer gwell, ac rwyn bwriadu myned at fy ngwaith ddydd Llun nesa, lle mae gweiddi mawr amdanaf.

ML ii. 252. R – L. 25 Medi 1769.

Yn awr ac eilwaith byddai Richard, yn ogystal ag anfon at ei frodyr, yn ysgrifennu at ei dad oedrannus ym Môn [bu ei fam farw yn 1752], gan sôn wrtho am fywyd yn Llundain. Ym 1760 bu farw'r Brenin Siôr II, ac yr oedd disgwyl i bawb – yn y brifddinas o leiaf – brynu a gwisgo mwrnin, baich ychwanegol ar rai ysgwyddau digon trwmlwythog yn barod. Gwelodd y teilwriaid hwythau eu cyfle i fanteisio ar y sefyllfa.

Dyma'r brethyn du wedi codi o 16s. a 18s. y llath i 27s. a 30s. y llath, ac y mae'r teilwriaid oedd yn gweithio am hanner coron y dydd, wedi codi eu cyflogau i 7s. 6c. a 10s. y dydd, felly mae'n orfod arnom dalu'n ddrud am alarwisgoedd. A rhaid i bob un ar y sydd â dim sut arno yn y byd, wisgo dillad duon dros flwyddyn gyfan. Gwyn eu byd hwynt y gwehyddion a'r lliwyddion duon, a gwae nhwythau y sydd yn gweithio mewn lliwiau eraill, o ba rai y mae llawer o filoedd yn y dref yma yn unig, yn enwedig yn y sidanwaith. Hi fydd yn dost iawn ar y gweinidogion [gweision] hynny fod allan o fara, ond y mae un peth o'n tu – fe fydd raid i'r holl bendefigion wisgo dillad gwychion ar ddydd coronedigaeth y brenin, yr hyn a dybir a fydd o fewn tri mis neu bedwar o bellaf, a'r dydd nesaf yn dduon i gyd drachefn.

ML ii. 261-262. R – Morris Prichard. 28 Hydref 1760.

Ar y Sul yn unig y câi Richard ychydig o wir seibiant i ysgrifennu llythyr, gan esgeuluso mynd i'r eglwys yn aml, ac ymgysuro'r un pryd fod ei wraig yn mynd yno i ddweud gair drosto. Ac o ddewis, nid yn ei gell yn llythyra y byddai chwaith, a'r tywydd mor deg.

Gorchwyl y dydd heddiw – ateb llythyrau plant dynion yn lle mynd i'r Eglwys, er bod y periglor hyglod, Dr. Dod, yn pregethu yno. Daeth yma eich holl lythyrau mae'n debyg. Dedwydd chwi sydd ganddoch ennyd i roi clun ar gadair i sgrifennu llythyrau, a minnau, Duw â'm helpo, â'r bendro i'm siol[34] yn wastad heb un awr o lonyddwch. Mae'r peswch yn dechrau cilio ymaith, a phe gallwn innau gerdded a marchogaeth hyd y wlad yma'r haf yn fynych, fe wnâi fawr lles i mi, ond rwyn ofni y suddaf i'r llawr dan bwys lludded ysbryd. Pa fodd y mae'n bosibl i mi gyhoeddi dim yn ôl y byd sydd ohoni yr awron, heb brin amser i gymryd y porthiant i'm cadw'n fyw? Cymodant frenhinoedd y byd yn gyntaf, yna mae'n debyg y ceir tipyn o lonydd ac ennyd i ganu a dawnsio, etc., ie, a phrintio llyfrau, etc. . . . Och fi, dyma'r haul yn tywynnu'n hyfryd ar ben fy ysgwydd aswy drwy'r gwydr, heb chwa o wynt o'r awyr, ac mae blys yn fy nghalon am gael cerdded cyn belled â Stepney, ar draws y caeau acw ar ôl cinio, pe meiddiwn wario cymaint o amser mor ofer. Mae'r wraig wedi myned i'r eglwys i weddïo trosof

ML ii. 315-316. R – L. 8 Mawrth 1761.

Pan ddychwelodd ei wraig o'r eglwys yr oedd ganddi neges berthnasol iddo.

Mae'r wraig yma'n dywedyd i Mr. Dod bregethu y bydd achos i'r plant regi eu tad a'u mam nid ant gyda hwynt i'r eglwys i ddangos esamplau da iddynt. Felly rhaid ymgroesi o'r dydd hwn allan, a myned yn un llu i eglwys Penrhos.[35]

ML ii. 319. R – L. 8 Mawrth 1761.

Byddai Richard weithiau'n gwneud defnydd arall o'i ryddid cymharol ar y Sul, a tharo, fel yn yr achos hwn, ar gymeriad tra diddorol.

Diw Sul diwethaf o holl Suliau'r byd, a'r hin yn desog, heb chwa o wynt yn yr awyr – fore'r dydd hwnnw, meddaf, yr ymdeithiais i bentref Hackney, and was introduced to the famous Sylvanus

---

34 pen, penglog.
35 Eglwys Penrhosllugwy, lle'r addolai Richard gynt.

Bevan y Crynwr, FRS. Cael croeso mawr iawn ganddo. Aros cinio – byw'n dda ar fwydydd a diodydd. Cerdded yn yr ardd wech, lle mae yn y ddaear bob math ar lysiau blodau a llysiau bwyd, a choed ffrwyth, and flowering shrubs, etc. The noble statue of the gladiator, mentioned by Pliny to have been found in Britain, and other curious figures. An area by the garden with variety of poultry – mostly foreign – two oyster shells from India to hold water for them, weighing each about 300 pounds! Yn y tŷ, variety of curious paintings and rich old china, and a large library containing books on most subjects, several of the first printed ones in ethics. Latin folios, exactly imitating the written character of those days. Can talk Welsh yn gandryll. A cousin of ye late Arthur Bevan of Carmarthen. Yn bedwar ugain oed , gresyn oedd! Greatly desirous of being acquainted with British[36] antiquities, but never saw any British MSS. Was surprised to hear we had any . . . Nid oes niwed yn y byd gadw i fyny gydnabyddiaeth â dyn fal hwn. I wish I had known him sooner.

ML ii. 336 -337. R – L. 12 Ebrill 1761.

Dyma un achlysur arall pan lwyddodd Richard i ddianc o'i ddesg brysur yn Swyddfa'r Llynges.

Gwych o'r daith a gefais ar gefn y gaseg wen y dydd arall i Siatam. Gorddiwes Sion Baynard yn ei gerbyd wrth Dartford, ciniawa gydag ef, ffrindiau mawr! Y fo'n talu'r cwbl, oblegid fod gantho fwyaf o arian. Dydd Sadwrn oedd hwnnw. Cysgu'r noson efo'r Wil Paynter (my Chatham receiver). Myned Ddiw Sul y bore i'r môr i ymdrochi, yna ymweled y Commissiwner Hanway, y dyn mwnyaf dan haul. Llenwi pocedau o'r peaches a'r nectarins o'i ardd, a gweled y tŷ drosto. Ciniawa efo'r Baynter, gweled milisha Cheshire, Huntingdon a Lincolnshire. Cysgu yno'r noson, a chychwyn 5 o'r gloch y bore tuag adref, a bod ar waith yn yr offis y prynhawn hwnnw.

ML ii. 379. R – L. 12 Medi 1761.

---

36 Defnyddiai'r Morrisiaid 'British' yn fynych i olygu 'Cymraeg' neu 'Geltaidd'.

A dyma gofnod am daith Sabothol arall eto, a hefyd am y cyfyngiadau y gosodai ei beswch holl-bresennol arno.

Ni choeliech chi byth fel yr euthum wythnos i heddiw'r bore, ar gefn fy nghaseg i Ham Common, tu hwnt i Rismwnt [Richmond]. Cysgu yno'r noson a rhoi'r gaseg i fwrw'r gaeaf efo ffermwr. Codi'n fore Ddiw Llun a cherdded ymlaen i Kingston at y stage-coach oedd i'm dwyn adref. Erbyn myned yno roedd y cerbyd wedi myned ar gerdded, a gorfu arnaf innau gerdded bob cam adref, 17 milltir o leiaf, yn fy sanau lledr, heb ffon i'm cynnal. Ciniawa ar y ffordd, a dyfod i'r offis erbyn 4 o'r gloch, â'm esgyrn wedi blino! Ni feddyliodd fy nghalon y gallaswn wneud y fath orchestwaith. Disgwyl yr oeddwn bob cam o'r ffordd am returned chaise, but to no purpose . . .

14 o'r mis. Er i'r Brenin a'r Frenhines, etc., giniawa yn [y] Guildhall yma Ddiw Llun diwaethaf, ni welais i ddim oddi wrthynt na maint yn y byd o'r Lord Mayor's Show. Roeddwn yn fy offis drwy'r dydd, ac yn ofni yn fy nghalon fyned i'r dyrfa, rhag cael ychwanegu'r peswch. Ond mi euthum yn yr hwyr i giniawa gyda'r Glover's Company, a chefais fyw'n dda hyd na ddechreuasant ganu a mygu tybaco. Yna gorfod dianc ymaith am yr hoedl glas, ac yr oeddwn yn fy ngwely ddeg o'r gloch.

ML ii. 403. R – L. 8 Tachwedd 1761.

Gwelwyd eisoes uchod fod Lewis Morris yn bwriadu anfon darn go fawr o gig o'i gartref yng Ngoginan, Ceredigion, i Richard yn Llundain. (Gweler y llythyr gan Lewis at Richard uchod a ddyddiwyd 8 Mawrth 1762). Rhaid bod rhyw oedi wedi digwydd cyn ei anfon, oherwydd, fel y gwelir, yr oedd yn fis Mai ar y parsel yn cyrraedd Llundain.

Y bore heddiw y daeth Ifan Dafydd o Geredigion, dryswr y Cymmrodorion, ac un o wylieiddyddion y Navy Office, hwnnw, meddaf, a ddaeth i mi â'r glun mochyn a ddaeth i'r offis neithiwr o'r Amwythig. A chlun wech ydyw! A chan diolch amdani. Deuswllt am ei chario i'r Inn, a chwecheiniog oddi yno i'r offis. Mi â'i gyrraf i dŷ'r pobydd i'w sychu dros ennyd cyn ei llewa[37], yna hi bydd bereiddiach.

ML ii. 473. R – L. 9 Mai 1762.

Bu Richard, yn ôl ei dystiolaeth ei hun, yn garedig i gefnder iddo, a oedd hefyd yn byw yn Llundain, ac a oedd yntau wedi gwneud troeon da â Richard yn y gorffennol. Talodd hynny ar ei ganfed i Richard, fel yr esbonia'n llawen yn y darn hwn o lythyr at Lewis.

Beth debygech chi a ddigwyddws y dydd arall? Hugh Price, tidewaiter, alias Cousin Price, whom I used to make much of at my house by treating him â phethau da er lles corff dyn yn o fynych, mal y gwnaethai yntau i minnau agos ddeugain mlynedd i rŵan ... Hwnnw, meddaf, a wnaeth ei lythyr cymun[38] mis Medi diwethaf, and left me sole executor, to pay canpunt i ddwy wreigan dlawd o geraint iddo ym Môn, and all the rest to myself. A Duw â'n cadwo i gyd rhag y fath drychineb. He fell of a lighter[39] into the river in the night last month and was drowned. I advertised a guinea reward to bring his body. It was accordingly brought, and I buried him handsomely. Found a bond of £300 from Mr. John Jones, ironmonger, in Longacre, and some cash and household goods, etc. Ar air, I have about £200 clear money left me for my good nature i'r hen ŵr unig. He had taken a particular liking to my wife and children, and she was always very kind to him, for which she is well rewarded. Ni chefais i, Duw â'm helpo, erioed y fath lwc er pan y'm ganed.

ML ii. 549 – 550. R- L. Nos Basg 1763.

Ac yntau'n heneiddio, a'r daith ddyddiol i'w swyddfa yn trymhau, ac yn mynd yn fwy peryglus, penderfynodd Richard symud yn nes at ei waith.

---

37 bwyta.
38 llythyr cymun = ewyllys.
39 Cwch gwaelod fflat a ddefnyddid i drosglwyddo nwyddau o long i lanfa neu i long arall.

The numerous murders and robberies committed here continually has frightened me out of Pennington Street. I have taken a house in the Tower, and shall move thither in a fortnight's time, where I shall be safe, and but a little way from my office. And indeed, I am not able to trudge any longer in darkness and rain, which quite destroyes me . . . therefore farewell Pennington Street for ever!

ML ii. 590. R – L. 2 Hydref 1763.

Cip a geir yma ar arfer cynnar ynglŷn ag anfon llythyrau yng nghyfnod y Morrisiaid, ac ar ambell sefyllfa anarferol y câi un ei hun ynddi – gan gynnwys Richard. Yn anffodus nid adroddir dim pellach am yr hyn a ddigwyddodd wedyn.

Llyma ichwi ffrencyn[40]. Nid oes achos gyrru'r un ataf fi, oblegid nid wyf yn talu dim am lythyrau, Duw a gadwo'r Arglwydd Frenin sydd mor fwyn wrth ei weision. Ac mi fedraf ffrancio llythyrau oddi yma fy hun. Ond os bydd eich llythyr yn ddwbl, write above the direction *On His Majesty's Service*, yna nid rhaid talu amdano . . . I am now in a pack of troubles about the death of my friend Evan Jones, a navy surgeon, to whom I was agent, who was killed last Sundau senight in a duel in Hyde Park. I buried him, and must attend the Old Bailey sessions on ye murderer's trial, which gives me trouble & concern.

ML (Add) 611. R – Ieuan Brydydd Hir. 18 Chwefror 1764.

Yn ystod seibiant o dywydd braf yng nghanol gaeaf y lluniodd Richard y llythyr at Ieuan Brydydd Hir y dyfynnir ohono isod. Gwelir mai Cymro i'r carn oedd Richard er gwaetha'r blynyddoedd maith y bu'n byw ac yn gweithio ymhlith Saeson.

Mae hi yma ers tridie'n dywydd gwych ar ôl llawer o fisoedd gwlawiog beunydd, a foddodd lawer iawn o dir isel drwy'r

---

[40] 'Llythyr neu amlen yn dwyn llofnod person (e.e. aelod seneddol) a chanddo'r hawl gynt i anfon llythyrau'n ddi-dâl.' GPC

deyrnas, yr hyn a wnaeth porthiant dyn ac anifail yn ddrud dros ben. Mae'r ymenyn hallt yma yr awron yn ddeg ceiniog y pwys, drutach nag y bu ers blynyddoedd o'r blaen. Duw helpo'r tlawd y sydd yn galed iawn arnynt. Mawl i'r Goruchaf, yr wyf i'r awron mewn purion iechyd wedi i'r peswch fy nychu ddechrau'r gaeaf yma. Gobeithio eich bod chwithau felly, ac y ceidw Duw chwi'n hirhoedlog i wneud parch i'ch gwlad a'i hen iaith odidog, er cymaint ei hamarch yn y byd, ac yn bennaf oll gan ei chywion mursennaidd ei hun. Ffei ohonynt, a mefl ar eu hwynebau cas, medd holl Gymdeithas y Cymmrodorion.

ML (Add) 612. R – Ieuan Brydydd Hir. 18 Chwefror 1764.

Yn ei ddydd dioddefodd Evan Evans (Ieuan Brydydd Hir) gryn dipyn ar law esgobion Cymru, llawer ohonynt yn Saeson yn ei gyfnod ef, er nad oedd ei fuchedd yntau bob amser yn gweddu i ŵr mewn urddau eglwysig.

And to complete my misfortune, our bishops look upon me, I believe, with an evil eye, because I dare have any affection for my country, language and antiquities, which in their opinion had better been lost and forgotten, and which some of them have had the front to maintain in their sermons.

What can you expect from bis[ho]ps or any offices ignorant of a language which they get their living by, and which they ought to cultivate instead of proudly despising. If an Indian acted thus, we would be apt to call him barbarous. But a Sc[o]t or Sax[o]n is above correction.

ML (Add) 620. Ieuan Brydydd Hir – L. 12 Mai 1764. id. 623.

Dychwelyd at ei gwyn yn erbyn gelynion y Gymraeg a wnaeth Richard wrth ysgrifennu eilwaith at Ieuan Brydydd Hir.

Wele o'm blaen dri och llythyrau heb eu hateb, a chywyddau marwnad &c. Can diolch i chwithau amdanynt. Yn wir, yn wir, ni fûm i yn fy iawn hwyl er pan gollais fy mrodyr annwyl, a llawer ymdrech galed a gefais y ddau aeaf diwethaf am fy hoedl fy hun. Mae'r peswch a'r fygydfa, gelynion y teulu, yn flin iawn wrthyf yn wastad, a nhw â'm lladdant yn gelain pan roddo Dduw gennad iddynt. Ei ewyllys a wneler. Mi welaf eich bod chwithau wedi bod i lawr mewn trwm glefyd. Mae fy ngobaith eich bod yr awron yn holliach, ac y byddwch byw lawer o flynyddoedd i goledd a meithrin yr hen Frytaneg, i ba un y mae cymaint o wenwyn yng nghalonnau boneddigion Cymru, er cywilydd iddynt y dywedir. Nid rhyfedd i'n hesgobion Seisnig fod am ddeoli'r iaith o'r wlad, a'n pobl ein hunain mor gas i'w herbyn. Ffei, ffei, dyddiau drwg y rhai yma.

ML (Add) 661. R – Ieuan Brydydd Hir. 12 Ebrill 1766.

Parhai â'i lach ar Seisnigrwydd esgobion Cymru a wnaeth Ieuan Brydydd Hir yn y llythyr hwn at Richard a sylwi ar gynnydd y Methodistiaid ac eraill yn y bwlch a adewid oherwydd eu hesgeulustod hwy.

Myfi a dderbyniais yr eiddoch o ddiwedd mis Mai . . . ac y mae yn dda iawn gennyf glywed eich bod yn fyw, ac yn ddrwg gennyf nad ydych yn mwynhau eich cyflawn iechyd, oherwydd nad adwaen i yr un Cymro a wnaeth fwy o les i'w wlad a'i iaith nag a wnaethoch chwi, er amser euraid y Frenhines Elsbeth, pryd yr oedd gennym esgobion o'n cenedl ein hunain a fawrygent yr iaith a'i beirdd, ac a ysgrifenent lyfrau ynddi er mawrlles eneidiau gwŷr eu gwlad. Pan (Duw a edrycho arnom!) nad oes gennym y to yma ddim ond rhyw wancwn diffaith, dan eilun bugeiliaid ysbrydol, y rhai sydd yn ceisio ein difuddio o ganwyllbren gair Duw yn ein hiaith ein hunain, er bod hynny yn wrthwyneb i gyfreithiau ac ystadud y deyrnas . . . Amdanom ni yn yr esgobaeth yma, y mae'r esgob yn cael gwneuthur a fynno yn ddiwarafun. Sef y mae megis Pab arall, wedi dyrchafu tri neu bedwar o neiaint i'r lleoedd gorau, lle yr oedd Cymry cynhenid gynt yn gweinyddu. Ac ni chaiff curadiaid danynt ddarllen mo'r Gymraeg, ac myfi a glywais hefyd dddywedyd yn ddiweddar fod dau Sais arall yn Sir Drefaldwyn, mewn dwy eglwys a elwir Castell ac Aberhafesb, yn darllen Saesoneg yn gyfan gyfrdo drwy gydol y flwyddyn, er nad oes mo hanner y plwyfolion yn deall nac yn dirnad dim ag a draethir ganddynt. Duw a ddelo ag amseroedd gwell, ac a atalio ar eu rhwysg, rhag iddynt andwyo eneidiau dynion dros fyth! Y mae'r Ymwahanyddion [Anghydffurfwyr] o'r achos yma yn taenu yn frith ac yn aml dros holl wyneb Cymru, ac y mae'r Methodistiaid wedi cynyddu yn ddirfawr yn ddiweddar yn neheudir Cymru, ac yn y wlad hon hefyd, yn gyfagos i'r personiaid Eingl uchod. Wedi darfod y gwres angerddol ag y mae'r Poethyddion hyn yn feddiannol ohono yr awron, y mae arnaf ofn yr â corff crefydd yn gelain oer o'r diwedd, er yr holl grïo, a'r gweiddi a'r crochlefain, ie, a'r bonllefain sydd i'w mysg yr awron. Gresyn yw fod yr anhrefn yma wedi tyfu oddi wrth y gwŷr eglwysig eu hunain, y rhai, llawer ohonynt, ni fedrant na darllen na phregethu, chawethach iawn ysgrifennu yr iaith y maent yn cael eu bywoliaeth oddi wrthi. Y mae arnaf ofn fod Rhagluniaeth y Goruchaf wedi arfaethu yr Ymwahanyddion i fod unwaith eto yn fflangell i'n heglwys, oherwydd yr anfad lygredigaethau yma o eiddo'r gwŷr llên yn ein mysg (os iawn eu galw felly), megis y buont o'r blaen.

ML (Add) 665-667. Ieuan Brydydd Hir – R. 23 Mehefin 1766.

Yr oedd Richard garedig yn dymuno'r gorau i Ieuan, ond nid bob amser y talai Ieuan y pwyth yn ôl. Cafwyd curadaeth iddo, drwy ymdrechion Richard, mewn lle o'r enw Appledore yng Nghaint, ond byr fu ei arhosiad yno 'oherwydd', meddai, 'nid oes y dydd heddiw ar a wn i y fath giwed uffernol yn trigo ar glawr y ddaear ag ydynt y bobl sydd yn y persondy yno . . . Mewn gair ni welais i ddim mo'r fath fileindra na chieidd-dra mewn un man erioed'. Gan ragweld y byddai Richard – a wyddai'n dda am hoffter Ieuan o'r ddiod gadarn – yn ddig iawn am yr hyn a ddigwyddodd yng Nghaint, cyfeiriodd cyn diwedd ei lythyr at ei fwriad i roi'r gorau i'w lymeitian. 'A'r bai mwyaf sydd arnaf, a bai ac anaf erchyll ydyw – yfed gormodedd. Ond y mae yn fy mryd trwy ras Duw dorri y ddrwg arfer hon yn llwyr'. Yn naturiol, siomwyd Richard o achos yr hyn a ddigwyddodd yng Nghaint, a mynegodd hynny mewn llythyr at Ieuan.

Mi fûm dros ennyd o amser yn ddig yn f'asgwrn wrthych am ymddwyn mor gywilyddus yng Nghaint. Ond gan eich bod yn addo trwy ras Duw yn eich llythyr diwethaf ymwrthod rhagllaw â'r arferiad brwnt hwnnw o yfed gormodedd, rhaid cymodi, drwy obaith y byddwch cystal â'ch gair. Yn wir ddiau, mae gan bawb â'ch caro gywilydd drosoch, ac anesmwythdra calon weled gwŷr mor gampus â chwi a'ch brawd Goronwy [Owen] megis yn golledig i'r byd ... Ymogelwch rhag meddwi mwyach. Pe medrech eich gweled eich hun â llygad sobr yn y cyflwr ffiaidd hwnnw, diamau yr ymgroesech. Esgusodwch fi am fod mor hy arnoch, yr hyn sy'n tarddu o wir ewyllys da tuag atoch. Bid ichwi iechyd, dedwyddwch a bodlonrwydd yn y byd hwn, a diderfyn ddedwyddwch y nef, yw gwir ddymuniad eich cydwladwr ffyddlon.

ML (Add) 702 -703. R – Ieuan Brydydd Hir. 14 Gorffennaf 1767.

Unwaith yn unig yr ymwelodd Richard â Chymru wedi iddo gefnu arni yn ddeunaw oed yn 1722, a hynny i ymweld â Phenbryn, hen gatref ei frawd Lewis, a fuasai farw yn 1765, ac i gasglu ei lyfrau. Manteisiodd hefyd ar y cyfle i ymweld â mannau eraill cyn dychwelyd i Lundain.

Mi welais fy chwaer yng nghyfraith o Benbryn fis Awst diwethaf, ac a gesglais ynghyd yr holl lyfrau diddanwch, ac a'u gyrrais at Mr. Eddowes i'r Amwythig i'w gwerthu dan obaith y caf rywfaint oddi wrthynt rywbryd neu'i gilydd. Mi euthum i'r wlad drwy'r Mwythig, ac a ddychwelais ffordd arall drwy Gaerwrangon, i ymweled tylwyth fy ngwraig yno, ac a ddeuthum drwy Rydychen, lle ciniawais gyda'r Dr.Wmffre Owen, pennaeth Coleg yr Iesu, a llawer o'r colegwyr. A gwelais y *Llyfr Coch o Hergest* a phob peth arall yno. A moliant i Dduw, mi ddois adref yn bensych wedi marchogaeth ynghylch 450 milltir yn y daith. Ond ni chefais i un diwrnod o dywydd teg tra bûm yng Ngheredigion, felly ni welais ond ychydig o'r wlad er cymaint fy awydd i rythu llygaid arni. Ni chefais i olwg ar Gymru o'r blaen ers 44 blynedd, ac erioed ar un parth o'r Deheudir.

ML (Add) 671. R – Hugh Hughes (Bardd Coch). 1 Tachwedd 1766.

Bu Richard farw yn 76 oed yn 1779, a chladdwyd ef yn Eglwys St. George-in-the-East, Cannon Street. Parhaodd i ysgrifennu llythyrau hyd y diwedd. Un o'r rhai hynny yw'r llythyr a ysgrifennodd at Hugh Hughes (Bardd Coch)[41] yn 1770, lle ceir ef yn mynegi ei ofn fod Goronwy Owen bellach wedi marw yn America, a'i bryder hefyd o glywed achlust gan rywun nad oedd pethau'n dda rhwng ei chwaer oedrannus, Elin, a'i gŵr ym Môn. 'Byddwch cyn fwyned', meddai, 'â gyrru i mi gywir hanes yr ymrafael rhyngddynt, canys mae a glywais wedi fy synnu'n aruthrol!'

---

[41] Yr oedd Hugh Hughes yn aelod gohebol o'r Cymmrodorion.

Y Rhieni

Drwy ddyfynnu o'u llythyrau at ei gilydd dros lawer o flynyddoedd, ceisir yn y bennod hon gofnodi rhai o brif gyfeiriadau'r Morrisiaid at eu rhieni, Morris Prichard a Margaret Owen [Morris]. Tybir i'w mam, a oedd yn ferch i Morris Owen a'i wraig Catrin Williams gael ei geni ym Modafon-y-glyn, Llanfihangel Tre'r-beirdd, a hynny yn 1671, a'i gŵr, Morris Prichard, yn Nhyddynmelys yn yr un plwyf yn 1674. Enwau ei rieni ef oedd Richard Morris a Margaret Humphrey. Bu'r Richard hwn farw'n gymharol ifanc, ond caniatawyd i'w weddw barhau i fyw yn Nhyddynmelys, lle bu farw, fe dybir, yn 1718. Dysgodd Morris Prichard grefft cowper, gan droi ei law at waith saer yn ogystal, tra chydnabyddid Margaret ei briod yn llysieuwraig arbennig o wybodus. Ar ôl priodi ar y 5ed o Fedi 1700, ymgartrefodd y ddau yn y Fferam, plwyf Llanfihangel Tre'r-beirdd, a dyna'u cartref am tua saith mlynedd, a'r lle ganed eu meibion Richard, William a John, ac o bosib eu mab hynaf, Lewis. Yn y flwyddyn 1707 symudodd y teulu i Bentre-eirianell ym mhlwyf Penrhosllugwy, a ddaeth trwy hynny yn gartref hapus i deulu hynod o ddiwylliedig.

Bu Margaret, mam y Morrisiaid, farw yn 81 mlwydd oed yn 1752, a'i gŵr, Morris yn 1763 ar drothwy ei bedwar ugain a deg.

Dyfynnir yma rai darnau o lythyrau'r brodyr lle ceir cyfeiriadau at y ddau riaint. Yn gynnar ym mis Ebrill 1741, fel y nodwyd, daeth y newydd trist am farwolaeth John, yr ieuengaf o'r brodyr, a aeth i'r môr yn ifanc. Collwyd ef ar fwrdd y llong-ryfel y *Torbay* yn ystod cyrch ar Cartagena, Sbaen, yn 1740. Gw. ran o lythyr William at Richard yn ei hysbysu am farwolaeth John yn yr ail bennod uchod.

Cododd rhai anawsterau wedi colli John, fel y gwelir yn y dyfyniad hwn o un o lythyrau William at Richard eto,

For God's sake what is become of brother John's affair? Oes dim gobaith i'r hen bobl fusgrell yma gael dim byth o'r peth adawodd ar ei ôl? Roedd hi gin gaethed arnynt eleni oni buase iddynt gaffael benthyg £9 neu £10 buase Dorset[1] yn sesio ar eu da am yr

---

1   Dug Dorset y talai Morris Prichard rent iddo.

ardreth, ac yna rhaid a fase mynd i dŷ a gardd. Mae 'mrawd Llywelyn [Lewis Morris] a minnau yn gwneuthur gorau ag allom i'w cynorthwyo, ond nid eill neb namyn ei allu. It seems brother John had borrowed £4 or 4 guineas of Wm. Hughes, the silk throwster[2]. This fellow plagues my father with letters by post continually, written in a scandalous manner, charging him with keeping him out of his money, etc. I undertook to answer one of them some time ago, which produced the inclosed [nid yw hwnnw wedi goroesi] and which I presume ends the correspondence between me and that gentleman, though I don't know how to blame him. Duw a wnêl i chwi fedru gwneuthur rhywbeth yn y mater yn fuan er lles i'r ddau hen bobl onest.

ML i. 75. W – R. 30 Hydref 1743.

Gan mai William oedd yr unig un o'r tri brawd a dreuliodd y rhan fwyaf o'i oes ym Môn, teimlai'n ddyletswydd arno roi gwybod i'r ddau arall yn gyson am hynt a helynt eu rhieni oedrannus.

Bûm ym Mhentre-eirianell dydd arall yn ymweled â'r hen bobl. Maent, Duw yn eu plaid, yn gymaint eu trafferth a phan oeddynt yn meithrin plantos, yn ymdrechu â dyled a thrafferthion er gwaetha henaint a heintiau.

ML i. 86. W – R. 22 Awst 1745.

Mae 'nhad yn abl salaidd ers dyddiau gan ryw ddolur yn ei frest. Digon tebyg mae rhyw anafiad sydd oddi mewn iddo. Mae mam yn fynych yn llacaidd[3]. Duw a helpo yr hen bobl, yr amseroedd yn galed a phob peth yn eu crugo[4].

ML i. 124. W – R. 5 Rhagfyr 1747.

Gan fy mod yn myned echdoe i ymweled â'r rhieni i gynnal gwylmabsant gyda hwynt (y peth ni wneuthum ers llawer

---

2   gweithiwr yn y diwydiand sidan. '*A person who throws silk*' OED.
3   gweddol (o ran iechyd), symol, canolig. GPC
4   blino, cystuddio. GPC

blwyddyn hir), dygais y Beibl[5] yn fy nghoden i'w ddangos iddynt, ac nid difalch oedd ganddynt ei weled, er bod y golygon yn rhy henaidd i'w ddarllen yn iawn. Rhaid a fu imi ei adael yno ar f'ôl, i gael o'r hen ŵr ei ddangos i'w ffrindiau a'i gymdogion. Daeth fy nhad a mam ar eu meirch efo mi i'r Llan. Da iawn oedd eu gweled yn gallu gwneuthur hynny. Pur fusgrell yw mam gan rhyw ddolur a adawodd y ffefer [twymyn, *fever*] yn ei haelodau, yn enwedig yn ei thraed.

ML i. 135. W – R. 3 Hydref 1748.

Byddai'r darlun yn oleuach ar brydiau:

Cefais eich llythyr o'r 23 a diolch amdano, a thrannoeth ar ôl ei dderbyn daeth y 'nhad yma a chanddo 'r eiddoch yn ei boced . . . [Y]dynt, mawl i'r Goruchaf Dduw, wedi ymendio'n rhagorol. Ni bu mo nhad ers llawer o flynyddoedd cystal ar ei iechyd ag yw yn awr, a mam yn dechrau ymdreiglo o gwmpas y tŷ, ac yn gallu bwyta tamaid yn dda iawn.

ML i. 166. W – R. 2 Mawrth 1750/1.

Mae'n hysbys gennyf mai da gennych glywed fod ein rhieni yn dda iawn ar eu hiechyd, yn ôl yr achos, sef eu hoedran. Mae mam wedi bod ddwywaith yn yr eglwys ar ôl y clefyd diwethaf, ac y mae hi'n gweled ac yn clywed cystal cynt ond ei bod yn o fusgrell. Mae 'nhad yn achwyn bod y golwg yn pallu peth, ond y mae yn clywed yn well nag y bu – mawl i'r Goruchaf Dduw am ei drugaredd. Byddai ryfedd gennych eu gweled gin sionced ag ydynt; maent yn gobeithio cael golwg maes arnoch cyn eu marw. Digrif fyddai cael un ymgyfarfod yma, ond nid hwyrach mai draw y bydd, Duw a ddêl ag un llawen bydded lle y mynno.

ML i. 168. W – R. 12 Ebrill 1751.

---

5   Argraffiad o'r Beibl a olygwyd gan Richard Morris ar ran y Gymdeithas er Taenu Gwybodaeth Gristnogol (S.P.C.K.) yn 1746.

Cafodd William sbectol i hyrwyddo'i ddarllen a'i ysgrifennu, ond ymddengys nad oedd yn or-hoff ohoni. Gwneud y tro heb gymorth o'r fath oedd hanes y rhieini.

Ie yn wir, peth digon erchyll yw sbectol ar draws trwyn gŵr tan 50 oed [yr oedd William yn 46 ar y pryd]. Hyfryd fase ganddoch weled ein tad a'n mam yn darllen dydd arall pan fûm ym Mhentre-eirianell, heb sbectol na dim arall. Mae mam yn gweled ac yn clywed cystal ag yr oedd pan oedd 40 oed, ond y mae'r ddau yn pallu gan fy nhad er y medr ddarllen print eglur heb ddrych. Duw a'u cadwo nhw i'w gilydd.

ML i. 176. W – R. 12 Mehefin 1751.

Roedd fy nhad a mam yn rhyfeddol o iachus y dydd arall. Bu ef yn y Creuddyn yr wythnos ddiwethaf ac yn ôl, a gwraig y câr Siôn Salbri yn ei sgil. A wnewch chwi'r fath beth pan foch yn tynnu at eich pedwar ugain? Na wnewch mi wranta, nac yr un o'u plant, os byddant byw cyhyd.

ML i. 185. W – R. 9 Tachwedd 1751.

Isod ceisiwyd llunio detholiad o'r cyfeiriadau a geir yn y llythyrau at Margaret Morris, gan ei gŵr a'i meibion. Mewn llythyr gan Morris Prichard, ei phriod, at Lewis Morris ei fab hynaf, nad oedd eto wedi ymadael â Môn, y ceir y cynharaf ohonynt, yn 1730, a hithau erbyn hynny ar drothwy ei thrigain oed.

Hyn a wnaeth imi ysgrifennu hyn yma fod dy fam yn bur llesg er nos dydd Sul. Hi gododd ddydd Llun ond hi aeth i lawr yn y man, ac y mae hi er hynny hyd y rŵan.yn bur llesg. Ni chymer hi ddim yn y byd er a allom ni iddi, ac y mae hi yn ddolur drosti bod y fodfedd. Nid eill hi aros i neb gyffwrdd â hi mewn modd yn y byd. Rwy fi yn ofni mai y ffefer [twymyn, *fever*] sydd arni hi. Hi a nac[aodd] ildio i ollwng gwaed arni yn glir. Nid hwyrach y base hi yn well pe gwnaethai hi hynny.

ML (Add.). 6. Morris Prichard – L. 31 Mawrth 1730.

Bellach gorffennaf eich epistol hwn gan ddwedyd imi dderbyn heddiw lythyr oddi wrth y brawd Lewis, o Ddulas, yr hwn a ddywaid imi'r drefn sydd ar y 'mam. She was taken ye 6th inst. with a violent nervous fever, which had like to carry her off, but by ye extraordinary judgement of ye doctor in the distemper, through God he saved her life, though he was ill of ye fever ye same time. She has passed the crisis, and there's all ye good signs in ye world she'll do well. Duw a'i cynhalio ac a wellhau arni. Myfi a gâi'r golled fwya (pe gwelai Dduw'n dda ei chymryd ato) ohonom i gyd.

ML i. 17. J – R. 19 Ionawr 1739.

Yr oedd y fam oedrannus yn dueddol o ddioddef mân ddamweiniau o gwmpas ei chartref, fel y gwelir yn y ddau ddyfyniad canlynol.

The old folks at Dulas were indifferent well a few days ago . . . Mother had the misfortune lately of being run over by some cattle, whereby she was much bruised. Otherwise she would have been here upon these occasions. [Cyfeiriad at enedigaeth mab i William ei hun, a merch i'w chwaer Elin.]

ML i. 89. W – R. 26 Chwefror 1745.

Poor mother had had the misfortune of a ladder falling upon her before the unhappy accident of being trod upon by the cattle. But the first anlwc was not nigh as bad as the last. Mae'r hen bobl yn awr yn fwy eu trafferth a'u gofalon nag oeddynt pan oeddym oll bychain a chostus iddynt. My mother will never have the right use of her arm, which was owing to our not having a surgeon in the whole island.

ML i. 90. W – R. 10 Mai 1746.

Ond dod dros ei hanlwc fyddai ei hanes gan amlaf.

Dyma fi newydd ddyfod adref o daith, o ba un y bydd dda gennych gael tipyn o'i hanes, oblegid fy mod yn ymweled â'r hen gartref gynt . . . Yn wir ddiau ba'i ryfedd gennych weled yr hen rieni. Mae mam er ei bod yn cerdded ar ei 80 yn dra sionc onibai fod un droed yn pallu. Roedd hi ddoe yn canu penillion i fy mab a minnau.

ML i. 161-162. W – R. 23 Hydref 1750.

Dirywio o ran iechyd fu ei hanes, serch hynny, yn fuan wedyn.

Dacw ein mam wedi bod yn llesg iawn er nos Nadolig, y pryd y torrodd y postwm[6] arni. Roedd hi heddiw yn beth gwell, a gobaith da rŵan yr erys yn ein plith rai blynyddoedd eto er maint ei hoedran.

ML i. 164. W – R. 3 Rhagfyr 1750/1

Ond cwta flwyddyn a hanner yn hytrach na 'rhai blynyddoedd' a gafodd wedyn.

I writ you two or three lines the 1st inst. That same day our mother was taken ill, and she hath continued ever since extreme sick. Hath been speechless for some days, and God only knows the event. Disgwyl clywed naill ai newydd da neu ddrwg bob munud. Duw a ŵyr orau beth i wneuthur.

ML i. 209. W – R. 13 Awst 1752.

Cyn diwedd yr un mis daeth y newydd trist yr oedd y ddau frawd arall, Lewis a Richard, yn ei ddisgwyl, mae'n siŵr, gan William.

Dear Brother, This day I returned home from my father's and am extreme sorry to aquaint you that this morning about three o'clock the Almighty was pleased to take to Himself the soul of our dear mother after a fortnight's illness. I need not tell you what grief it must occasion to us all, especially to our poor father whose loss is inexpressible, for few loved one another so well, and lived

---

6 casgliad llidiog a chrawnllyd, *impostume, abscess*.

so long without any broils and contentions. Mae'r hen ŵr wedi mynd yn fusgrell ac yn ddwl . . . Trennydd y bydd y cynhebrwng. Duw a'n diddano ni oll, ac a roddo i ni, ei phlant hi, ras i ddilyn ei llwybrau hi.

ML i. 209. W – R. 16 Awst 1752.

Gormod yn y dyddiau hynny, mae'n debyg, fyddai disgwyl i Richard yn Llundain, a Lewis yng Ngheredigion, ymdrechu i fynychu angladd eu mam, a bu'n rhaid iddynt ddibynnu ar addroddiad byr gan William am y digwyddiad trist.

Gynnau y dychwelais adref o fod yng nghladdedigaeth ein mam, ac yn wir yr oedd yno gynhebrwng mawr iawn, yr holl geraint o'r ddwy sir a'r cydnabod o bob cwr i'r wlad. Ni a'i claddasom yn Eglwys Benrhos o'r tu deau iddi. Roedd rhy fychan o le i'r bobl fynd i'r eglwys, felly bu raid dyfod â'r allor i'r fynwent, a darllen ac offrymu yno.

ML i. 210. W – R. 30 Awst 1752.

Araf ddirywio yr oedd golygon yr henwr Morris Prichard, yn ôl ambell gyfeiriad yma ac acw yn llythyrau'r brodyr, ac ar un achlysur ceisiodd Lewis gael sbectol iddo. Meddai ar ddiwedd llythyr at William,

Ni chaf amser ychwaneg i draethu dim heddiw, ond fy mod wedi gyrru gyda gwas Syr Niclas Baily i nhad sbectol of *five inches focus*, and if that is too young there is a couple of glasses along with it of four inches focus that will fit ye frame. But you or some *gŵr ciwrus*[7] must put them in, if they are wanted. Ni thâl pob amaeth aradr i wneuthur hynny.

ML i. 361. L – W. 18 Gorffennaf 1755.

Aeth cryn wyth mlynedd heibio cyn gosod carreg i goffáu Margaret Morris ar fur eglwys Penrhos.

---

7 *curious*, chwilfrydig; cywrain.

Dacw nhad wedi profeidio carreg o farmor du o ddeutu 20 modfedd o hyd a 12 neu 14 o led, er dodi ar bared eglwys Penrhos gerllaw'r fan y cladded ein mam, ac mae arno eisiau gwybod beth a dorrir arni, beth meddwch chwi? Gadewch wybod yn union deg, da chwithau, . . . Cymraeg fydd orau.

ML ii. 183-184. W – L. 17 Mawrth 1760.

Ond taflu'r bêl yn ôl i gwrt William fu ymateb Lewis. 'Gwell y gwyddoch chwi na mi beth i roi ar garreg fedd 'y mam', meddai (ML ii. 191) – ac aeth William yn ei flaen i baratoi'r arysgrif ei hun, a threfnu i osod y garreg ar wal yr eglwys.

O'r tu deau i eglwys Penrhosllugwy uwchben lle y byddai mam yn eistedd, y mae carreg o faen mynor du wedi ei gosod ar y pared, ac arni yr argraff a ganlyn:

> Gerllaw y gorwedd mewn gobaith, gorph Marget
> Gwraig Morris Prichard Morris o Bentrerianell,

> Yr hon a fu farw Awst 16, 1752, ei hoed 81. Hi adawodd i gyd-alaru ar ei hol, ei gwr a thri meib a merch, sef Lewis, Richard, William, ac Ellin.

> Dedwydd o enaid ydwyt,
> Llaw Dduw a'n dycco lle'dd wyt.

Chwi nacausoch chwi anfon rhywbeth i'w ddodi ar y garreg, felly mi wneuthum orau gellais, ac a fenthycais gan Rono [Goronwy Owen].

ML ii. 251. W – L. 14 Medi 1760.

Er iddo fethu ag ymateb i gais William am feddargraff i'w roi ar y garreg goffa, mynegodd Lewis ei foddhad ynghylch yr hyn a ddewiswyd. Meddai mewn llythyr at Richard y mis Hydref canlynol, 'These lines, in my opinion, are better and stronger and as much to the purpose as any epitaph I ever saw'.

Syndod i'r brodyr, o fewn ychydig iawn i gladdu eu mam yn 1752 oedd clywed si o gwmpas yn gynnar yn 1753 fod eu tad, Morris

Prichard, â'i fryd ar gael cwmni benywaidd arall yn gysur yn ei henaint. William sy'n cyfeirio gyntaf at y pwnc:

Nos Fercher y daeth Pegi Morris[8] adref o Bentre-eirianell. Hi adawodd fy nhad yn iachus, mae o'n dra sionc – ni wna fo ddim o fyned ar ei ddeudroed i Landyfrydog, etc., mwy ystig na'i dri mab fal y mae mwya'r cywilydd. Mae nhw yn taeru ei fod yn sôn byth am wreica. Y Mrs Williams o Fodafon y mae'n ei hoffi. Hen wreigan dew sychedig, agos gin hyned ag yntau, ymgro dda i bawb![9]

ML i. 227-228. W – R. 21 Ebrill 1753.

Dychwelodd William at yr un pwnc mewn llythyr arall at Richard yn fuan wedyn.

Gorau ar les yr hen ŵr gwirion fyddai aros yn y cyflwr y mae ynddo. Mae henaint wedi cael y llaw ucha arno, a'r synnwyr wedi pallu. Onibai hynny ni soniai am y fath beth â gwreica yn awr o fewn blwydd neu ddwy i bedwar ugain. Mae o'n cael ei iechyd yn dra da, ac y mae o'n sionc ryfeddol. Roedd ddydd Llun diwethaf yn ffair Llannerch-medd ar eu ddeudroed er bod iddo 8 neu 10 o geffylau. Ni chymerasai yr un o'r tri mab lawer er gwneuthur hynny – mi atebaf i am un, na cherddasai saith milltir neu 8 o'i fodd. Chwi glywsoch sôn am gyngor tad i'w fab, digon rhaid yma roi cyngor i'r gwrthwyneb. Os byddwch yn sgrifennu ato touch gently upon that topic.

ML i. 230. W – R. Nos Galan Mai [1753].

Gwadu unrhyw ddiddordeb i'r cyfeiriad hwnnw a wnaeth Morris Prichard, serch hynny.

Mae 'nhad yn tyngu i'r cyrs ac i'r coed nad oes un sillaf o wir yn y chwedlau hynny ynghylch priodi, er y gallai gael gwraig heddiw,

---

8 Un o ferched Lewis Morris o'i briodas gyntaf a oedd yn cadw tŷ i William wedi iddo golli ei wraig yn 1750.
9 'Ymgroes dda i bawb!'? Arwydd y Groes, bendith.

heno. Ond ni fyn o'r un, ni waeth tewi na siarad. Na ato Duw chwedl amgen, meddwn innau. Rwyn ei ddisgwyl yma yr wythnos a ganlyn i'n hymweled. Fe fyddai hyfryd gan eich calon weled a sionced ydyw.

ML i. 287-288. W – R. 5 Mai 1754.

Ond para i fudlosgi a wnâi pryderon William a oedd yn ddigon agos i gadw llygad ar ei dad, ac i glywed y sibrydion diweddaraf amdano. Meddai ym mis Awst yr un flwyddyn.

Nid yw nhad eto yn bur fodlon i fod heb wraig, ac nid oes ond Duw ei hun a eill ei gadw rhag gwneuthur rhyw fargen wirion ffôl.

ML i. 302. W – R. 11 Awst 1754.

Yn y cyfamser yr oedd Lewis, ei gyntafanedig, wedi galw am gymorth ei awen, ac wedi cyfansoddi dwy gerdd hir, ddamhegol eu naws, ac wedi anfon un ohonynt at ei dad. Disgwyl am ymateb yr oedd i'r gyntaf o'r ddwy, meddai wrth William.

Ai nid oes gair o sôn am Ganiad Melinydd Meirion[10] sydd ym Mhentre-eirianell? Hen felinydd a gododd felin newydd i falu pecaid. O achos y newydd a ddaeth yma'r dydd arall fod ŵyr imi ym Mathafarn, mi drewais ati (er gwaetha trafferth y byd) i ganu Caniad Hanes Henaint[10], canys fe fydd peth canu yn dyfod arnaf ambell dro, ac mae'r caniad hwnnw yn burion yn ail ran i Ganiad Melinydd Meirion, ac mi a'i gyrraf i nhad pan glywaf pa fodd y mae'n leicio y cyntaf. Fe allai mai digio a wna, ond yn wir nid oes le i ddigio, oblegid mae'n ddigon gwir ac a bery byth yn wir, ac yn yr un modd Hanes Henaint.

ML i. 319-320. L – W. 24 Tachwedd 1754.

---

10 Cyhoeddwyd y ddwy gerdd yn *Diddanwch Teuluaidd*, 1763, ac atgynhyrchwyd hwy yn Hugh Owen: *The Life and Works of Lewis Morris* (1951), 277-283 (50 pennill triban), 285-290, (45 pennill triban). Am olygiad diweddarach o'r gerdd i Felinydd Meirion, gw. E. G. Millward (gol.): *Blodeugerdd Barddas o Gerddi Rhydd y Ddeunawfed Ganrif* (1991), 73-76.

Mae'n amlwg fod gan Lewis Morris gryn feddwl o'i ddwy gerdd, oherwydd ar ddiwedd y llythyr uchod ychwanegodd, 'Ceisiwch chwi Ganiad Melinydd Meirion gan fy nhad. Os palla fo, chwi a'i cewch oddi yma, a Hanes Henaint hefyd'.

Wedi hyn ni welir cyfeiriad pellach at obeithion carwriaethol Morris Prichard yn y llythyrau a oroesodd. Bu fyw'n ŵr gweddw am un mlynedd ar ddeg ar ôl claddu ei briod, ac y mae cyfeiriadau cyson ato yn llythyrau'r brodyr at ei gilydd, yn enwedig yn eiddo William a drigai o fewn rhyw ugain milltir iddo, ac â'i gwelai wyneb yn wyneb yn lled gyson, fel y nodwyd eisoes. O ran iechyd, i fyny ac i lawr fu ei hanes yn ystod y blynyddoedd hyn, a William wrth ei fodd pan allai roi newydd da i'w frodyr. 'Yn rhwydd iachus', meddai amdano'n fynych, 'yn dra sionc yn ôl ei oedran', 'yn prifiaw well well ar ei iechyd', 'yn cael ei iechyd yn dda iawn', 'yn iach lawen', 'yn abl dewr' ac yn y blaen. Cofnodai hefyd ei anhwylderau o dro i dro,gan ei ddisgrifio'n 'llacaidd' yn aml. Gan gwyno mewn llythyr at Richard na chafodd lythyr oddi wrtho ers tro, aeth William yn ei flaen mewn un llythyr fel hyn:

[D]yma nhad heb fy ngwrthod eto. Fe ddaeth i'm hymweled nos Sadwrn y Sulgwyn, a dyma ni yn ymgomio er hyd y rŵan. Mae'r iechyd, y clywed a'r gweled ganddo yn bur salw. Hi wnaeth ddwyreinwynt y dyddiau diwetha a gogleddwynt ffyrnig. Hynny a barodd i'r ffors[11] fod yn ddrwg o fath, a'r golwg yntau yn ddolurus. Er hynny fe fedr ar droau ddarllen print bras heb ysbectol, yr hyn sydd ryfedd.

ML i. 481. W – R. 2 Mehefin 1757.

Fel ei feibion i gyd, dioddefai yntau gan y peswch yn barhaus, fel y cofnodir mewn adran arall isod am yr aflwydd hwn.

Gweler yma ddetholiad pellach o ddyfyniadau – gan William yn bennaf – am y tad oedrannus.

---

11 Ni welaf hwn mewn na geiriadur Cymraeg na Saesneg (*force*) mewn ystyr a weddai yma. Ai ymdrech wrth beswch a olygir?

Gan im sôn wrthych yn fy llythyr y dydd arall fod yr hen ŵr ein tad yn afiach, a'm bod innau yn myned yno i'w ymweled, mi a wn mai da fydd gennych gaffael ei hanes, oblegid ni fagodd ac ni feithriniodd efe neb rhyw blentyn na byddai da ganddo glywed pa ddelw a âi arno. Pan ges fy neudroed yn y gwarthaflau, ni oedais nes myned i Bentre-eirianell, oddigerth rhyw ychydigyn yn nhŷ Feredydd ap Harri'r glwfer[12] yn Llannerch-medd, lle y bwyteais ddarn o frithyll, ac a yfais genogaid o gwrw tewgoch, a'm march yntau a gadd foliaid o wellt medi. Mi a ddeuthum o hyd i'n tad ar ei draed yn y siambr uchaf, a mawl a fyddo i'r goruchaf Dduw, yr oedd yn llawer gwell nag yr oeddwn yn disgwyl ei fod, ond er hynny yn dra methiant, wrth fel y byddai arfer â bod. Swrffed a gawsai a hwnnw a droes yn ysgothi ac a ddug y colic arno, ac ni bu ond y dyd rhyngddo a cholli ei afael yn y pared. Roedd y ffors yn cymeryd mantais o'r gwendid, ac yn ei drin yn anrhugarog. Arhoais yno nos Sadwrn a nos Sul. Bu efo mi yn y cae gwair ac yn y berllan a'r gweithdy, ac ym mhob man o gwmpas y tŷ a'r ardd. Gobeithio, er hyned ydyw, y bydd iddo ail ymaflyd â'r byd dros dro. Mae'r golwg wedi pylu yn erwindost, yn iach lythyr oddi wrtho oni wellha. Nid yw'r ysbectol newydd yn cymorth dim, a deg i un yr un a wna yn unlle.

ML ii. 113. W – R. 6 Gorffennaf 1759.

Oni ddaw rhyw beth garw ar ei draws mae ein tad yn debycach i fyw a glywaf i na'r un ohonom ni; yn cerdded o Bentre-eirianell i Eglwys Benrhos bob Sul, a'r ceffylau yn chwarae hyd y caeau.

ML ii. 177. L – R. 24 Chwefror 1760.

Rhaid i mi cyn dechrau ateb eich llythyr, adrodd i chwi newydd â'ch boddia sef bod i'n tad ddyfod i'm ymweld y 12fed inst. heb dynnu mo'i droed o'r warthol o Bentre-eirianell hyd yma, 20 milltir mi a wranta wrth fesur, ac a arhosodd efo mi tan echdoe yn iach lawen. Nid oes dim yn ôl iddo o fod mor heini ag ydoedd

---

12 Cyfeirir ato, heb ei enwi, fel 'menigydd' mewn llythyr arall. ML ii. 522.

20 mlynedd i'r awron ond bod y golwg wedi pallu; nid adwaen fawr neb ond wrth eu llais; mae ei gof cystal ag y bu orau erioed, am a welaf i . . . Fe aeth y chwaer Elin efo nhad adref, a neithiwr hi ddychwelodd yn ôl. Yn lle cadw ei wely ddoe ar ôl y fath siwrnai, fe a'i hudodd hi efo fe heibio Ffynnon Glan y Môr a than Goed y Gelli, ac i fyny drwy Fwlch y Dŵr at dŷ Ruffydd Dafydd, ac adref. Oh, the inestimable blessing of temperance! Ni wyr brenhinoedd, tywysogion, arglwyddi a gwŷr byddigions ddim oddi wrthynt, ie, na chystom hows offisers[13] ychwaith.

ML ii. 226. W – L. 23 Gorffennaf 1760.

Mewn llythyr gan William at Lewis ym mis Chwefror 1761 ceir y cyfeiriad cyntaf at fwriad Morris Prichard i symud o Bentre-eirianell, lle trigai ynghyd â'i wyres Marged, merch Elin, ac ymgartrefu yn Llannerch-y-medd.

Neithiwr y bu'r chwaer Elin yma yn achwyn yn dost fod ei merch Marged yn dywedyd fod 'y nhad yn ymroi i werthu ei dda, a rhoi'r tir i fyny i fyned i Lannerch-medd i fyw (os byw a wna) i lofft y stabl gerllaw Tŷ Fredydd, ac anfodlondeb mawr sydd o'r achos. Mae'n debyg mai gweled y mae'r hen ŵr eu bod [hwy] yn cael gormod, ac felly yn chwennych iddynt shifftio trostynt eu hunain. Ond bynnag par fodd, ni byddai da gennyf weled mono yn ymado â'r hen gartref. Beth meddwch chwi? Os y'ch o'r un feddwl, da gwnewch sgrifennu gronyn o lythyr ato gan bwyll.

ML ii. 300. W – L. 12 Chwefror 1761.

Anfonodd ei fab yng nghyfraith, Owen Davies[14], at Richard yn Llundain gan obeithio y gallai hwnnw arfer ei ddylanwad, a soniodd Richard yn ei dro wrth Lewis.

Llyma lythyr oddi-wrth y brawd Owain Dafydd yn mynegi bod ein tad yn ymadael â Phentre-eirianell ac yn deisyf arnaf siarad ag

---

13 Sef swydd William ei hun.
14 Gŵr Elin, chwaer y Morrisiaid, oedd Owen Dafydd (Davies).

Arglwydd Boston am gael iddo ef y tyddyn, a llythyr wrth y Bardd Coch[15] yn dweud bod yr hen ŵr yn dyfod i fyw (neu hytrach i farw) i Lannerch-medd! Ai wedi gwirioni mae'r tad, gan adael i ddieithriaid fwynhau ffrwyth ei lafur ers cymaint a chymaint o flynyddoedd?

ML ii. 363. R – L. Dygwyl Iago 1761.

Ysgrifennodd William at Lewis gyda'r newyddion am benderfyniad y tad.

Neithiwr y daeth y chwaer Elin adref wedi bod yn ymweled ei merch hi a'm merch inna yn y Duwmares [Biwmaris], a 'nhad ym Mhentre-eirianell. Nid oes dim a lestair i'r hen ŵr fyned galan gaeaf i Lannerch-medd i fyw yn llofft ystabl Faredydd. Dyna lle y derfydd (rwyn ofni) am dano. Nid oes neb a all ei berswadio i'r gwrthwyneb, mae wedi bodloni i gadw ei eiddo heb eu gwerthu dros dro. Mae'n debygol mai dedwydd ydoedd i'n mam fyw cyhyd, ac onibai hynny, pwy a ŵyr i ba gorbwll y buasai ef yn syrthio iddo? Ond na ato Duw i ni feio ar y sawl y gorchmynwyd ei anrhydeddu. Pwy yn hen nac yn ieuanc sydd heb ei wendidau? Dedwydd y sawl sydd ganddo leiaf ohonynt, onide, meddwch chwi?

ML ii. 360. W – L. 9 Gorffennaf 1761.

Drwgdybiai Lewis Morris bod rhyw gynllwynio yn digwydd i geisio cael yr hen ŵr i symud o'i gartref, a diau mai hynny oedd y gwir.

Mi debygwn fod sgêm i'r henwr ein tad i fynd i Lannerch-y-medd neu rywle fel y ca ei ferch [Elin, chwaer y brodyr] ei le, i'w ddal rhyngddi â'i merch . . . That is really the scheme, let them pretend what they will to you. Ni wn i beth i ddywedyd yn y mater. Os ysgrifennaf i at yr henwr i'w berswadio i aros yn ei le, pwy fydd yn

---

15 Hugh Hughes, neu'r Bardd Coch, 'bardd ac uchelwr' o Lwydiarth Esgob, a chyfaill i'r Morrisiaid.

darllen y llythyr ond yr wyres sydd am gael ymadael ag ef? Felly chwi eich hun sydd orau i'w gynghor i aros lle mae. Nid oes nemor o amser iddo, ni wiw iddo i daflu ei hun fel adyn o'i nyth clyd i fodloni neb ohonynt.

ML ii. 367. L – W. 27 Gorffennaf 1761.

Erbyn diwedd y mis canlynol, Awst 1761, yr oedd y symudiad, meddai William wrth Lewis, wedi digwydd.

The old man's (our father) scheme hath taken place. He hath given up Pentre-eirianell entirely and is going to Llannerch-medd at All Saints. Duw a ystyrio wrth yr hen ŵr, ni wn i beth a ddaw ohono yn y Llannerch felltigedig honno. I really thought that he was only in jest about it. But your guesses seem to be well founded and I wish I had the penetration to have found out the contrivance, but in my absence the affair was managed artfully. Dyn a feddwl, Duw a ran. We see every day such schemes baffled by the overruling hand of Providence.

ML ii. 371. W – L. 30 Awst 1761.

Pwysleisio iddo ef ragweld beth oedd ar droed a wnâi Lewis Morris.

Ie, ie, i farw mae ein tad yn myned i Lannerch-medd cyn ei amser. Eisiau ei le oedd ar ein chwaer i'w merch, a rhad Duw iddi arno, ond mae'n ddrwg gennyf dros yr hen ŵr diymdaro, di-help, a gwae fi na bawn yn agos ato i'w helpu. Mae llawer anghaffael ar henaint.

ML ii. 385. L – R. 21 Medi 1761.

Erbyn mis Tachwedd yr un flwyddyn, yr oedd y mudo wedi digwydd, a'r tad bellach yn byw yn Llannerch-y-medd.

Dydd Iau diwethaf y symudodd ein tad i Lannerch-y-medd i'w ystafell. Doe y daeth y chwaer adref, wedi bod yn ordrio materion.

Mae o yn rhwydd iach ac yn dra balch o'i gabandy. Fe brisiwyd y da[16] ac y mae pob peth i sefyll mal y maent dros dro.

ML ii. 414. W – L. 25 Tachwedd 1761.

Yr oedd gan William newydd calonogol am gartref newydd ei dad mewn llythyr at Lewis ar ddechrau'r flwyddyn newydd.

Nid stafell wag oerllyd yw un ein tad, eithr un llawn glêd[17] ydyw, meddynt i mi. William Roberts, the sadler mawr . . . had lived in it for some years, and had made a snug place of it, a garret over it, a bed chamber, deal partition, a handsome fireplace. The day before yesterday the Surveyor[18] and sister came from thence and Pentre-eirianell. Father was in tolerable health, and continues to be extremely well pleased with his situation. Pan ddêl y tywydd yn decach rhaid myned yno i fisito.

ML ii. 436-437. W – L. [ ] Ionawr 1762.

Dôi ambell friwsionyn o wybodaeth amdano yn annisgwyl weithiau.

Doe y bu gwraig Huw o'r Maes Caled ym mhreswyl y tad einom yn ymofyn ei hanes. Dwedwch wrth William, ebai fo, fy mod i yn un cawr, ac yn well nag efo. Amen, ebai finnau wrthi pan ddywedodd y newydd.

ML ii. 442. W – L. 11 Chwefror 1762.

Os oedd meddyginiaeth neu ddyfais yn bod a allai wella ei gyflwr, yr oedd yr hen ŵr, mae'n amlwg, yn barod i roi prawf arno.

A ddywedais i chwi fod rhyw ddyn wedi dyfod â chorn clust yma i'n tad? Yr oedd yn rhwydd iach echdoe, y lengig[19] oedd ofidus cyn y ddrycin fawr, fawr yma.

---

16 Ei eiddo ym Mhentre-eirianell
17 cysgod, clydwr.
18 Owen Davies, gŵr Elin a brawd yng nghyfraith y brodyr.
19 Neu 'dor lengig', *rupture, hernia.*

Gallai William, mewn llythyr diweddarach at Lewis, dystio fod ei dad yn defnyddio'r corn clust yn yr eglwys ar y Sul. Meddai,

'Gynnau y bu ryw hen fenigydd [gwerthwr neu wneuthurwr menig] yma yn dywedyd fod 'nhad yn rhesymol. Roedd yn yr eglwys echdoe yn gwisgo ei gorn clywed'.

ML ii. 454. W – R. 10 Mawrth [1762]. ['sef diwrnod yr eira mawr'].

Yn achlysurol, fel y gwelwyd, byddai William yn hoff o sôn am ei fân deithiau o'i gartrf yng Nghaergybi. Yma, sonia am daith i Lannerch-y-medd i weld ei dad.

Helynt hyn o bapuryn yw dywedyd i chwi hanes taith. Wythnos i heddiw yr euthum ar gefn llwdn ceffyl drwy fôr a thir a mwda i Lannerch-medd i ymweled â'n tad cyn y gaeaf. Dyfod o hyd iddo yn rhwydd iachus yn gweithio basged. Newydd brynu barclod croen i'w gadw yn gynnes. Aros yno i setlo rhyw gyfrifon ac i ymgomio ynghylch hen faterion oddi yma ac oddi acw dros dridie a dwynos. Roedd yn gridwst na busech yn s'fennu ato enwau'r plant a'u hoedran, etc. Ni thycia i mi eu dodi iddo, rhaid iddo eu cael dan eich llaw eich hun fal y gallo'r Coch o'r Foel[20] neu Risiart Parri[21] eu darllen iddo. His memory doth not seem to be impaired; he hears as well as he did 20 years ago neu'n agos iawn, ond y llygaid ni welant [i] ddarllen na s'fennu. He's free from rheumatic pain. The rupture troubles him at the change of weather or northerly winds. His cough is moderate, eat[s], drinks, and sleeps surprizingly. So that in all appearance he may live many years, ond odid i weld claddu ei feibion breision.

ML ii. 516. W – L. Nos Galan Gaeaf Hen 1762.

Diod gymharol newydd a dieithr oedd te yng nghyfnod y Morrisiad, ond yr oedd eu tad wedi cymryd ato. Meddai William wrth Lewis:

---

20 Hugh Hughes, y Bardd Coch o Lwydiarth Esgob.
21 Richard Parry. Cyfaill i Morris Prichard a drigai yn Llannerch-y-medd.

[B]eth am y te a'r siwgr . . . ? Nid oes mo'r fath beth â byw heb y rheini beunydd. Ai da gantoch de? Fe a'i hyf eich tad o fal y pysgodyn yn awr yn ei henaint.

ML ii. W – L. 6 Rhagfyr 1762.

Ond er gwaethaf geiriau gobeithiol William, araf ddirywio fu hanes Morris Prichard wedyn, er y byddai ambell lecyn golau o hyd.

Bûm yn Llannerch-medd ddydd Llun yn ymweld â nhad. Pur egwan ydoedd, ond er hynny yn llawer gwell nag y buasai yn ddiweddar. Dechrau codi i'r drws a chlywed yn llawer gwell. Dyma ddyn wrth fy elin a'i canfu ddoe yn well nag y busai ers talm byd. Ond nid oes dim ymddiried i heiniau henaint, tebyg i lyged yr haul ar ddrycin. Mae'r llengig ar droau yn ddrwg iawn wrtho. Heddiw yn ddewr, yfory yn orweiddiog ac ar drancedigaeth. Dyna gyflwr dynolryw! Pwy a chwenychai henaint gan fod iddo gymaint a chymaint o gymdeithion anniddig?

ML ii. 572-573. W – L. 14 Gorffennaf 1763.

Newyddion cysurus a oedd gan William am ei dad wrth ysgrifennu at Lewis ychydig yn ddiweddarach.

Onid gwych bod yr hen ŵr ein tad yn gawr y dyddiau yma? He was at Pentre-eirianell last week and talks of coming hither. Hath recovered his hearing surprisingly! Mae'r chwaer a fu yn y ffair Ddifia yn dywedyd na welodd mono cystal ers rhai blynyddoedd. Mawl i'r Goruchaf.

ML ii. 583. W – L. 28 Awst 1763.

A phara felly fu ei hanes tua diwedd Medi yr un flwyddyn. 'Er maint fy nhrafferth', meddai William wrth Lewis,

ni fedraf lai nag anfon i chwi newydd a'ch diddana, sef bod fy nhad yma wrth fy elin. Fe ddaeth yma echdoe o Lannerch y Meddwon heb unwaith dynnu ei droed o'r warthol. Yr oedd o ddoe yn o salaidd o ethryb bod y gwynt yn y gogledd yn llidio'r llengig, ond mae heddiw yn hoyw. Dacw ni wedi bod yn rhodio'r ardd, ac yn edrych ar ffrwythau, etc. Y mae o yn gweled yn rhyfeddol o dda, ac yn clywed cystal ag ydoedd ddeng mlynedd i'r awron. Moliant a fyddo i'r Goruchaf Dduw am Ei drugaredd. Mae'r cof cystal ag y bu o orau, a difyr yw ei glywed yn mynegi hanes yr amseroedd.

ML ii. 584. W – L. 22 Medi 1763.

Yr oedd Richard yn Llundain, mewn llythyr arall o'i eiddo nad yw wedi goroesi, wedi mynegi awydd am gael gweled ei dad oedrannus cyn ei farw. Ymatebodd William, gan awgrymu taith i'w frawd Llundeinig nad oedd obaith iddo ei chyflawni yng nghanol ei brysurdeb yn Swyddfa'r Llynges.

Gwae chwi, meddwch, na chaech weled ein tad. Pam na ddeuwch chwithau i'r Ynys Fôn i geisio bendith cyn ei farw? Mae'r galon yn ddewr, ond y tor llengig sydd dost wrtho, a'r golwg yntau yn wan iawn. Ni edwyn neb wrth ei bryd ond wrth eu llais a'u hagwedd. Mae ei gof cystal cynt, y clywed sydd yn o ddwl. Roedd yn deall y bregeth ddyw Sul yn rhyfeddol efo'r corn clust, a'r bobl yn rhyfeddu weled y fath beth!

ML ii. 587. W – R. 30 Medi [1763].

Daeth ymweliad byr Morris Prichard â William yng Nghaergybi i ben ddechrau Hydref, ac mewn llythyr at Lewis sonia William am ei hebrwng adref i Lannerch-y-medd.

Roedd y tywydd yn o ffyrnig tra bu nhad yma – dwyrain a gogleddwynt, y rhai sydd ddrwg ar les y lengig. Ond fe ddigwyddodd gael diwrndd tra theg i fyned adref (er bod y gwynt yn y dwyrain). Mi euthum i'w ddanfon hyd yn Llanfigel, lle y ciniawsom, ac yntau gadd adref cyn y nos yn llwyddiannus. Roeddwn wedi gyrru gŵr gofalus a dau farch i'w anfon. Mae yn dywedyd y daw yma yr haf nesaf, os byddwn byw. Nid oes dim afiechyd i'w flino ond y ffors. Dim achwyn ond ar honno, a'r golwg sydd yn myned dywyllach. Ond eto mae'n gweled yn rhyfeddol. Ni bydd arno ddim chwant bwyd ond y boreau, a dyna'r pryd gorau a fwyta. Am y lleill y mae o yn bur ddifater.

ML ii. 591. W – L. 6 Hydref 1763.

Cyn diwedd yr un mis, para'n weddol o ran iechyd yr oedd yr henwr, fel y soniodd William wrth Richard.

Roedd yr henwr ein tad yn dda iawn ddydd Sadwrn. Ni wiw i henaint ddisgwyl na bydd yslecod[22] yn ymwthio ar ei gefn, yn enwedig gwympiad y dail a'r Mawrth. Fe ddyd Angharad[23] i chwi ei hanes tan ei llaw ei hun, a dyna'r ffordd orau

ML ii. 592. W – R. 26 Hydref 1763.

Mewn llythyr sy'n perthyn i'r un cyfnod sonia William wrth Lewis am bwl o salwch a ddaeth ar draws eu tad.

Bu 'nhad yn bur sâl yr wythnos a aeth heibio gan y pesychu. Nid oedd yn cael na hun na gorffwys dros lawer o nosweithia'. Yr wythnos neu bythewnos o'r blaen y cawsai ffit o'r tosledd[24], yr hwn oedd glwy dieithr. Dyma fel y mae, nid oes dim coel ar hen bobl. Roeddwn yn disgwyl ddoe glywed ei hanes, ond ni ddaeth neb i'r farchnad o'r Llannerch [Llannerch-y-medd]. Yfory bydd ffair Ŵyl y Meirw, ceir clywed pa sut y mae. Ai gwiw anfon iddo ddefnydd basgedi? Dyna'r gorchwyl pan fo yn rhwydd iachus. Rhaid iddo gael rhywbeth i'w wneuthur tra byddo.

Cyn rhoi pen ar y llythyr maith gan William y dyfynnir ohono yma,

---

22 slecod. Twtsh neu gyffyrddiad ysgafn o anhwylder neu haint. GPC.
23 Angharad, merch Richard, a oedd wedi ei hanfon i Fôn, yn bennaf i ddysgu Cymraeg, ac a oedd yn byw dan yr un to â William yng Nghaergybi. Gweler ei hanes yn y bennod isod amdani hi a'i hanner-chwaer, Meirian.
24 Ni chofnodir gair felly yn GPC. Ai 'tostedd' neu 'toster' sydd yma – y ddau yn gallu golygu 'gobiso'?

125

dychwelodd i sôn am ei dad ar ôl cael gair amdano gan gymydog iddo – Lewis Roberts – a'i gwelodd yn Llannerch-y-medd.

Dacw Lewis Roberts newydd ddyfod adref o Lannerch-medd. Roedd 'y nhad yn abl dewr heddi', wedi bod allan yn y stryd, ond ei fod yn clywed yn ddrwg. Roedd wedi myned i'w wely cyn i Lewis ddwad oddi yno.

ML ii. 595. W – L. 'Yr hen ddydd calan gaeaf'.

Y cyfeiriad olaf a geir at Morys Prichard cyn ei farw yw'r un byr a welir mewn llythyr gan William at Richard ym mis Tachwedd 1763.

Bu 'nhad yn bur sâl yr wythnos yma gan beswch. Yr oedd yn llawer gwell pan glywsom oddi wrtho ddiwaetha.

ML ii. 602. W – R. 19 Tachwedd 1763.

Nid oedd William yntau yn ei hwyliau gorau pan ysgrifennodd y llythyr hwn. Ar ôl y sylw uchod, meddai, amdano ef ei hun:

Nid hawntus[25] mo'i fab Gwil. Y rhwymits a'r annwyd ac anafod[26] ar fy ngwar. Cadw yr wyf yn tŷ, a'r tywydd yntau yn oer, oer erchyll! Rhew ac eira 'r hyd y wlad, a'r môr, na bond ei grybwyll, yn sgyrnygu ei ddannedd ac yn maeddu poer fal y bydda erchyll ei weled!

ML ii. 602. W – R. ibid.

Y llythyr isod at Lewis yw'r olaf un a ysgrifennodd William, hyd y gwyddom.

Dear Brother. It is with much difficulty I can aquaint you with the most unwelcome account of our poor father's death. A messenger came hither about two or three o'clock this morning with the

---

25 heini, bywiog, hwylus.
26 man clwyfus, dolur, briw.

disagreeable news. Sister went there directly. He had kept chiefly to his bed for 10 days past, and went off gradually, without any alteration to last minute. To add to my grief I am confined to my chamber, and chiefly to my bed by a violent fit of the rheumatism, accompanied by a slow fever, and two most painful impotumes on my neck, one near the spine, so that I have no rest. The discharge is intolerable, so that I have not the least hopes of being able to pay the last tribute due to so good a father. God only knows what turn my ailment may take. Want of rest hath stupified me, I know not what I write, dear brother.

Father will be buried at Llanfihangel on Monday.

ML ii. 603. W – L. 26 Tachwedd 1763.

Fel y gwelwyd eisoes yn y bennod ar 'John a William', bu William yntau farw dridiau ar ôl y Nadolig yn yr un flwyddyn, a'i gladdu y diwrnod canlynol.

Meirian ac Angharad

Dyfynnaf yma o'r gyfrol *Cofiant Richard Morris* (1702/3-79) gan y Parchedig Dafydd Wyn Wiliam:

Y mae'n anodd gwybod faint o blant a aned i Richard a'i wraig rhwng 1737 a 1750, ond gellir awgrymu bod o leiaf ddeg ohonynt, a Meirian[1] (un o'r efeilliaid) oedd yr unig un a oroesodd. (DWW: *Cofiant Richard Morris*, 66).

Bu Richard briod deirgwaith i gyd. Ymhlith y gweddill o'i blant o'r briodas gyntaf yr oedd un ferch o'r enw Angharad – 'Ac Angharad leuad lân / Galonnog fochog fechan'[2], meddai ei thad amdani, ond bu hi farw yn ei hieuenctid. Wrth gyfeirio at ei nai ieuanc, John Owen, a fu farw ar y môr ger Gibraltar yn 1759, meddai Richard amdano wrth Lewis Morris:

[O]nd nid yw mwyach yn prydyddu yn y byd hwn, eithr yng nghôr Duw gyda Angharad wych.

Cesglir mai'r un Angharad sydd yma, ac i'w thad, wedi iddo ailbriodi yn 1753, ddefnyddio'r un enw ar ei gyntaf-anedig o'r briodas honno.

Drwy ddyfyniadau o lythyrau'r brodyr at ei gilydd, ceisir olrhain yma hynt a helynt y ddwy hanner-chwaer hyn – Meirian ac Angharad yr Ail.

Un o efeilliaid, fel y gwelwyd, oedd Meirian, a aned – hi a'i brawd Llywelyn – o gwmpas 1738. Yr oedd yn ddeg oed pan geir y cyfeiriad cyntaf ati mewn llythyr. Mae'n amlwg i Richard ei thad chwarae â'r syniad o'i hanfon i Fôn – i ddysgu Cymraeg o bosib, fel y digwyddodd yn hanes Angharad ei hanner chwaer yn ddiweddarach. Clywsai William yng Nghaergybi am y bwriad

---

1   Mae'n debyg i Richard gael yr enw 'Meirian' o Lanfeirian, sef, 'the chapel of Llanfeirion or Llanfeirian, in the parish of Llangadwaladr, Anglesey', *Lives of the British Saints* iii. 460. Tybed a wyddai Richard mai enw sant, nid santes oedd Meirian, ac mai amrywiad ar yr enw Meirion – yntau'n sant – yw'r ffurf honno?

2   LlB 14909. 18

hwnnw, a llai na brwdfrydig yw ei ymateb mewn llythyr at ei thad:

Nis gwn i pa sut y dygymydd Meirian â Môn wedi holl ddyddiau ei bywyd yn ninas Llundain, rhagor mawr rhwng bywoliaeth y naill fan a'r llall.

ML i. 133. W – R. 7 Gorffennaf 1748.

O'r darlun a geir ohoni yn llythrau ei thad, ymddengys mai ffodus fu ei theulu ym Môn na ddaeth yno wedi'r cyfan. O bellter yr adwaenai ei hewythr William hi, a phan oedd o gwmpas ei phymtheg oed mae'n rhaid bod ei thad wedi cael achos prin i'w chanmol mewn llythyr ato nad yw wedi goroesi. Dyma oedd ymateb William:

Da yw clywed fod yr herlodes ar y ffordd i fod yn gonffwrdd i chwi rhyw dro. Duw o'i fawr drugaredd a roddo iddi ei ras, heb hynny ni thâl yr holl fyd ddim.

ML i. 156. W – R. 23 Gorffennaf 1750.

Fel y gwelir isod, ychydig iawn o 'gonffwrdd' a fu Meirian i'w thad. Ym mis Awst 1751 cwyna William nad yw ei thad 'yn sôn am Feirian, pa ddelw sydd arni hi?', a'r tro nesaf y cyfeirir ati mewn llythyr yw pan geir ymateb William yn Chwefror 1752 i lythyr coll arall gan ei thad:

Na soniasoch wrthyf i eich bod wedi anfon Meirian draw i Gent. Duw a roddo iddi ras ac a'ch cadwo i'w dwyn i fyny i allu byw yn onest ac yn rhinweddol yn y byd twyllodrus yma.

ML i.191. W – R. 12 Chwefror 1752.

Byddai Richard yn ymweld â'i ferch o dro i dro, fe ymddengys, ac mewn llythyr arall nad yw'n bod bellach, soniodd wrth William am un daith helbulus o bosib, ac meddai yntau wrth ateb:

Gerwin o'r daith a gymerasoch i ymweled â Meirian yn eich cerbyd.

ML i. 211. W – R. 20 Awst 1752.

Erbyn diwedd yr un flwyddyn a dechrau'r nesaf yr oedd gan William achos i ofyn y cwestiwn i'w thad:

Aie yn Nover y mae Meirian yn bwrw'r gwyliau?

ond ni chawn yr ateb, ac ni chlywir gair amdani wedyn hyd Ebrill 1756 pan ellir casglu iddi hi a'i thad ddioddef o ryw anhwylder a barodd i William ar ddiwedd llythyr y mis hwnnw ysgrifennu'r frawddeg, 'Gobeithio eich bod chwi a Meirian yn ymendio fwyfwy bob dydd'. Yna dair blynedd yn ddiweddarach ceir briwsionyn arall am ei hynt pan ddywed ei thad mewn llythyr at Lewis:

I have luckily placed my daughter Meirian in a great family to wait on the young ladies, and has a prospect of doing extremely well. If not – her own fault.

ML ii. 108. R – L. 9 Mehefin 1759.

Yna ym mis Ionawr 1760, pan oedd o gwmpas ei dwy ar hugain oed, ymunodd mewn glân briodas â llanc o'r enw Thomas Whitaker. Gellir ymdeimlo â rhyddhad Richard wrth iddo dorri'r newyddion i Lewis, oherwydd mae'n dra amlwg mai stormus fu ei pherthynas â'i thad yn ystod ei harddegau a'i hieuenctid cynnar. Meddai Richard wrth ei frawd:

A great piece of news for you – my daughter Meirian was married the 21st instant at Marybone Church to one Thomas Whitaker, a Yorkshire man, whom she picked up at Mr Croft's, where she lived. He is a clothworker by trade, and served his time at Leeds, where his parents live, his father the same trade, and his mother a mantua[3] maker. God help the poor man, perhaps few of his sharp countrymen ever met with so worthless a wife. You may imagine that I made but little objection to the match, but was glad to give some money to get rid of a great deal of care and incumbrance, and God bless him with it. I should not omit

---

3   mantua. 'A woman's loose gown of the 17th-18th c.'. OED.

aquainting you that my wife and Mr. Major were at ye wedding and that ye couple went off yesterday towards Yorkshire. Good journey to them.

ML ii. 163-164. R – L. 29 Ionawr 1760.

Ond er hynny, ni chafodd y llonydd a ddymunai. Wyth mis yn ddiweddarach holodd Lewis am hynt Meirian mewn llythyr nad yw wedi goroesi, a chael yr ateb gan Richard:

Do, do, mi glywais oddi wrth y Feirian a'i gŵr. Hwnnw yn glaf ac yn gweiddi am gymorth, a minnau nis gallaf eu helpu. Yr oedd hi ysywaeth yn dilyn llwybrau Miss Ellica a'i chyffelyb, onibai hynny ni chawsai briodi'r fath hurthgen. Yn wir yr oedd mor ddiddaioni ag yr oedd yn dda gan fy nghalon gael gan ddyn yn y byd ei chymeryd oddi ar fy llaw, i gadw gwarth oddi wrth y teulu.

ML ii. 233. R – L. 9 Awst 1760.

Dal i alw am gymorth gan ei thad a wnâi Meirian, ond ni fynnai ef godi bys i wneud dim drosti yn ei thrafferthion. Meddai wrth Lewis eto ym mis Hydref yr un flwyddyn:

Dyma lythyr wrth Feirian ddiddaioni fod ei gŵr yn glaf, a thlodi yn ysgyrnygu ei ddannedd arnynt, ac yn gweiddi am gymorth, ffaelio â dal allan un flwyddyn! A minnau ni feddaf i'w roi i bobl ieuainc diog. Fe fu gormod cost efo'r faeden honno'n barod.

ML ii. 268. R – L. 26 Hydref 1760.

A deuddydd yn ddiweddarach yr un oedd byrdwn ei sylwadau amdani wrth yrru llythyr at ei thaid, Morris Prichard, ym Môn:

[A]m Feirian, mae yn ddigon pell efo'i gŵr yn sir Gaerefrog, ond rwyn deall nad ydyw ond felly, felly gyda hwynt, a bod yn ddigon edifar gwra.

ML ii. 262. R – Morris Prichard. 28 Hydref 1760.

Mewn llythyr a anfonodd Richard tua 1770 at Oronwy Owen yn America, heb wybod fod y bardd wedi marw yn y cyfamser, cawn wybod fod tri o blant Richard ar dir y rhai byw bryd hynny, sef Angharad (18 oed), Marged (15 oed) a Richard (10 oed). Ni sonnir gair am Feirian yno, ac yn ei ewyllys olaf yn 1773, yn ôl Dr Dafydd Wyn Wiliam, 'bu iddo fwy neu lai ei diarddel trwy adael gini iddi; roedd wedi gwario gormod arni eisoes'.[DWW: *Cofiant Richard Morris* 1702/3-79, 74].

Ceir y cyfeiriad cynharaf at Angharad yr Ail mewn llythyr gan Richard ei thad at ei frawd Lewis ym mis Mehefin 1759. Yr oedd Richard wedi claddu ei wraig gyntaf, mam Meirian, erbyn hynny, ac yn 1753 wedi priodi am yr eildro. Merch ieuanc ugain oed oedd hi, Betty wrth ei henw, ac yn enedigol o Gaerwrangon. Mewn llythyr lle cyfeirir ati am y tro cyntaf – gall fod cyfeiriadau cynt wrth gwrs mewn llythyrau diflanedig – sonia Richard amdani hi a'i mam yn mynd ar daith i'w cynefin yng Nghaerwrangon:

My wife and Angharad went lately to Worcester. The mother is returned safe and sound and left ye daughter behind at school, etc., where I intend she shall remain a few years – she is to be the ex'trix of her great grandfather.

ML ii. 108. R – L. 9 Mehefin 1759.

Daeth yr un wybodaeth i glustiau William ym Môn, naill ai gan Lewis neu mewn llythyr coll arall gan Richard. Meddai William, mewn cyfeiriad nad yw ei gynnwys yn hollol glir gan mor brin yw llythyrau Richard:

Mae'n dda gennyf i Angharad gael myned yn aeres i'w hendaid o Gaerwrangon. Tyrrwch, ie pentyrrwch chwithau iddi ffedogaid o aur melyn, fel y gallo ar ôl marw'r henwr eu hailadeiladu a'u gwneuthur yn balasau bod ag un.

ML ii. 111. W – R. 28 Mehefin 1759.

Gan ei thad eto y ceir y cyfeiriad nesaf ati, lle sonia wrth Lewis am deulu ei wraig yn ardal Caerwrangon. Yr oedd ei thaid hi – hen daid Angharad – wedi derbyn meddygyniaeth wyrthiol ym Malvern i ryw ddolur ar ei goes, a bellach, meddai Richard:

[T]he leg was entirely cured at the age of 70, and is now well and hearty: walks thrice a week constantly to see my dear Angharad at school, she being his edlinges[4].

ML ii. 127. R – L. 30 Medi 1759.

Wrth ysgrifennu eto at Lewis ym mis Mawrth 1760, meddai Richard:

[M]y garden in fine order, talu coron i arddwr am roi trefn, planting box, etc. Dacw Angharad a Marged[5] yn ysboncio ynddi fel dau gyw gafr. Nid oes dim anaf arnynt hwy, i Dduw bo'r diolch.

ML ii. 319. R – L. 8 Mawrth 1761.

Ond bedwar mis yn ddiweddarach nid yr un ysywaeth oedd y darlun o Angharad sionc a nwyfus, a chwestiwn ei thad i'w frawd Lewis yw hwn:

Pa beth sydd orau i mi i'w wneud i'r lodes Angharad sydd a diffyg clywed arni? Gresyn yw, canys geneth brydferth ydyw, ac y mae'n darllen ac yn gweithio gwaith nodwydd yn odidog. Mae'r ferch Marged cyn dewed â hwch.

ML ii. 363. R – L. Dygwyl Iago [25 Gorffenaf] 1761

'Mi gefais ddau lythyr', meddai William wrth Richard ym mis Medi yr un flwyddyn:

Un wrth yr arall frawd a'r llall oddi wrth chwitha o'r 22nd. Ac yn wir ddiau yr ydoedd yn fodlondeb mawr im ganfod eich bod oll yn iach (Angharad fach excepted).

ML ii. 373. W – R. 3 Medi 1761.

---

4   Ffurf fenywaidd ar *edling* 'etifedd, aer'.
5   chwaer iau Angharad.

Ac yn ôl y llythyr a dderbyniodd Lewis gan Richard naw niwrnod yn ddiweddarach, gwaethygu wnaeth ei chyflwr:

A dyma fy ngeneth Angharad, rwy'n ofni, yn marw ar fy llaw, yn orweiddiog ers pythefnos, a chwedi yfed ynghylch hanner cant o botelau'r potecari[6], a chwedi ei gwaedu a'i digroeni. Duw a'i helpo. Rwy'n ei gyrru i'r wlad yfory, i edrych a wna'r awyr les iddi. She was taken with a sore throat and vomiting incessantly for two days, then a fever and convulsions. Expected her to go off every minute for several days together.

Dydd Llun y bore . . . y lodes waethwaeth, ymron tagu. Duw edrycho arni.

ML ii. 378. R – L. 12 Medi 1761.

Cyn diwedd y llythyr ychwanegodd y neges:

Mae Angharad druan mor wan fyth, na feiddiaf ei symud i'r wlad. Duw a fo drugaraog wrthi.

ML ii. 381. R – L. 12 Medi 1761.

Ymateb yn ymarferol a wnaeth Lewis wrth ysgrifennu at Richard cyn diwedd yr un mis, gan ddewis anwybyddu'r gofid arall a barai fwy o bryder i'w thad:

[M]ae'n ddrwg gennyf dros Angharad druan sydd a diffyg clywed. Syringing her ears is the most harmless and most effective cure . . . oil of bitter almonds is also used to put warm in a little cotton in the ears.

ML ii. 386. L – R. 21 Medi 1761.

Ond cyn diwedd ei lythyr, a ysgrifennodd dros rhyw dridiau, dychwelodd Lewis eilwaith at Angharad, gan gynnig meddygyniaethau eraill eto:

---

6   O hen ffurf ar y Saesneg *apothecary*, 'fferyllydd, cemist'.

Mae'n ddrwg gan fy nghalon glywed fod yr eneth brydferth gan Angharad mor sal. Mae'r un clwyf yma'n aml iawn, ac yn lladd rhai. Sage and mint boiled in milk as a poultice about the throat, relieves them here.

ML ii 389. L – R. 21 (24) Medi 1761.

Poeni am gyflwr ei nith ieuanc a wnâi William yntau yng Nghaergybi bell, gan ddyheu am glywed gair am ei chyflwr gan ei thad:

Mae hi'n dynesu at fis o amser er pan sgrifennais atoch, ac eto heb gaffael cyd â bys o ateb. Ai fi a ŵyr pa un ai byw ai marw Angharad? Pam y dywedwch newydd drwg heb ei wellhau o bai bosibl?

ML ii. 390. W – R. 27 Medi 1761.

Yr oedd Lewis – yntau heb glywed gair o Lundain – yn rhyw dybio nad oedd Angharad druan, bellach o'r byd hwn:

I am afraid poor Angharad hath not been able to hold it out according to ye state of her case when you wrote yours. Duw a drugarhao wrthym i gyd pan ddelo'r dydd ymdaith ddiwethaf, ac nid yw nepell i neb.

ML ii. 394. L – R. 18 Hydref 1761.

Ond ychydig cyn diwedd mis Hydref daeth newyddion gwell amdani i William, mewn llythyr (colledig) gan Richard, a gellir ymglywed â'i ryddhad wrth ateb.

Mae'n dda gennyf fod y lodesig wedi mendio. Hir oes iddi. Ni chaf ddywedyd chwaneg. Disgwyliwch lythyr hir yn ateb i'r eiddoch yr wythnos nesaf.

ML ii. 397. W – R. 22 Hydref 1761.

Ac er nad oedd Angharad mewn cystal cyflwr corfforol â'i chwaer, yr oedd lawn mor llawen a sionc â hi, yn ôl eu tad:

135

Ydyw, [mae] Angharad gulfain a Marged dorrog yrŵan yn gawresau, ond eu bod yn crafu'n erchyll[7].

ML ii. 402. R – L. 8 Tachwedd 1761.

Dal i ymfalchïo yn adferiad Angharad a wnâi William, a hithau wedi bod mor agos at farwolaeth – digwyddiad na fyddid wedi ei ystyried yn anghyffredin o gwbl yn y ddeunawfed ganrif. Fel y nodwyd eisoes ar ddechrau'r bennod hon, mae tystiolaeth i Richard a'i wragedd gladdu rhyngddynt rhyw bymtheg o blant i gyd, y rhan fwyaf yn eu plentyndod cynnar. Meddai William:

Da a fuasai i Angharad fod ym Mharadwys, ond gwell, mi wranta, gan ei rhieni ei bod ym Mhennington Street, dan obaith y ca hi fynd yno yn y diwedd, wedi gwneuthur daioni yn ei chenedl dros un trigain mlynedd o leia, os myn Duw.

ML ii. 408. W – R. 16 Tachwedd 1761.

Erbyn mis Mai 1762 yr oedd Angharad wedi ymgryfhau ar ôl ei salwch peryglus, ac yn ddigon abl bellach, ym marn ei thad, i wynebu ar daith go hir. Ef sy'n torri'r newydd i'w frawd Lewis am ei gynllun ynghylch dyfodol Angharad am y misoedd nesaf:

Dyma Owen Wenog, mab Robert Owen y gwehydd o blwyf Penrhosllugwy, a'i chwaer Catrin, yn myned adref ymhen y pythefnos neu fis, wedi bod yma ynghylch pedair blwydd, a dyma finnau yn gyrru fy merch Angharad wyth mlwydd oed gyda hwynt, i fyned i'r ysgol yn y Duwmares [Biwmares] i ddysgu Cymraeg, a pheth o bopeth da, dros flwyddyn neu ddwy. Beth meddwch?

ML ii. 475. R – L. 9 Mai 1762.

---

7   Ceir esboniad ar y crafu hwn ar ddechrau'r un llythyr gan Richard. 'Fe ddaeth cenawes o wasanaethferch â'r ymgrafu i'n plith yn felltigedig. Ni fûm erioed o'r blaen er pan ddeuthum i Lundain yn y fath gyflwr ffiaidd. Melltith a chanmelltith i'r gymdeithwraig a'i dygodd i'n plith'. ML ii. 400-401.

Cyn diwedd mis Mai yr oedd William Morris – yntau wedi cael clywed am fwriad Richard – wedi ysgrifennu ato yn Llundain:

Mi ddywedais wrth Jinny [Jane, ei ferch] yn ddistaw fod gobaith y deuai cyfnither iddi i'r wlad o Lundain. Ni wyddwn i pa un ai i'r boarding school, yntau i ble yr anfonwch hi, mae yno rai cyn ieued â hithau, and the children live well as to eatables. There are twelve boarders, and about as many day scholars. Many boarders expected after Whitsuntide. As the Tew [Lewis Morris] had mustered a good deal about sending his daughter there, and then dropped his scheme (for I hear no more on it), I did not think it prudent to make any mention of your affair, rhag myned yn waradwydd i'r ynfyd.

ML ii. 483. W – R. 19 Mai 1762.

Erbyn y nawfed o Fehefin yr oedd Angharad, ar ôl ei thaith hir o Lundain, wedi cyrraedd Môn, fel y clywodd William gan ŵr a ddigwyddodd deithio yn yr un goits â hi i Gaer. Hysbysodd ei frawd Lewis ar unwaith, er mai niwlog iddo oedd y trefniadau a wnaed ar ei chyfer:

A gent called of [me] this day who told me he came in a machine[8] from London to Chester in company with a niece of mine, lodes fechan y Mynglwyd Lywydd [Richard], sydd yn dyfod i Fôn, mam Cymru, i ddysgu yr iaith Gymraeg. She is about 8 or 9 year old. I recommended Beaumaris boarding school, but I have not heard where she's to be quartered, here, there or Pentre-eirianell. Next post I presume will explain matters. A young woman of Penrhosllugwy accompanies her.

ML ii. 487. W – L. 9 Mehefin 1762.

Gyrrodd William lythyr hefyd at Richard – llythyr ychydig yn ddiamynedd sy'n datgan ei rwystredigaeth:

---

8   coets, *coach, stage-coach.*

Pa beth yn enw'r Arglwydd sydd yn nadael i chwi sgrifennu llinell unwaith yn y tri mis at eich brawd Gwilym druan? An Irish gent called on me sometime ago who said he came down in the same machine with your girl to Chester. Rhyfedd, ebe finnau, na chlywswn oddi wrth ei thad! 'Mhen ychydig mi glywn fod Owain Wenog wedi dyfod adref, a bod ei chwaer a'r enethig wedi myned i Lerpwl. Rhyfeddu eilwaith! A doe neu echdoe daeth slŵp[9] o Lerpwl a llythyr oddi wrth fy machgen[10] yn dywedyd eu bod yno ac y byddant yma'r wythnos hon. Rhyfeddu fyth na buasai rhyw hanes oddi wrth y tadws! Wale, rhaid bod yn amyneddgar hyd na ddelont. Llawer y mae pobl yn ymholi i ble yr â i'r ysgol, a minnau'n cyfaddef drwy gywilydd, nas gwn ddim o'i helynt.

ML ii. 487. W – R. 17 Mehefin 1762.

Bedwar diwrnod yn ddiweddarach yr un oedd cwyn William am Richard wrth ysgrifennu at Lewis yng ngogledd Ceredigion:

Ni wn i beth aeth dros y Mynglwyd, onid aeth llygoden goch.[11] Mae ei enethig yn Lerpwl ac i ddyfod yma, medd Robin [Robert ei fab], ond ni chlywaf air oddi wrth y tadws.

ML ii. 489. W – L. 21 Mehefin 1762.

Tebyg mai gan ei fab Robert y câi William ambell bwt am hynt a helynt Angharad yn Lerpwl – yn sicr nid gan ei thad a oedd yn para'n fud am y pwnc yn Llundain. Cwynai William am y wraig y rhoddodd Richard ei ferch yn ei gofal, a hefyd am y cyfle a gollodd pan wrthododd honno gynnig a gafodd i ddod ar long un o gydnabod William a oedd ar fin hwylio o Lerpwl i Fôn:

Ni chlywaf na siw na miw o sôn am Angharad wirion. Y mae'r wilog[12] honno o ddynes yn ei chario o amgylch mal petai'n sioe.

---

9   O'r Saesneg *sloop*, 'llong fechan'.
10 Robert, mab William Morris a oedd mewn ysgol yn Lerpwl.
11 Gw. isod t. 185.
12 ?Chwilog yr aderyn môr *guillemot* sef *willock* mewn Saesneg tafodieithol. Yma yn ddilornus.

Yr oedd yn Lerpwl y dydd arall, ac fe gynigiodd capten o'r dref yma eu cludo yma yn ei slŵp yn rhodd ac yn rhad, ond ni ddeuai'r governess ddim. Buasai falch gan y dyn gael yr anrhydedd, oblegid yr oedd agos yn llwythog o eiddo i myfi, sef glo erbyn y gaeaf, priddfeini, coed, etc. tuag at adeiladu. Tynnais hen dŷ yn fy mhen!

ML ii 490. W – R. 26 Mehefin 1762.

Aeth rhan o fis arall heibio cyn y daeth William wyneb yn wyneb â'i nith o Lundain, ond digwyddodd hynny o'r diwedd ar ddydd Llun, y deuddegfed o Orffennaf, a thridiau'n ddiweddarach brysiodd William i hysbysu ei thad fod Angharad wedi cyrraedd Môn yn ddiogel:

Brynhawn dydd Llun y daeth i'r Gaer eiddom eich merch Angharad, yn iach ddianaf ... Mae'r eneth – Duw a roddo ras iddi – yn dra ysbrydol er maint y llibindio a gadd yn ei thaith ar hyd fôr a thir ... Bellach am yr epistol a dderbyniais gyda'r enethig ... Fy mendith i chwi am gaffael maes ar un o'ch epil. Duw a roddo iddynt oll ei ras a'i fendith. Nid rhaid i chwi ofalu am hon tra byddo yma ... Gwell bod gyda phlantos na chyda'r hen ewythr ... Mi debygwn wrth ein chwaer fod ganddynt ewyllys iddi aros yno, sef ym Mhentre-eirianell, yn yr ysgol tan G'langaea, ac y cewch ei dysgu yn rhad yn y Gymraeg loyw, ac i wnïo tipyn, ac ysgrifennu, etc. Nid rhaid i chwitha ond talu rhyw oferedd am ei bwrdd a'i hymgeledd. Os hynny a fydd, nhw yrran was a cheffyl i'w nôl. I think this scheme as eligible as any for the summer season. Beth meddwch? In the winter she would better be here or at Beaumaris, the country being too cold for such a delicate little damsel, but of this we shall have time to consider. The school where my girl[13] is in takes day scholars ... Mae Angharad yn deisyf bendith papa a mama, a ninnau bawb i'ch annerch.

ML ii. 491 – 492. W – R. 15 Gorffennaf 1762.

---

13 Jane neu Siani neu Jinni, merch William.

Mewn ôl-nodyn ar ddiwedd y llythyr ychwanegodd William y briwsionyn hwn o wybodaeth am ei westai newydd:

Cadd Anghared[14] golled am gyw hedydd a fu farw heddiw'r bore oddetu 8 o'r gloch, a chynhebrwng mawr a wnaeth iddo, ond gan nad ydoedd wedi derbyn bedydd, fe'i cladded yn yr ardd.

ML ii. 493. W – R. 15 Gorffennaf 1762.

Yr oedd Anne Morris, gwraig Lewis, wedi estyn gwahoddiad i Angharad ddod atynt hwy i Benbryn yng Ngheredigion, pan glywodd am y bwriad i'w hanfon i Gymru. Ond yr oedd ganddo ferch arall, fel y gwelsom, sef Marged, ac mae'n amlwg mai ei fwriad oedd anfon honno hefyd i Gymru ymhen y rhawg. Ni ddaeth y bwriad hwnnw i ben, yn ôl pob golwg.

Diolch i'r chwaer am y gwahodd i Angharad, ond y mae'r ferch tan adain y brawd Wiliam yng Nghaergybi, a hwnnw sydd i'w gosod lle gwelo'n dda dros un flwyddyn yno o leiaf. Duw ro iddi ras. Mae'n eneth bert ddigon. A dyma'r ddeugyw arall yn holliach, a'u mamog hefyd [ac yn] gorchymyn atoch i gyd yna. A fynnwch chwi eich merch fedydd Marged, os byddwch chwi a hithau fyw ymhen y ddwyflwydd draw?

ML ii. 495. R – L. 27 Gorffennaf 1762.

Ddechrau Awst gyrrodd William air at ei frawd Lewis sy'n cynnwys cyfeiriad at gyflwr corfforol Angharad yn dilyn ei salwch difrifol beth amser yn gynt:

Yma yn nhŷ'r chwaer gyda'r plant y mae genethig y brawd, ac i Bentre-eirianell yr â i ddysgu Cymraeg. Nid oes agos i ddim ohoni. Plentyn eiddil, pesychlyd fel ei thad. Nid yw ei harddwrn fawr praffach na bys llawer dyn. Mi debygwn mai mwy oedd o eisiau iechyd na'r Gymraeg loyw, lân. Gyda merch Anne Gronwy

---

14 Byddai William yn defnyddio'r ffurf hon ar ei henw weithiau. Sylwodd mae'n siŵr iddo greu llinell o gynghanedd sain yma.

o Fynydd Bodafon y daeth hi lawr, ac yn nhŷ Wil Glochydd yr oeddynt yn siambro yn Lerpwl tra bu yno.

ML ii. 499. W – L. 3 Awst 1762.

Ar y nawfed o'r mis yr oedd Angharad ar ei ffordd i Bentre-eirianell lle trigai ei chyfnither Marged, merch Elin, chwaer y Morrisiaid. Oddi yno câi William ei hanes o dro i dro, a byddai'n wiw ganddo drosglwyddo unrhyw wybodaeth amdani pan ysgrifennai at ei thad yn Llundain:

Roedd Anghared gain yn iachus ddydd Mercher. Hi a ga ddwy bais wlanen yr wythnos nesaf. Roeddym yn arofun prynu rhai iddi cyn cael y gorchymyn wrth y famws. Ni cha'r enethig fod yn ôl o ddim fydd arni eisiau, mi dynga i chwi hynny.

ML ii. 501. W – R. 21 Awst 1762.

Gwych yr esgus a ges i'ch pwmpio ag epistolau bob yn awr dan rith roddi i chwi hanes Anghared. Ac er mor ddiflas gennych ddarllen llythyrau gweigion, eto er hyn mi a wn yn dda fod yn falch gan fami glywed oddi wrth ei geneth annwyl pe bai modd bob dydd yn yr wythnos. Am hynny ynta!. Doe y daeth Siani Owain[15] adref o Bentre-eirianell, lle yr aethai gydag Angharad drwy ffair Llannerch-medd lle y canfu ei mam a'i chwaer Elin[16] oedd yn myned yno hithe. Hi adawodd Angharad yn iach lawen wrth fodd ei chalon. Mae'n dysgu Cymraeg yn odiaethol. Nid oes dim nad yw yn ei ddeall o'r heniaith.

ML ii. 503. W – R. 26 Awst 1762.

Cyfrifai William hi'n ddyletswydd arno i roi gwybod yn gyson i'w thad am hynt a helynt Angharad, ac mae'n amlwg nad baich arno o gwbl oedd hynny. Dyma ddyfyniad o lythyr a anfonodd at ei frawd Richard, lle ceir ef yn mynegi ei siom na allodd fynd i Bentre-

---

15 Merch Elin, chwaer y Morrisiaid.
16 Merch arall i Elin a oedd yn dwyn yr un enw â'i mam. Am restr yn nodi'r plant a aned i Elin, chwaer y Morrisiaid, gw. DWW: *Cofiant Wiliam Owen* (1737-59) 17.

eirianell i'w gweld oherwydd y tywydd a chyflwr y ffyrdd y byddai angen iddo eu tramwyo, ond yn ymfalchïo yn yr hyn a glywsai am hynt Angharad yno:

'Cof Angharad'[17] oedd teitl awdl gampus o'r eiddo D. ap Gwilym, ac a weddai'r awron i'r hyn a ganlyn. Oni buasai'r tywydd fod yn ddrycinog, a'r ffordd o Lannerch-medd i Ddulas yn ddrwg dros ben, mi aethwn i ymweled y fechan, er im glywed ei bod yn iach lawen, ac yn dysgu siarad Cymraeg yn hylithraidd. Nid oes odid ddim na ddeall, ac y mae'r iaith mal petai ar bennau eu bys! A specimen from gwraig Fredydd:

Angharad (accosting the servant maid at Pentre-eiriannell): 'Siân (neu Sioned), pwy ydy cariad chwi? O mi wn mi pwy ydi cariad chwi ar gore – merch Sand Hall'.
Merch Sand Hall oedd wyres i Dwm Prisiart y cawr. Felly nos dawch.

ML ii. 518 – 519. W – R. 10 Tachwedd 1762.

Cyn diwedd yr un mis yr oedd William yn ysgrifennu drachefn at ei frawd yn Llundain, ac yn rhoi gwybod iddo mai yno yn ei gartref ef yng Nghaergybi y byddai Angharad yn treulio'r Gwyliau. Byddai Siani (Jane) ei ferch yno hefyd:

Mae Angharad i fod yma pan dorrir yr ysgol, i gadw ei gwyliau efo fy herlodes Siani inna' sydd i ddyfod o'r Biwmares[18]. Roedd arni eisiau corff pais. Mi erchis i Farged Owain[19] geisio un yn Llannerch-y-meddwon, a gown cynnes, etc., ac y talwn innau, etc. Ni chaiff fod arni eisiau dim, mwy na phe bai dan eich aden eich hunain.

ML ii.520. W – R. 25 Tachwedd 1762.

Yng nghartref William, ac yng nghwmni ei chyfnither Jane y treuliodd Angharad y Nadolig, a deuddydd wedi'r dydd hwnnw,

---

[17] Am yr awdl hon, gw. Dafydd Johnston et al: *Cerddi Dafydd ap Gwilym* (2010), 46.
[18] Yr oedd Jane, merch William, fel y gwelwyd, mewn ysgol ym Miwmares.
[19] Nith i William, merch ei chwaer, Elin.

ysgrifennodd ei hewythr at ei thad yn Llundain, gan roi iddo y newyddion diweddaraf am ei ferch, a manteisio ar y cyfle i ychwanegu rhai eitemau eraill at yr hyn a nododd yn ei lythyr uchod:

Amcan a bwriad hyn o lythyr yw dywedyd i chwi ein bod ni yma, sef Angharad a'm Siani i a mi fy hun yn iachus yn dymuno i chwi Wyliau llawen a blwyddyn newydd ddedwydd, ddedwydd. Fe ddaeth y ddwy ferch eiddom yma yn ddianaf wythnos i nos Sadwrn diwethaf, a dyma ni cyn llawened ag y byddai'r begeriaid ers talm yn sgubor Pentre-eiriannell. Mae Angharad wedi tyfu'n rhyfeddol, ac yn cael purion iechyd, ie, ac yn siarad Cymraeg fal pe cawsai ei geni a'i magu wrth droed yr Wyddfa.

Os y gistan sydd heb gychwyn, chwi ellwch anfon iddi farclodau gwynion a sanau neu'r cyffelyb. She wants stays, ni wn a fedr y fam gael iddi un a'i ffitia heb gael ei mesur. Nid oes yr un i'w gael yma, nes anfon i Gaer. Her stock of clothes in general are good. She appeared on Christmas day in her better best, the only time she wore her silk gown in the country, and it's rather too short for her. Lodan[20] fwyn ddigrif ydyw. She desires your and her mamma's blessing. She will write soon.

ML ii. 527-528. W – R. 27 Rhagfyr 1762.

Ar yr un diwrnod, ysgrifennodd William at ei frawd arall yng Ngheredigion, gan gyfeirio at y ddwy ferch a drigai o dan ei gronglwyd yng Nghaergybi. Ei ferch ei hun, meddai, yn iach ac yn dal, ond y mae ei ychydig eiriau am Angharad yn rhai na ddewisodd eu hadrodd yn y llythyr at ei thad:

Un fechan eiddil yw'r Angharad ferch y Mynglwyd, a'i herddyrn cyn braffed â bysedd Rhisiart Siencyn y Cawr[21] o Roscolyn gynt.

ML ii. 528. W – L. 27 Rhagfyr 1762.

---

20 lodan, gw. lodes. GPC
21 Ceir un cyfeiriad arall yn y llythrau at person hwn. Ym mis Medi 1748, ac yntau ar un o'i ymweliadau â Llundain, meddai Lewis mewn llythyr at William: 'Let me know also if Dick Siencyn fawr is alive, and if you can send me his dimensions I shall be glad. A man wants him here for a show'. ML i. 133-134.

Gan fod Jane ei ferch wedi dychwelyd i'w hysgol ym Miwmares, ymddengys bod Angharad wedi aros yng nghartref William yng Nghaergbi, ac yn cadw tŷ iddo am y tro. Ond yr oedd croeso iddi fynd yn ôl i Bentre-eirianell unrhyw amser at ei chyfnither Marged a'i gŵr a'u plant, ond cael sicrwydd y byddai rhyw gydnabyddiaeth fechan am hynny gan ei thad. Wrth drosglwyddo'r neges hon i Richard, ceir William hefyd yn sôn yn gellweirus am yr hyn a ddigwyddodd i'w 'housekeeper' pan ddychwelodd ei ferch, Jane, o Fiwmares:

Mae'r chwaer Elin mewn gobaith na thybiwch yn rhy fawr dalu i'w merch yn ôl £6 per annum am Angharad. Mae eraill yn rhoddi yr un pris, medd hi, ac os bodlon fyddwch, hi eill fyned yno eto i orffen ei hanner blwyddyn pan ddêl y dydd yn hwy ac yn decach, neu yr hyd a fynnoch. Mae iddi gan croeso yma yn y cyfamser. She is now like very many others – out of place. She was my housekeeper, but three days ago my daughter came home from the boarding school, and she was obliged to resign, and to her great mortification she was necessitated to accept of a deputation of under-housekeeper, and in that capaciity she acts with uncommon alacrity. She doth not wear that poor meagre aspect she brought hither from London, which is sublimely described in the Song of the Noble Race[22], 'All pale and wan her cheeks too'.

ML ii. 539 – 540. W – R. 21 Chwefror 1763.

Ymfachïai ei thaid, Morris Prichard, hefyd yn ei medr i siarad iaith ei thad:

Mi a glywais ddoe y bore fod Angharad bach yn iach. Y mae'n Gymraes loyw, lân. Hi fydd yn aelod o'r Cymmrodorion yn fuan.

ML ii. 544. Morris Prichard – R. 10 Mawrth 1763.

Mae'n bosib i Richard, yn un o'i lythyrau coll, fynegi pryder am ryw reswm ynghylch ei ferch yng Nghaergybi, ond os gwnaeth, geiriau

---

[22] 'Of Noble Race was Siencyn,' Cân boblogaidd y ceir y cyfeiriad cyntaf ati mewn drama-gomedi, The Richmond Heiress, 1693.

cysurlon a gafodd mewn llythyr gan William: 'Nac ofnwch am Angharad', meddai,

mae hi cyn iached â'r glain, a chyn goched ei bochau ag hafodwraig, ac yn siarad Cymraeg gandryll cyn rhyched [?wyched] ni wn â pha beth!

ML ii. 556. W – R. 4 Mai 1763.

Beth a ddigwyddodd i gais Elin, chwaer y Morrisiaid, ar ran ei merch i geisio cael £6.00 y flwyddyn gan Richard i dalu am gadw Angharad (gweler llythyr dyddiedig 21 Chwefror uchod), mae'n anodd gwybod. Os cytunodd Richard i dalu'r swm honno, daeth cais pellach o gwmpas y Sulgwyn oddi wrth William am gyfraniad tuag at ei gostau yntau. Ond gan na ddychwelodd Angharad am beth amser i Bentre-eirianell, hwyrach mai cais William oedd yr unig un i'w ystyried gan Richard ar hynny o bryd.

Am y peth y soniasoch mewn rhyw epistol y talech yr hyn a fynnwn dros Arad[23] ddigrifiaith, ni fedraf ddywedyd ond hyn, sef pe bawn yn gallu, ni chostiai i chwi ffyrling ei chadwraeth. Ond yn wir (a'r gwir meddynt sydd dda i'w ddywedyd) rwyn cael gormod o waith agos i drin y byd brwnt yma. Fe aeth arnaf o gost gyda fy nau gyw mewn un flwydd oddeutu £50. Dyna eu cynysgaeth ond odid, a gwell na'u cadw iddynt mewn cod, a'u gadael heb na dysg na dawn, on'd e?

ML ii. 559. W – R. 'Dydd Llun y Sulgwyn, '63 [1763].

Parhau i roi tameidiau o wybodaeth am Angharad a wnâi William wrth ysgrifennu at Richard:

Mae Angharad yn tewychu ei gorau ac yn colli ei Saesneg yn erchyll, a'r Gymraeg hithau yn cynyddu.

ML ii. 560. W – R. 9 Mehefin 1763.

---

23 Ffurf arall eto ar Angharad y byddai'n hoff gan William ei ddefnyddio weithiau.

Mae eich genethig yn cael ei hiechyd yn odiaethol, ac yn siarad Saesneg drwstan a Chymraeg ddigrif, cyn ffasted y naill a'r llall. Yr wyf yn ei meithrin fal fy mhlant fy hun, ond yn unig fy mod yn fwy tyner wrthi nag y byddwn wrthynt hwy pan oeddynt yn ei hoed hi. Er hynny bydd rhaid dwrdio a drelio pan fônt yn eu llawn iechyd a'u calonnau gyda nhw. Ni ŵyr y fechan gan mwyaf pa ben i roddi ar lawr, ac y mae cyn wyllted ag aderyn y to. Mae'n debyg y cewch lythyr gyda hwn pan ddelo adref o dŷ'r fantiw macer[24].

ML ii. 568-569. W – R. 27 Mehefin 1763.

A darllen rhwng y llinellau, megis, fel y mae'n rhaid gwneud wrth geisio cysoni cyfeiriadau William, ac yn absenoldeb llawer llythyr gan Richard, daeth William i'r penderfyniad, ar ôl cael caniatâd Richard yn achos ei ferch, ac ar gais (o bosib) y ddwy gyfnither a drigai dan ei do – Jane, ei ferch ei hun, ac Angharad – yr anfonai'r ddwy, ac nid Jane yn unig, i'r ysgol yr oedd hi yn ei mynychu ym Miwmares.

Yr oeddwn ers dyddiau wedi gaddo wrth y Mrs Briscoe, Mrs Hughes, Mrs yma Mrs acw, a'r Arglwyddes, y câi fy lodes, Siani, fyned i'w hymweled dros bythewnos neu dair wythnos yr haf yma, a chan fod hyn acw yn digwydd, nhw gânt fyned efo ei gilydd, a chymwys fydd i Angharad fod ei chyfnither (yr hon sydd ail i governess iddi) fod yn yr un dref. Caiff ei dwyn i blith y bobl fawrion! Yr wyf yn myned i'w rigio mewn uniforms o'r unicolours, gown i un a slip i'r llall. Nhw a fyddant yn barod tua diwedd yr wythnos nesaf, ac yno ar feirch.

ML ii. 567-568. W – R. 27 Mehefin 1763.

Nid aeth y trefniadau yn hollol yn ôl y bwriad ychwaith. Y bwriad oedd i'r ddwy gyfnither fynd i Biwmares gyda'i gilydd, ond cymysgwyd pethau gan y gŵr a oedd i'w dwyn yno. Gofynnodd William iddo ddod

---

[24] mantua. 'A woman's loose gown of the 17th-18thc'. OED.

[T]o fetch Angharad a Thursday night last, that she and her cousin Jane might go together to the capital [Biwmares], but he came a Wednesday night, when their affairs wre not ready for the next morn. However not to detain him and his horses, I packed her away by way of Llannerch-medd, and yesterday morn despatched her cousin with the baggage, etc. The man that conducted Jenny is returned and left them both well and hearty at Beaumaris yesterday about two or three o'clock . . . I intend leaving Jenny at Mrs Brisco's for a fortnight or three weeks, and if cousin Angharad is tired then of Beaumaris, they may return together. They are invited to Conway to see the camp of the militia in Conway marsh, where there is to be a raree galantee[25] show!

ML ii. 573-574. W – R. 16 Gorffennaf [1763].

Nid oes llawer mwy y gellir traethu am Angharad, ysywaeth. Ym mis Awst yr un flwyddyn, meddai William amdani wrth ei thad:

Sgrifenwraig fawr o'r Angharad. Sfennu at ei thad a'i mam a'i chwaer a'i chariad – siwgr baker yw ei dad medd hi. Tynnu lluniau dynion ac anifeiliaid, etc., yw ei gwaith. Mae hi wedi tewychu llawer er pan ddaeth i'r fangre sanctaidd hon.

ML ii. 579. W – R. [ ] [Awst 1763].

Ac eto:

Nid Seisnig mo Angharad fach, Cymraes loyw, lân ydyw.

ML ii. 585. W –R. 22 Medi 1763.

Mae'r fechan yn llawn ysbryd, ac yn dra iachus. Prin yr aing yn ei chroen gan lawenydd. Ei chefnder yw ei writing master, etc., a'i

---

25 Yn yr OED ceir *raree-show* a *galanty-show*. Am y cyntaf gall olygu *a show contained or carried about in a box*, neu *a show or spectacle of any kind*. O dan *galanty-show* yn yr un geiriadur ceir *a shadow pantomime produced by throwing shadows of miniature figures on a wall or screen*.

chyfnither ydyw ei governess, a'i hewythr yw'r superintendant dros y cwbl.

ML ii. 587. W – R. 30 Medi [1763].

Dyma Angharad fach yn un gawres. Ni ddeuaf i ben i ddodi i chwi ei chyflawn hanes o bant i bentan. Rhaid gadael hynny i Robin i'w draethu, sef ei chyneddfau, etc. Mi roddais y ddwy fendith iddi [sef gan ei rhieni], er hynny i gyd y mae hi yn holi chwaneg ohonynt.

ML ii. 600. W – R. 5 Tachwedd 1763.

Dyma Arat fach gymaint ei thrafferth yn gwnïo, mai prin y ca amser i ddeusyf eich bendith chwi a'i mam.

ML ii. 602. W – R. 19 Tachwedd 1763.

Wythnos ar ôl ysgrifennu'r llythyr sy'n cynnwys y geiriau uchod, ar yr ugeinfed o Dachwedd, anfonodd William at Lewis i'w hysbysu am farwolaeth eu tad, Morris Prichard. I ychwanegu at ei ofid, meddai, ni fyddai'n bosib iddo fynd i'w angladd gan ei fod yntau wedi ei daro'n wael iawn. Llusgo byw fu ei hanes wedyn hyd dridiau wedi'r Nadolig, pan fu yntau farw. Ni wyddom ddim am symudiadau na theimladau Angharad yn ystod y digwyddiadau hyn, ond gallwn ddychmygu ei siom a'i galar o golli un yr oedd mor hoff ohono, ac yntau ohoni hithau.

Ceir y cyfeiriad olaf un ati yn llythyrau'r Morrisiad mewn llythyr a anfonodd ei thad Richard Morris o Lundain at ei nai Robert (Robin) Morris, mab y diweddar William.

Pray remember me kindly to your grandmother [sef ei chwaer, Elin], sister and aunts, and mine and my wife's love to my brother and sister and children, and blessing to lodes Angharad.

ML ii. 606. R – Robert Morris. 3 Mawrth 1764.

Gellir dyfalu i Angharad yn ddiweddarach – yr oedd yn fyw yn

1773[26] – ddychwelyd i Lundain at ei thad, ond nid oes dim i awgrymu hynny yn y llythyrau a ysgrifennodd at amryfal gyfeillion a chydnabod o hynny hyd ei farw yntau yn 1779.

---

[26] Gw. DDW: *Cofiant Richard Morris (1702/3—79)*, 72.

Peswch

Yr oedd y Morrisiaid a'u tad, Morris Prichard, yn besychwyr mawr i gyd. 'Yr hen elyn sy'n rhyfela yn erbyn ein teulu ni', chwedl Lewis mwn un llythyr o'i eiddo (ML ii. 405). Yn eu llythyrau at ei gilydd y mae sôn am eu pesychu a'r gwahanol feddyginiaethau a arferent i geisio ei leddfu yn gytgan barhaus. 'Mae arnaf gymaint o ofn y gauaf a chwithau', meddai William mewn llythyr at Richard ym Medi 1749,

[H]ave had lately a violent cough, ag ni waeth tewi na siarad, mae o'n rhedeg yn ein gwaed. Ydych chi yn cofio fal y bydde'r hen Elin Owen, o Waun y Grinach, yn adnabod pesychiad Forris Prisiart y boreuau wrth fynd i'r gweithdy? Pesychu yn ddidrugaredd y byddai (ag y bydd eto) 'r hen ŵr, ag felly y bydd ei dri mab[1].

ML i. W – R. 2 Medi 1749

Ac meddai amdano ei hun:

Nid oes yn Eglwys Gybi un uwch ei beswch na'ch brawd Gwil, – nobody catches cold sooner.

Ibid.

Yr oedd agwedd William yn fwy direidus wrth sôn am y peswch na'i frodyr, a byddai'n cyfeirio ato fel petai'n berson o gig a gwaed. Meddai wrth ysgrifennu at Richard.

Rwyn gobeithio i chwi drechu'r peswch, fal y gwneuthum innau, mi a'i hymlidiais o i'w grogi er iddo roddi imi y codwm cynta drwy chware hagr; neidio a wnaeth ar fy nghefn ryw noswaith, a chydio yng nghorn yng ngwddwg i yn ddidrugaredd. Nid oes dim nawdd i'w gaffael gan Mr. Peswch pan gaffo unwaith y llaw ucha. Yr

---

[1] Ymddengys nad oedd yr aflwydd yn blino eu hunig chwaer, Elin, nac ychwaith, i unrhyw raddau tebyg, ei phlant na phlant y brodyr eu hunain.

ydwyf fi yn hollol ymroi gadw gard rhag iddo fy nal i yn fy ngwendid mwyach.

ML i. 386. W – R. 18 Hydref 1755.

A dyma William at Richard eto dair blynedd yn ddiweddarach yn cyfeirio at yr un ymwelydd di-groeso:

Pwy debygach i a ddaeth yma'r nos arall yn ddistaw bach heb neb yn ei ddisgwyl nac yn meddwl am ei fratiau?[2] Dyfelwch! Dim llai gŵr na'r gwalch moethus bonllefgar, a mawr ei anhunedd ganddo fo, y Meistr Peswch, i gyfarth gwell i'm fy hun ac i'm mab, ac i'm merch hefyd. Fal y bydd yr ambasawdwyr tramor yn myned drwy'r llys o ben bwygilydd, felly yma. Mi a roddais i ryw gordial iddo ac y mae beth distawach nag y bu, ond eto chwi gewch gefn y nos fawr ei glywed yn chware maes yr iwl[3] dros yr holl dŷ. Ni wn i a fu ym Mhennington Ystryd[4] ai peidio.

ML ii. 91. W – R. 17 Hydref 1758.

Mwy difrifol yw cwyn Richard a Lewis na'i brawd William (neu 'Gwilym', fel y gwelwyd eisoes, yr hoffai alw ei hun). Dyma Richard yn ysgrifennu at Ieuan Brydydd Hir.

Fe fu'r angau glas yn esgyrnygu ei ddannedd arnaf yn rhith peswch er pan ysgrifennais hyd yma, ac yr wyf yn ddrwg iawn fy sut fyth ysywaeth; rwyf yn cysgu mewn llety yn y wlad bob nos, ac yn marchogaeth hyd yn fforest Epping bob bore, am yr hoedl, yr hyn rwy'n gobeithio a'm gesyd i fyny eto.

ML (Add) 537. R – Ieuan Brydydd Hir. 27 Mehefin 1761.

Yr oedd Richard, mewn llythyr cynharach ond diflanedig, wedi rhoi'r un stori i William, a atebodd yn llawn cydymdeimlad, ond â rhyw dwtsh bach o ysgafnder yn ôl ei arfer.

---

2 ?Cf. brad, bradau = bradwriaeth, dichell.
3 maes yr iwl = *unruly*. GPC.
4 Cartref Richard yn Llundain ar y pryd.

Mae'n ddrwg gan fy nghalon i glywed fod y beswch mor dost wrthych â'ch gyrru bob yn awr i'r wlad. Trafferthus a drud o'r gwaith hwnnw. Ar henaint y mae'r bai, y fo sydd yn hudo haflug[5] o gymdeithion anynad iw ganlyn a phwy sydd bennach cyfaill iddo na Mr. Peswch?

ML i. 380. W – 5R. 28 Medi 1755.

Yn yr hen gartref ym Môn yr oedd eu tad yn dal i besychu'n ddiddiwedd, meddai William mewn llythyr at Lewis yng Ngheredigion.

Roedd y nhad yn rhesymol, yn gallu myned i'r gweithdy bob dydd, ac yn ddewr dda iawn, ond bod y peswch, the family distemper, yn ei flino yn dost.

ML ii. 162. W – L. 23 Ionawr 1760.

Mannau enbyd o ran aflendid a phob math o glefydau a heintiau oedd carchardai'r ddeunawfed ganrif, fel y darganfu Lewis Morris pan aeth unwaith, yn ystod un o'i ymweliadau â Llundain, i roi tro am rywun o'i gydnabod a oedd dan glo ar y pryd, er na chawn wybod ei enw na beth oedd ei drosedd:

Mi eis i Newgate y dydd arall i edrych am ddynan truan, ac a gefais Glefyd y Carchar mewn 5 neu 10 munud o amser. Mi fûm yn ysgothi (neu fal y dywaid y *Ceredigwyr*, ysgarthu) er hynny hyd yrŵan, ac a gefais yr annwyd, sef y peswch, wrth noethi'r din mor fynych. A dyma fi ar fy nhraed [am] 5 o'r bore Ddifiau o achos ffaelio aros yn y gwely gan beswch, o ffei ohono! . . . Pe ceid dros y peryglon hyn feallai y gallai dyn helpu brawd i amgenach pethau na'r rhain yma, ond ni eill dyn â'i din yn y dŵr wneuthur fawr.

ML i. 347. L – W. 14 Mai 1755.

---

5 amlder, helaethrwydd.

Byddai Lewis Morris fel y gwelwyd, yn rhinwedd ei swydd o dan y Goron, yn gorfod teithio i Lundain o dro i dro, ac er ei fod yn besychwr rheolaidd pan fyddai gartref yng Ngheredigion, byddai'r aflwydd yn ei daro waeth-waeth pan fyddai yn niwl a mwrllwch y ddinas fawr. 'Peswch yn dost', meddai,

> ac ar fin colli'r synhwyrau. A deep heavy cough in the breast, in spite of bran and apple water, etc. . . . Ffaelio cael criglyn[6] ohono i fyny nes chwysu. Yn pesychu yn un foddfa, yna hepian yn anesmwyth dros ychydig, yna peswch, etc. . . . Ffei, ffei, na bawn dan frig bedwen ym Mhenbryn.[7]

ML i. 40. L – W. 5 Tachwedd 1757. 'Brad y Powdwr Gwyllt'.

Weithiau, ond nid yn fynych iawn oherwydd ei ddyletswyddau yn Swyddfa'r Llynges, byddai Richard yn anfon gair at ei dad oedrannus ym Môn, ac fel y gellid disgwyl, clywid cyfarthiad y peswch yno hefyd.

> A dyma fy hen gydymaith blin, y peswch, wedi cael gafael dost arnaf, ac yn fy nychu'n greulon ddydd a nos, heb obaith llonyddwch ganddo dri mis neu bedwar o leiaf . . . eto er hyn nid oes i mi ddim seibiant na gollyngdod ddiwrnod o'm hoffis drwy gorff y flwyddyn, yr hyn sy'n o galed ar hen ddynion afiachus[8].

ML ii. 147-148. R – Morris Prichard. 22 Rhagfyr 1759.

Ceir y teimlad weithiau wrth fynd drwy'r llythyrau fod Lewis Morris yn cyfrif ei hun yn brif besychwr y teulu, ac yn awyddus i awgrymu hynny'n gynnil yn ei ohebiaeth o bryd i'w gilydd. Gwelir enghraifft o hyn mewn un epistol o'i eiddo lle ceir ef yn tynnu sylw at y ffaith fod llythyr a dderbyniodd gan Richard wedi cymryd pymtheg ar hugain o ddyddiau i'w gyfansoddi:

---

6   mymryn bach, tamaid, ychydig.
7   Ei gartref yng Ngheredigion.
8   Yr oedd Richard yn 56 ar y pryd.

Annwyl Frawd. Last night I received yours of th 24th Nov, and continued to ye 29th December. I don't wonder you were so long about it if you had such a cough as I had. Another such bout would really finish me. I am all over shattered, henaint, henaint, a bywyd annhymerus, a pha beth yw henaint ond *hen haint*, ac ni chytûn hun â haint ebr rhywun.[9]

ML ii. 149. L – R. 4 Ionawr 1760.

Parhai i achwyn a wnaeth Lewis ymhen rhai wythnosau yn ddiweddarach. Ar Ddygwyl Dewi, meddai wrth Richard:

Doe nid oeddwn yn meddwl y buaswn i byth yn abl i sgrifennu llythyr ond hynny. I made too free with myself in staying out in the gardens the day before, getting some beans and peas, and coughed and raved all night. And by the violence my blood burst out of my nose, and I suppose filled some vacancies in my head, so that I was all day in a sort of a dream, and very uneasy. Abstinence from victuals of any kind, I suppose, caused me to rest very well last night, and drinking plentifully of milk and water warmed. Dyma fi heddiw ar fy nhraed, ond ni feiddiaf i ddangos mo'm trwyn allan er ei bod yn ddiwrnod teg.

ML ii. 178. L – R. 24 Chwefror 1760.

Clywsai Lewis am rinweddau'r dŵr a darddai mewn ffynnon arbennig yn Llandrindod, ac ym mis Awst yr un flwyddyn penderfynodd fynd yno i weld ai gwir y si:

Tomorrow I think I shall get out to Ffynnon Cwm-y-gof, Brecknockshire, to try if I leave my cough there, which spares me neither day nor night.

ML ii. 229. L – R. 4 Awst 1760.

---

9 Cf. Tudur Aled. 'Ni bydd cytûn hun a haint'.

Ymddengys i ddŵr y ffynnon yn Llandrindod wneud ychydig o les iddo, fel y cofnododd bedwar mis yn ddiweddarach:

Mae'r diffyg anadl a'r peswch mawr heb ddyfod ataf i y gaeaf yma eto – diolch i Dduw yng Nghwm-y-gof.

ML ii. 273. L – R. 13 Tachwedd 1760.

Ond bach o agraff a wnaeth hanes y daith i Landrindod ar William yng Nghaergybi. Onid oedd ffynhonnau tebyg ym Môn – a'r un mor aneffeithiol hefyd?

Ni wnaeth y pas mo'r llawer o ddrwg ond ysgytio ychydig arnaf. Nid â ymaith yn llwyr nes gweled Mawrth neu Ebrill. Mae'r Mynglwyd [Richard] yn achwyn arno'n greulon. Onid oes yma ddigon o ddwfr ffynhonnydd – Ffynnon Gybi, Ffynnon y Wrach, Ffynnon Gwenfaen, hithe'n agos[?]. Beth ydys well? Ni wnânt iacháu'r peswch.

ML ii. 270. W – L. 7 Tachwedd 1760

Ar drothwy gaeaf 1760 cwynodd Richard wrth William fod y peswch yn ei nychu fel arfer yr adeg honno o'r flwyddyn yn arbennig, ac atebodd William ef yn llawn cydymdeimlad:

Aie fe ddaeth eich hen feistr peswch i'ch ymweld ? Duw a ystyrio wrthych, mae o'n gydymaith blin i ymhel ag e'. Mae o yma mi wranta ers deufis – *off and on*, mal y dywaid plant Alys.[10]

ML ii. 274. W – R. 18 Tachwedd 1760.

Ar un achlysur cafodd William gyngor ynghylch ei beswch gan glerigwr na cheir mo'i enw, ond a oedd yn 'gwasanaethu dros Mr. Ellis' ar y pryd. Dyma oedd ei gyngor:

[A] couple of red herrings and a few glasses of warm punch as a

---

10 y Saeson. Alys ferch Hengist (canol y 5ed ganrif).

never failing remedy for a cold. Wfft i'r fath beth! Pe bytawn i bennog coch neu ddau a mwstard cyn myned i'r gwely mi fyddwn effro drwy gydol nos. Oni chymerais i buttered bumbo neithiwr ddiwetha, ac roedd rhaid pesychu cwrs er hynny.

ML ii. 290. W – L. Nos Ŵyl Fair, 1761.

Pan gafodd Anne, gwraig Lewis, annwyd a pheswch yn y cyfnod yma, meddai ei gŵr:

Her cough is but temporaory, but yours and mine is entailed on all the family. It is a mygydfa.

ML ii. 323. L – R. 16 Mawrth 1761.

Erbyn mis Ionawr 1762, rhyw ddwy flynedd ar ôl ei ymweliad â'r ffynnon honno yn Llandrindod, yr oedd peswch Lewis Morris cyn waethed ag erioed. Meddai wrth Richard bryd hynny.

The common winter cough that rages in this country hath got hold of me among the multitude, and it has mauled me to pieces in spite of aether, water, etc. . . . I have almost a continual cough in spite of all pectorals, and indeed most of this neighbourhood have the same complaint.

ML ii. 430. L – R. 1 Ionawr 1762.

At ei gilydd byddai'r brodyr yn cael llonydd cymharol gan y peswch am gyfnod byr yn yr haf, a cherydd ysgafn a gafodd Lewis gan William ar un achlysur.

Wfft i chwi am besychu gefn Gŵyl Ifan[11] yn yr haf. Bydd agos bob pesychwr yn dawedog yr amser honno.

ML ii. 571. W – L. 5 Gorffennaf 1763.

A dyma William eto ar yr un pwnc:

---

[11] 24 Mehefin.

[O]s clywch fod Mr. Peswch yn curo'r drws, nac agorwch iddo am bris yn y byd, ac na roddwch gyfle iddo eich dala rhwng cynfasau lleithion, etc., o ran mae o bob amser ar ei fantais.

ML i. 430. W – R. 4 Hydref 1756.

Pwy debygach-i gadd wall arnaf y dydd arall? Nid y fall, nawdd Duw rhagddi, na'r cnawd ychwaith, er taered yw, na hefyd y byd a'i rodres a'i orwagedd, ond y cenau maleisgar gan y Mr. Peswch, byr oes iddo, a neidiodd ar fy nghefn a mi yn cymryd ffisigwriaerh i'm coes, ac a'm daliodd yn fy ngwendid, a bu raid imi, heb yn ddiolch yn fy nannedd roddi iddo lety. A dyma lle taring,[12] mae'n debyg, hyd na ddelo'r dydd yn hir ac yn deg iddo ymdaith i bant. Felly y mae'r ceryn[13] anynad wedi cael y llaw uchaf ar y tri brawd.

ML i. 441. W – R. 22 Rhagfyr 1756.

Rhown y gair olaf am beswch yn gyffredinol i William, a'i sylw annisgwyl ond gobeithiol (a chan feddwl o bosib am Morris Prichard y tad):

[A]rwydd hir oes yw bod yn besychlyd.

Nid rhyfedd efallai yn wyneb yr aflwydd teuluol hwn a oedd yn gymaint o flinder i'r brodyr a'u tad, eu bod yn awyddus bob amser i drafod unrhyw feddygyniaeth a allai ei leddfu neu ei gadw draw yn gyfan gwbl. Wele yma rai o'u hawgrymiadau wrth ysgrifennu at ei gilydd ar y pwnc arbennig hwn. Meddai William wrth Richard wrth ysgrifennu ato un Nos Galan.

Mi a'ch gwelaf chwi yn achwyn, a dacw'r brawd Llew yntau yn dywedyd yr un peth, fod y beswch yn eich anafu. Duw a ddêl â chwi'n iach yn eich ôl. A fu i chwi erioed yfed colt's foot tea? Fe ddywedir i rai gael mawrlles oddi wrtho. Tussilago y geilw'r

---

12 aros, trigo, preswylio.
13 teclyn. 'yn aml yn . . . ddirmygus am boblach diwerth'. GPC.

Lladiniaid ef, a'r besychlys, neu ddail carn yr ebol y galwn ninnau fo.

ML i. 146. W – R. Nos Galan 1749.

[S]ucan gwyn[14] a gronyn o fêl a menyn a bara ynddo, sydd well na physgod chwilod yn gwynos.[15]

ML i. 333. W – L. 27 Chwefror [1755].

Oni fyddaf innau yn cymeryd deigryn o bwyns brwd yn o fynych i'w cadw draw [annwyd a'r peswch], ond nid bob nos chwaith; oni fag pwyns y gofid – ie, gowt – wrth ei hir ymarfer medd y doctoriaids?

ML i. 454. W – R. 9 Chwefror 1757.

Yn Llundain yn 1757 cwynai Lewis ar gyflwr ei iechyd, gan ddyheu am y meddygyniaethau a fyddai wrth law petai gartref ym Mhenbryn, Goginan:

Ni chefais i gysgu hun ar fy nghefn, nag ar un o'm ystlysau ers rhai misoedd. Ai iachus yw gorwedd ar fol yn wastad? Ac er hynny, fe ddaw ambell hynt ohono a wna imi chwysu fal pe tynnid fi trwy afon. Dro arall gloesio, a gorfod yfed dŵr twym i helpu i'r llysnafedd ddyfod i fyny. Ond eto ped fawn gartref i gael y bwyd a'r ddiod a chwenychwn, mi a'u gorchfygwn. Ni cheir yma ddim bwdran llygadog, na diod fain chwipsur, na dŵr ffynnon redegog yn rhedeg ar godiad haul, nac uwd ac ymenyn o dan yr ordd, na llymru a llaeth gafr unlliw, na llaeth enwyn sur a phytatws, na brithylliaid afon Melindwr[16], na sil y gro, na chant o ddanteithion gyda hynny a gaid yno.

ML i. 460-461. L – W. 9 Mawrth 1757.

Ar yr un ymweliad â Llundain, ysgrifennodd Lewis eilwaith at ei frawd yng Nghaergybi:

---

14 llymru, gruel.
15 swper, pryd hwyr.
16 Yr afon a redai heibio Penbryn, cartref Lewis yng Ngoginan.

Pray what do you think come up to mêl a garlleg a phosel triogl? A oes dim ar y ddaear? Dwedwch os oes. Wele hai, blino ar arlleg a phob peth. Mae'n rhaid berwi blawd ceirch a llaeth heno i swper, a rhoi lwmp cymin â dwrn o ymenyn hallt ynddo i edrych a wna hwnnw ddim.

ML ii. 47. L – W. 17 Tachwedd 1757.

Trannoeth dydd Nadolig 1758 gyrrodd William lythyr at Richard, gan ei hysbysu fod y peswch wedi ymweld ag yntau y gaeaf hwnnw fel arfer, a chymeradwyo ar yr un pryd drwyth a allai fod o fendith iddo.

Fo fu yma yn rhoi tro unwaith neu ddwy y gaeaf hwn, ond mi a ges ganto fod mor foesgar â myned ymaith pe rhoddid rhywbeth da iddo, megis llymaid o bwyns twym, neu draflwnc o gwrw Lerpwl, wedi berwi ynddo rosmari, a dodi ynddo lwyaid o fêl a gronyn o ymenyn hallt. Dyna drwyth!

ML ii. 99. W – R. 26 Rhagfyr 1758.

Ac yntau, ym mis Medi, yn gweld y gaeaf yn neshau o bell, gyrrodd Richard gais at Lewis ynglŷn â sicrhau cyflenwad o fêl. 'Oes dim o'r fath beth' holodd,

â chael ychydigyn o fêl pur o unlle? I must get some against the coughing season.

ML ii. 127. R – L. 30 Medi 1759.

Ond erbyn mis Tachwedd y flwyddyn honno yr oedd Richard wedi taro ar feddygyniaeth a aeth i'r afael â'i beswch, ac a gododd ei ysbryd yn ddirfawr:

The hyssop[17], distilled water and honey had no effect on my cough, but I have at last met with a very extraordinary medicine in Dr. Cox's Angelical Tincture, which instantly stopped the

---

17 planhigyn bychan sawrus ac iddo rinweddau meddygyniaethol. GPC.

violence of straining, and carried off entirely the tickling in the throat. I take a spoonful of it every night and every morning fasting, and never found anything that did me so much good. The price is 1/- ye long vial of the size of Stroughton's, etc. Cox was an apothecary, and invented it for his coughing wife, which kept her alive many years, as her daughter says, who now sells it. And she says she was a very good wife, which made him so careful of her.

ML ii. 139. R – L. 24 Tachwedd 1759.

Ond erbyn trannoeth y Nadolig – a byddai Richard ar dro yn ychwanegu at ei lythyr nifer o weithiau cyn ei anfon – yr oedd ei frwdfrydedd wedi diflannu.

Gartref ers wythnos yn nychu gan y peswch. Dr. Cox's medicine of no further service. I have now no remedy but patience . . . My head is distracted with last night's cough, which has been incessant without intermission for above six hours, the worst fit I ever had.

ML ii. 140. R – L. 26 Rhagfyr 1759.

Ar ddechrau'r flwyddyn newydd gyrrodd Lewis air at Richard yn rhestru'r risetiau yr oedd ef yn gyfarwydd â hwy, gan gymeradwyo un yn arbennig:

Well, after the use of hyssop wine and honey and rum, and of milk boiled with honey, and of boiled onions for supper, and of rosemary boiled with ale and honey, and . . . twenty things, a supper of bread toasted in buttermilk best suits my constitution, and now and then 2 or 3 cloves of garlic boiled in milk till they are soft as I can eat them and the milk.

ML ii. 151. L – R. 4 Ionawr 1760.

Ar ôl canmol ei ymweliad gynt â ffynnon Cwm-y-gof yn Llandrindod, cyfeiria Lewis mewn llythyr arall at Richard at feddygyniaeth un Dr. Shaw:

Mae'r diffyg anadl a'r peswch mawr heb ddyfod ataf i y gaeaf yma eto – diolch i Dduw yng Nghwm-y-gof. And a very cheap remedy from Dr. Shaw, common in all countries, is of great service, ceisiwch ohono. Half a pint clarified honey, hanner wns o bowdwr licris, ac o bowdwr had anis, ac o bowdwr elecampane, ac o bowdwr brwmstan, yr un faint o bob un, a'i gymeryd fore a nos.

ML ii. 273. L – R. 13 Tachwedd 1760.

Cyn diwedd 1760 yr oedd Lewis yn ysgrifennu eilwaith at ei frawd pesychlyd yn Llundain, gan gynnig rhagor o feddygyniaethau a allai fod o fudd iddo.

What I drink now in the night for sudden fits of coughing is pearl barley, an ounce, and a few currants boiled in a quart of water and well sweetened with honey. It is a wholesome, smooth, and the most agreeable lasting liquid for the stomach as I have tried. I sleep very little but by short naps of an hour, but don't cough much because I take purges often, and I intend to take a vomit this week.

ML ii. 283. L – R. 29 Rhagfyr 1760.

Chwennych 'mwdran' at ei beswch a wnâi William yng Nghaergybi:

Gresyn na fedrai hyswïod[18] Môn wneuthur mwdran[19] fal y gallwn i ac eraill besychwyr swyno rhag y pas. Coeliwch fi mae yma ormod o'i eisiau. Dyma fi yn ymladd â'r ceryn[20] hwnnw ers canol mis Medi, y fo a gadd dywydd gwlybyrog wrth ei fodd er hynny hyd yr awron. Gadewch iddo. Pan ddêl Duw â sychin[21] mi dreiaf ar roddi iddo godwm. Ond rhag ofn drwg, mae fal y rhowch chi gyngor pa fodd i wneuthur mwdran yn ôl eich defod chwi.

ML ii. 286. W – L. 7 Ionawr 1761.

---

18 Lluosog 'hyswi' o'r Saesneg Canol *houswif*, 'gwraig tŷ'
19 mwdran, bwdran, sef llymru, sucan gwyn, *kind of caudle or thin flummery*. GPC.
20 'yn aml . . . yn ddirmygus am boblach ddiwerth'. GPC.
21 sych + hin. Tywydd sych.

Dal i borthi Richard â chynghorion da a wnâi Lewis ar ddechrau'r mis canlynol.

Raw oysters and boiled mussels I find to give me a great relief – the sea salt in them, no doubt, is the cause. All other recipes are only temporary, but these never fail to get me good rest at night. I suppose all sea fish are the same, especially shell fish. Ysgadan coch are excellent, and a boiled salt herring made fresh by steeping. Consult Dr. Owen about this discovery, and try it.

ML ii. 292. L – R. 4 Chwefror 1761.

Mewn un llythyr yn 1762 mae Richard wrth gydymdeilo â Lewis a'i beswch, fel petai'n cyhoeddi ei fod bellach wedi rhoi'r gorau i chwilio am ffisig o unrhyw fath i wella'r aflwydd, boed hwnnw'n goel gwlad neu i'w brynu dros gownter yr apothecari.

Drwg iawn fod y peswch mor flin wrthych, felly mae yma ysywaeth beunydd, ac ni chefais i erioed ddim llesâd iddo, ond oddi wrth y tywydd tesog.

ML ii. 435. R – L. 16 Ionawr 1762.

Er mai swatio a chadw'n gynnes fyddai'r arfer gan y brodyr bob amser pan fyddai'r peswch ar eu gwarthaf, y mae un enghraifft lle ceir William fel petai yn ei herio i wneud ei waethaf drwy amrywio'r feddygyniaeth.

Mae'r peswch a'r annwyd yn fy llibindio yn anhrugarog, a llaweroedd gyda mi ymhob cwr o Gred, medd y boblach. Beth debygach a wneuthum heddiw tuag at gaffael ymadael â'r gwalch gan beswch? Ni ddyfalwch chwi y rhawg. Mi euthum yng nghwch y Brenin o amgylch y Pen[22], a bwyd a diod, a gwn a haels,[23] a phowdwr, a dyna lle buom yn slopian mal yn y dyddiau gynt. Mi

---

[22] y Pen Sanctaidd (Holyhead)
[23] 'pelenni neu rawn saethu'. GPC.

saethais ddau grëyr gleision ieuainc oddi ar eu nythod, ac a wneuthum lawer gwrolgamp arall er mwyn gwirio'r hen ddihareb – 'Po hynaf fo'r Cymro [ynfytaf fydd'].

ML ii. 484-485. W – R. 27 Mai 1762.

Saith mlynedd ynghynt yr oedd Lewis wedi rhybuddio'i frawd iau i fod yn ofalus wrth hwylio yn ei gwch bregus. Meddai, 'Take care you don't venture too often into danger in that foolish boat in those rapid tides. It is not necessary. A elo i'r ffair heb neges a gaiff neges i ddyfod adre'. (ML i. 389). Yn ogystal â'i beswch, cwynai Lewis o dro i dro am berthynas agos i'r aflwydd hwnnw, sef yr asthma, ac wrth gyfeirio ato un tro, gwelodd ei gyfle i rannu ychydig o'i wybodaeth eang â William:

Mine [asthma] came upon me last night in bed about midnight, or after, a bu raid codi i fyny i gael gwynt ac oerni, a phesychu, etc. Och am bair dadeni! A wyddoch chi beth oedd hwnnw? Crochan neu badell fawr oedd gan yr hen Frytaniaid gynt, lle byddent yn berwi dyn a fyddai'n hen ac yn glwyfus, ac fe ail enid yn y pair, ond nas medrai ddywedyd. Fe fydd fy mab Lewis yn gofyn imi: 'Nhadi, a wyddoch chi hynny?' This is when something extraordinary is to be told me. Felly finnau. 'Mrawd William, a wyddoch- chi hynny?'

ML i. 332. L – W. 15 Chwefror 1755.

Yn y gyfrol *Diddanwch Teuluaidd* a olygwyd gan Huw Jones o Langwm, ceir cerdd o waith Lewis Morris yn dwyn y teitl 'Yr Ymdrech rhwng y Bardd a'r Peswch', ac o ran diddordeb a pherthnasedd, fe'i cynhwysir yma:

Dyn wyf i'n ymaflyd codwm
Â rhyw beswch, hwyrdrwch, hirdrwm,
E geid aml ymgodymu,
Weithiai i lawr, ac weithiau i fyny.

Heddiw'r peswch sydd yn isa',
Ac yn crecian â'i gefn crwca,
Ni wybod pwy fydd uchaf 'fory,
Gwaith anwadal yw ymgodymu.

Codai'r pas ei ben i fyny,
A than gyfarth ac ymgarthu,
Taro crimog, codi sodlau,
Ac i lawr fe'm bwriai innau.

Yfed surfedd o'r besychlys,
Yfed posel o'r gwin melys,
Codi i fyny dan ymsgrytian,
Ow Llewelyn! Saf dy hunan.

Prynu mêl ac ewinedd garlleg,
A berwi'r rheini mewn llaeth gwartheg,
A rhoi'r drwyth ym mol y peswch,
Dyna ichwi godwm, cofiwch.

Gwedi'r codwm, cododd peswch,
Ni wiw bellach sôn am heddwch,
Tyngu mae mai fe fydd drechaf,
Ac yr erlid fi drwy'r gaeaf.

Felly Ffredrig, Brenin Prwsia
Wrth ymdrechu â Ffrainc ac Awstria,
Y peth yn gall yr haf ni allodd
Yn y gaeaf a gwblhaodd.[24]

Tebyg yw, wrth hir ymgynglyn
Mai colli'r maes a wna Lewelyn,
Ac mai cryfa ceir y peswch
Yn cau dyrnau mewn cadarnwch.

---

24 Am y pennill hwn ychwanegodd yr awdur y nodyn canlynol: 'This was wrote on the advantage gained by the King of Prussia over the French, the winter of 1760'.

Nid yw flasus gan Lewelyn
Ymladd gaeaf, mwy na'r Ffrenshmyn,
Och! am haf i godi calon
I godymu'r peswch creulon.

Huw Jones (gol.): *Diddanwch Teuluaidd* (1763), tt. 177-178.
Gellir gweld y gerdd hefyd yn Hugh Owen: *The Life and Works
of Lewis Morris* (1701-1765), 291-293.

Ar waethaf yr holl feddygyniaethau amrywiol y bu'r Morrisiaid yn eu
trafod a'u defnyddio a'u cymell ar ei gilydd dros y blynyddoedd, dal
i besychu fu eu hanes, fel eu tad yntau, nes iddynt ffarwelio o un i un
â'r fuchedd hon.

Diarhebion, Dywediadau ac Ebychiadau

Adlewyrchir un agwedd arbennig ar ddiwylliant eang y Morrisiaid gan y cyfoeth o ddiarhebion, dywediadau ac ebychiadau sy'n britho'u llythyrau at ei gilydd. Yma ceisiwyd casglu rhai ohonynt i'r un bennod, ynghyd â dyfyniadau sy'n eu cynnwys lle teimlwyd y byddai hynny o gymorth i'r darllenydd.

A elo i'r ffair heb neges a gaiff neges i ddyfod adref. ML i. 389.

> Lewis sydd yma yn rhybuddio'i frawd William i fod yn ofalus wrth fynd i'r môr yn ei gwch bregus ('foolish boat').

A fynned glod bydded farw. ML ii. 214.

A gafodd wraig a gafodd fwynder, a gafodd blant a gafodd bleser. ML (Add) 138.

Adar o'r unlliw a ymgasglant i'r unlle. ML (Add) 531.

> Cf. Birds of a feather flock together (1578) ODEP.

Addewidion a chrwst pasteiod a wnaethpwyd ar fedr eu torri. ML (Add) 10.

> Cf. Promises are like pie-crust, made to be broken (1598). ODEP.

Anodd pobi heb flawd.

> Lewis Morris yn cwyno am ddiffyg llythyrau oddi wrth ei frawd William. 'Mae yn anodd ateb llythyr lle na bo llythyr, anodd pobi heb flawd'. ML ii. 48.

Anodd yw priodi a ffynnu yn yr un flwydyn. ML ii. 447.

Arglwydd gwan, gwae ei was. ML i. 96-97.

Blys pob peth fydd ar wan. ML ii. 283.

Braith ei god a gynnull. ML i. 387.

> Nid yw'r ymadrodd yn gwbl glir ei ystyr, ond dyma ei gyd-destun. William sy'n ysgrifennu at Richard yn Llundain. 'Nis gwn i par un

ai byw ai marw o'n Bennant [Thomas Pennant, naturiaethwr, hynafiaethydd a chyfaill i William, fel y nodwyd eisoes], ni ches yr un llythyr oddi wrtho er ys . . . dair wythnos neu fis! Mi yrrais iddo'r dydd arall focsys ac ynddo [sic] oddeutu i drigain o rywiau cregyn a ffosilod, etc. Ni wybod beth a ddaethai oni buasai iddo gael edrydd [hanes, trywydd] eich brawd Gwilym [sef William ei hun]. Poed buan y caffoch eich tlysau o Fahôn a Phensylvania, fal y galloch gael y pleser o anrhegu'ch ffrindiau *yma* ac acw. Braith ei god a gynnull'.

Cas gan ynfyd a'i cynghoro. ML ii. 55.

Castell i bawb yw ei dŷ.

'Castell i bawb ei dŷ, rhaid amddiffyn hwnnw'. Cf. *Every man's home is his castle*. ML (Add.) 35, W – L. Dydd Calan wedi bod nos [1735 – 1736].

Cyfri'r cywion cyn eu deor. ML i. 461.

Cf. To count one's chickens before they are hatched (1575). ODEP.

Cyn dloted â llygoden mewn eglwys. ML ii. 224..

Cf. As poor as a church mouse (1659). ODEP.

Cynt y cyferfydd dau ddyn na dau fynydd. ML i. 160.

Chwarae'r bys yn y bastai. ML i. 282, 482.

Busnesa, ymyrryd, *meddle*. Cf. To have a finger in the pie (1553). ODEP.

Chwi biau'r byd, cachwch ynddo.

'Wala, wala, i chwi mae'r lwc, neu fal y dywaid yr hen ddihareb: 'Chwi biau'r byd, cechwch ynddo'. ML i. 180, 275.

Chwilen hed uwch heolydd, / Ac yn y dom cyn y dydd. ML ii. 330.

Cf. c.1400 *Chwedlau Odo* 5, E chwil gynt a ehedawdd y mywn perllan . . . Ac odyna ef a disgynnawd mywn tomen. Cf. hefyd, Pride goeth before destruction (1350). ODEP.

Da cael us gan ddrwg dalwr. ML i. 392.

H.y. mae'n well cael rhywbeth diwerth na dim oll.

Da y gwedd y bêr i'r olwyth. ML ii. 145, 320.

bêr, 'gwialen neu wäell . . . a wthir drwy ddarn o gig [golwyth] i'w droi a'i rostio o flaen tân, *roasting spit*. GPC. Cf. 1547 William Salesbury: *Oll Synnwyr Pen*, Da gweddei r ber ir golwyth. H.y. pethau'n cydweddu'n dda.

Dadlau mawr (mynydd) mynych ac engi ar lygoden. ML ii. 504.

angaf, engi = esgor. Cofnodir y ddihareb gan John Davies, Mallwyd, yn ei eiriadur, 1632. Cf. The mountains have brought forth a mouse (c.1390). ODEP . Ai'r 'mountains' yn y Saesneg sydd i gyfrif bod William wedi ychwanegu 'mynydd' yn ei fersiwn ef?

Deuparth gwaith yw dechrau.

'F'annwyl frawd . . .Dyma fi yn dechrau llunio llythyr erbyn dydd Iou. Mae llawer tan hynny, meddwch chwithau. Felly mae, ond 'deuparth gwaith yw dechrau' medd yr hen ddihareb'. ML ii. 58. 'Llyma fi yn rhoddi 'y nghlun i lawr i wneuthur *deuparth* llythyr, obleid e ddywaid yr hen ddihareb, mai hynny yw dechrau gwaith'. ML ii. 64.

Diboen i ddyn dybio'n dda. ML i. 164, 253.

Meddai William: 'Mae fy hen ffrind, sef Gobaith, yn ceisio sïo yn fy nghlustia mai diboen i ddyn dybio yn dda'.

Digon o raff i grogi (un). ML i. 467.

Cf. Give him rope enough and he'll hang himself (1639). ODEP.

Dim trin rhwng y rhisg a'r pren. ML ii. 589.

Mae Richard yn cyfeirio at ddau elyn i Lewis yn ei frwydrau cyfreithiol yn Llundain, a glosiodd at ei gilydd yn ei erbyn. '[A]c nid oes dim trin rhwng y rhisg a'r pren fel y gwyddoch yn dda'.

Drwg y ceidw y diafol ei was. ML i. 454.

Dweud pader i berson, Dywedyd ei bader i berson. ML i. 316, ii. 135, 313.

'Mi a wn mai dywedyd ei bader i berson yw rhoddi hanes i chwi fod y Doctor Hugh Wynne . . . wedi marw'.

Dyn a feddwl, Duw a ran. ML i. 249, ii. 371.

Cf. Man proposes, God disposes (1377). ODEP.

Edrych dannedd march rodd. ML i. 166.

Cf. 'Nyd edrychir dannedd march rodd'. [1547] William Salesbury: Oll Synnwyr Pen. Hefyd, Look not a gift horse in the mouth (c.1510). ODEP.

Er heddwch nac er rhyfel, gwenynen farw ni chasgl fêl. ML i. 401.

Dyfynnir yng Ngeiriadur John Davies, Mallwyd, 1632.

Fal y bydd y dyn y bydd ei lwdn. ML ii. 194.

Garw y cur Siôn ei wannach. ML ii. 146.

'[h]ebai'r hen ddihareb', ychwanegodd Willim Morris.

Glew a fydd llew hyd yn llwyd. ML ii. 67.

'Llew' â phrif lythyren sydd yn y testun, lle ceir William yn cyfeirio at ei frawd Lewis, a alwai ei hun yn Llewelyn Ddu o Fôn. Cymerir bod y llinell wreiddiol yn cyfeirio at yr anifail.

Gobeithio'r gorau ac ofni'r gwaethaf. ML i. 463, ii. 74.

Cf. 'It's best to hope the best, though of the worst afraid'. (1590). ODEP.

Goddau fân gamau. ML i. 444.

'[i]s an excellent Cardiganshire proverb', meddai Lewis Morris, a oedd fel arfer yn hwyrfrydig iawn i ganmol unrhyw beth a berthynai i'w fro fabwysiedig.

Gwaith y nos y dydd a ddengys. ML ii. 357.

Cf. What is done by night appears by day. (1390). ODEP.

Gweithio'n rhad yn waeth na rhodio.

'A gwir a ddywaid yr hen ddihareb, fod gweithio'n rhad yn waeth na rhodio, oddigerth lle bo elusenni yn y peth'. ML i. 463

Gwell aderyn mewn llaw na dau mewn llwyn. ML i. 462.

Cf. A bird in the hand is worth two in the bush. (c.1400). ODEP.

Gwell Duw yn gâr na llu daear. ML ii. 111.

Gwell un hwde na dau ti gei. ML i. 96.

Gwell yw a ddêl ymhen y flwyddyn, na'r hwn ni ddêl byth. ML i. 69, 78.

Gwirion pawb ar ei air ei hun. ML i. 82.

Gwyn y gwêl y frân ei chyw.

Cf. The crow thinks her own bird(s) fairest / whitest. (1513). ODEP. ML i. 244, 391, ii. 142, 146, 148

Gwych gan gi dynnu llaw hyd ei ben. ML ii. 396.

Hau ceirch gwylltion. ML ii. 530.

Cf. To sow one's wild oats. (1576). ODEP.

Hawdd yw tynnu cyllell fer o'r waun.

'Dyma fi agos â chael fy nghynhaeaf bach i mewn. Hawdd yw tynnu cyllell fer o wain'. ML ii. 241.

Henaint ni ddaw ei hunan. ML i. 466, ii. 17.

'[H]e hath his followers in abundance', ychwanegodd Lewis mewn llythyr at William.

Hir y bydd mynydd mawr yn troi. ML ii. 13.

Hoff gan bob bwch ei ddifyrrwch. ML i. 310.

I'r pant y rhed y dŵr. ML i. 397.

Iro tîn hwch dew â bloneg. ML i. 480.

Lladd dau edn ag un garreg. ML ii. 499.

Cf. To kill two birds with one stone. (1611). ODEP.

Lle bo'r gelain y casgl y cŵn. ML i. 327.

Lle'r ymgreinia'r march y gedy peth o'i flew. ML i. 252.

Cf. Where the horse lies down there some hair will be found. (1530). ODEP.

Mawrth a ladd, Ebrill a fling. ML ii. 450.

Meddai Lewis wrth Richard, Mawrth 1762: 'The asthma was like to kill me last night . . . Mawrth a ladd, Ebrill a fling. O happy climates that have no winters! Ple maent? Ple ond yn y nef i ni?'

Modrwy aur yn nhrwyn hwch. ML i. 146.

Meddai William wrth Richard: 'Llyfrau Cymraeg yn nwylo plant Alis [Saeson] sydd ail i fodrwy aur yn nhrwyn hwch'. Y ddihareb yn llawn yw: 'Modrwy aur yn nhrwyn hwch yw benyw lân heb synnwyr'.

Mor dlawd â llygoden eglwys. ML ii. 224.

Cf. As poor as a church mouse. (1659). ODEP.

Ni bu erioed dda o hir aros. ML i. 15.

Ni bydd diffyg arf ar was gwych. ML ii. 22.

'Hen ddihareb', meddai Lewis Morris ar ôl ei dyfynnu. ?Cf. A wise man never wants a weapon. (1736). ODEP.

Ni bydd neb llyfn heb ei anaf. ML i. 129.

Ni cheir mo'r chweg heb y chwerw. ML ii. 158.

chweg = melys.

Ni chytûn hun a haint. ML ii. 149.

Meddai Lewis wrth Richard: 'I am all over shattered, henaint, henaint, a bywyd anhymerus, a pha beth yw henaint ond *hen haint*, ac ni chytûn hun a haint ebr rhywun'.

Ni ddaw ddoe byth yn ôl. ML ii. 56.

Cf. Yesterday will not be called again. (1529). ODEP.

Ni ddwg drain rawnwin. ML i. 401.

Ni ddygymydd ynfyd â'i geiniog. ML ii. 3.

Cf. A fool and his money are soon parted. (1573). ODEP.

Ni fyn ynfyd ddal mo'i gwd. ML ii. 55.

?Anallu i gynilo.

Ni thwyllwyd a rybuddiwyd. ML i. 477.

Cf. Forewarned, forearmed. (a. 1530). ODEP.

Ni wiw cyfri'r cywion cyn eu deor. ML i. 331.

Cf. To count one's chickens before they are hatched. (1575). ODEP.

Nid da rhy o ddim. ML i. 475.

Meddai Lewis wrth William: 'Nid oes ryfedd i chwi fod yn glaf ac yn ffaelio cysgu, a chwithau yn eich lladd eich hun yn palu'r ardd heb fod yn rhaid . . . nid da rhy o ddim'.

Nid mewn diwrnod y gwnaed Rhufain. ML i. 28.

Cf. Rome was not built in a day. (c. 1190). ODEP.

Nid o'r un math o bridd y crewyd ni oll. ML i. 235.

Nid rhaid i ddedwydd ond ei eni, a'i daflu i lwyn o fieri. ML ii. 50.

Lewis at William: 'Dacw Wil Parri o'r Mint yn debyg i gael mynd i'r Exchequer yn swyddog – nid rhaid i ddedwydd ond ei eni, a'i daflu i lwyn o fieri'. Y Wil Parri hwn oedd William Parry (1719-1775), brodor o Fôn ac aelod blaenllaw o'r Cymmrodorion yn Llundain. Canodd Goronwy Owen gywydd adnabyddus iddo yn ei wahodd draw i Northolt lle trigai Goronwy ar y pryd, 'I gael cân (beth diddanach?) / A rhodio gardd y bardd bach'.

O chwerwder daw melystra. ML ii. 203.

O ddilyn hirddrwg y daw mawrddrwg. ML i. 216.

O fôr ac o fynydd da i ddedwydd. ML i. 208.

Dyfeisiodd Lewis Morris sêl iddo'i hun fel Arolygydd Mwyngloddiau'r Brenin yng Ngheredigion, ac anfonodd sgets ohoni i Richard (9 Awst 1752). 'I must tell you', meddai, 'this is a hand holding a pick or pick-axe striking a rock. I fancy those must be my arms when I have occasion for arms, and the motto *O fôr ac o fynydd, da i ddedwydd*'.

Pan fo ingaf gan ddyn, ehangaf fydd gan Dduw. ML i. 404.

Pan laddo Duw y lladd yn drwm. ML ii. 132.

Pawb a ŵyr oddi wrth ei ddolur ei hun. ML i. 365, ii. 277.

Pawb drosto ei hun, a Duw dros y cwbl.

Cf. Every man for himself and God for us all. (c. 1386). ODEP.

Pob peth yn amorth i wan. ML ii. 270.

Amorth = rhwystr, anffawd, aflwydd.

Priodwch eich merch pan alloch, a'ch mab pan fynnoch. ML i. 356.

Cf. Marry your son when you will, your daughter when you can. (1640). ODEP.

Rhaid cropian cyn cerdded. ML ii. 148.

Cf. Reit yw croppian kyn kerddet. W. Salesbury: *Oll Synnwyr Pen.*

Tin ddu medd y frân wrth yr wylan. ML i. 53.

'[P]an fo Dôxi yn edliw bribery a chorypsion i chwi, y byddaf bob amser yn meddwl am yr hen ddihareb, 'Tin ddu medd y frân wrth yr wylan'.

Tynnu llaw hyd ben ci [cian] chwerw. ML i. 365

Meddai Lewis wrth William: 'Dyma Ned Edwards . . . I buy some rum of him . . . some of ye best you ever tasted, and I buy some to make presents of to ye offices – hynny yw, tynnu llaw hyd pen cian chwerw'.

Wedi ei eni dan flaened ddedwydd. ML i. 130.

?A yw hwn yn perthyn i'r Saesneg: Born under a three- halfpenny (threepenny) planet shall never be worth two pence (a groat). (1606). ODEP.

Y gwir ni chywilyddia ei berchen. ML ii. 195.

Y trydydd tro y mae'r goel. ML ii. 209.

Dyfynnodd Richard Morris y ddihareb hon mewn llythyr ym mis Mehefin 1760. Yr enghraifft gynharaf o 'Three times lucky' a roir yn ODEP yw 1862.

Ym mhob crefft y mae cogio. ML i. 171

cogio = twyllo, gwneud dichell.

Yr oen yn dysgu'r ddafad i bori. ML ii. 51, 352.

Dywediadau, Ymadroddion, &c.

Ar flaen tafod.

'Bydded yntau yn ffrind cywir i chwi, nid un ar flaen tafod'.

ML i. 437. Cf. 'o'r dannedd allan'.

Ar gywir dannau.

'Father was surprizingly well yesterday, ar ei gywir dannau fal y dywedynt'. ML ii. 573-574

Baw yn y caws.

'[M]ae'n ddigon tebyg fod tipyn o f[a]w yn y caws, roedd peth dyled ers dyddiau byd arno'. ML i. 308, ii. 449.

Bod mewn llwyn mieri.

'Gobeithio nad oes dim anfodlondeb o'r fath yn eich cynllun chwi 'rawron, pan fo'ch yn dywedyd eich bod mewn llwyn mieri'. ML i. 62.

Bod ond y dyd rhyngddo (â).

Cf, Fynes-Clinton: *The Welsh Vocabulary of the Bangor District*, 110, 'ar dyd', *on the verge of*, 'ar dyd gwneud rhywbeth'.

Bod uwch bawd a sawdl.

'Ni bu uwch bawd na sawdl i un o bobl Drysglwyn er pan fu farw'r hen bobl'. ML i. 307.

Boed aur ar [ei] glog.

'Gwnaed eraill a fynnont. Mr. Pantwn yw'r *primum mobile*, poed aur ar ei glog'. ML ii. 170.

Bid (boed) rhwng y din a'r wialen.

'[N]a soniwch un gair wrtho, na drwg na da. Boed rhwng y din a'r wialen'. ML i. 122. 'Fe ddywaid Dafydd [Dafydd Morgan, un o bartneriaid Lewis yn y diwydiant plwm yng Ngheredigion] mai i ymofyn menyn a chaws Môn y daeth, tebycach mai i ymofyn merch Madog' [sef Lewis, a drigai yn Allt Fadog] . . . Bid rhwng y din a'r wialen'. ML i. 217. 'Fe ddwedir fod ein Fleet . . . yn yr East India gwedi ei dinistrio gan y Ffrancod. Ond beth yw hyn i gyd i ni sydd lawer gradd yn is na'r bobl sydd yn llunio rhyfel a heddwch – boed rhwng y din a'r wialen'. ML i. 332. 'I am informed a few days ago from Cardiganshire [roedd Lewis yn Llundain ar y pryd] that my daughter [Margaret] thinks to cut for herself if she hath not done it already, fell boed rhwng y din a'r wialen'. ML i. 359.

Bwgan lol.

'Unwaith y dychrynodd gwŷdd aradr fo yn erchyll, ac ni ddaeth ato ei hun dan drannoeth a chael gweled wrth liw dydd o ba ddefnydd y gwnaed y bwgan lol'. ML i.235, ii.109.

Bwyta['r] mêl o'r cwch.

'Rydys yma yn bwyta'r mêl o'r cwch . . . heb fawr yn dyfod i mewn'. ML ii. 14. 'Nid oes yma ond bwyta'r mêl o'r cwch, ac nid eill ef ddal allan nemor . . . o amser'. ML ii. 210. 'Nid oes yma ffyrling yn dyfod i mewn, ac ni ddeil y mêl i'w fwyta o'r cwch heb hel dim'. ML ii 216, id. 343.

Cadw'r ddesgl yn wastad.

'[O]nd rhaid i mi gadw'r ddesgl yn wastad, oherwydd mai drwy ei ddwylo y mae fy nghyfrifon yn mynd'. ML i. 436. 'She is affronted with me because I would not let her have the money . . . Anodd dal y ddesgl yn wastad'. ML ii. 282.

Cadw'r gerdd (cadw cerdd, dodi cerdd) yn y god.

'Mae'n rhaid imi ddodi 'ngherdd yn fy nghod bellach, fal y gallwyf lunio llythyr i'r Llywydd'[Richard]. ML i 259. 'Rhaid i mi bellach gadw 'ngherdd yn fy nghod, fal y dywedai'r telynorion a'r crythorion gynt. ML ii. 77, ML ii. 350. Gw. hefyd, 'Rhoi'r gerdd yn y god'.

Cael digon o raff.

'[N]id hwyrach yr ymgryg [ymgroga] rhai ohonynt pe caent digon o raff'. ML i. 467.

Cael (ein) byd wrth ein bodd.

'Ni feddaf nac amser na phwyll i ychwanegu, felly ni fedraf mwy na gobeithio y cewch chwi a minne ein byd wrth ein bodd, ac ymgyfarfod dedwydd'. ML i. 42.

Cael na hun na heddwch.

Dacw Syr T. Prendergast yn dyfod trosodd yfory, ac fe ddywedir mai yna [Llundain – lle oedd Lewis ar y pryd] y daw rhag ei flaen i drin y dreth yng nghylch yr offis o Bostmaster General yr Iwerddon . . . gwae i gantoedd o boblach a berthynant i'r Post Offices! Ni chânt na hun na heddwch bellach, os y fo a fydd feistr'. ML i. 290.

Cael to, gw. Os caiff hi do.

Cannwyll dan lestr.

'Gadewch iddo, mi driniaf y dreth orau gallaf rhag bod y gannwyll yn guddiedig dan lestr'. ML i. 351.

Ceisio dŵr i'r llong.

'[C] eisiwch, f'eneidiau, bawb ddwfr i'w long, gan fod y gelyn ddyn ar eich gwarthaf'. ML ii. 94.

Cipio cipin a chapan.

Yna cipio fy nghipan a'm capan[1] ac i ffwrdd â myfi. ML i. 377, 447, ii. 600.

Codi eithin.

'Mae pobl yn proffwydo mai allan eto bydd y Castell Newydd [Dug Newcastle]. 'Pwy bynnag a fo i mewn neu allan, codi eithin y byddaf i', ebr y Monwas gynt'. ML ii. 44.

Colli sêr y llygaid.

'[N]id hwyrach y dwedwch yn y man na bydd gennych ddim seibiant i ddarllen epistolau eich brawd Gwilym wirion, sydd agos â cholli sêr ei lygaid yn sgrifennu atoch wrth gannwyll'. ML ii. 105.

Côs di fi, mi a gosa innau dithau.

'Gŵr da'r Commisioner am roddi bobl eu haeddiant . . . Ond yn ddistaw bach, nid yw hyn ond castiau mulod. 'Cos di fi, mi a'th gosa inne dithau". ML ii. 41.

Crafu lle bo cosi.

'[O]s oes ceiniog yna i'w sbario, gyrrwch hi gyda Siôn Owen. Rydys yma wedi gwario arian heb na rhi na rheswm, ac eisiau peth i wneud y cyfrif i fyny. Pawb yn crafu lle bo'r cosi'. ML i. 327.

Crefu fel clipan wrth y groes.

'Fe addawsai'r Bennant [Thomas Pennant, hynafieithydd] fy ngollwng i lyfrgell y Llannerch pan fûm yn Nhegeingl, ond ni wnaeth. Gadewch iddo, nid af yno ond hynny am ei waith, er ei fod yn crefu fal clipan[2] wrth y groes, a hynny ers blwyddyn. ML ii. 215.

Cwympo i'r gwellt.

'Ni ches ddim newydd o Allt Fadog ers dyddiau. Disgwyl beunydd fod y chwaer honno wedi cwympo i'r gwellt'[3]. (Cf. dod i'r gwellt, myned i'r gwellt). ML i. 221.

---

1   *bag and baggage.* GPC.
2   crwydryn.
3   rhoi genedigaeth.

Cymryd ci yn erbyn ei glustiau.

'Pan gynta y cenais gywydd i'r wrach[4] ... dyma hi'n neidio o Gybi yma, a bu agos iddi â'm gwenwyno ... I take all the care I can with this machine of mine[ei gorff], and yet some accident happens to it that I don't expect. Who would have expected *y wrach?* Ond dyna geir am ganu heb achos, cymryd ci yn erbyn ei glustiau'. ML i. 468.

Cyn debyced iddo a phe buasai wedi ei boeri ar bared.

'He is a most surprising youth. Doctor Llannerch-medd yn ei nerth. Cyn debyced iddo â phe basai wedi ei boeri ar y pared'. ML ii. 10.

Cyn dewed â mochyn bêr.

'Yr oeddwn i yn tybied im ysbysu i chwi ddyfodiad y mab Rhisierdyn yma i'r byd. Bachgen braf ydyw, cyn dewed â mochyn bêr[5], ac y mae imi obaith y bydd byw ac yntau'n holliach, a magwriaeth dda iddo gartref'. ML ii. 474

Cyn ddioced â'r pathew.

'Dacw'r brawd o Gaerludd [Richard. Caerludd = Llundain] gan ddioced â'r pathew[6], ac ni chlywais oddi wrtho ers llawer dydd'. ML ii. 432.

Cyn llawened â'r gog [ar y gainc].

'Digrif yw'r hen Aldramon sydd yna 'rhyd yr amser. Deg i un na bo cyn llawened â'r gog ar y gainc.. ML i. 401.

Cyn sicred â bod llygoden mewn llong.

'Wfft, a dwbl wfft ... am lygad tynnu pobl. Mae d[iaw]l ynddo cyn sicred â bod llygoden mewn llong'. ML ii. 65.

Cyn siwred â sêl.

'Dynion bydol o'r Tew a chwithau [Lewis a Richard ym marn

---

4 Anhwylder a oedd yn gyffredin yn yr ardal a ffiniai â Chors Fochno yng ngogledd Ceredigion..
5 cigwain, *spit, skewer*
6 *dormouse.*

William], wyrion i'r hen Forys Owain o Fodafon y Glyn bob modfedd. Pe byw a fai yr hen ŵr fe â'm gwadai i cyn siwred â sêl'. ML ii. 296.

Cyn sownded â'r gloch.

[Cafodd William ddamwain i'w goes] 'Y pen isaf i'r asgwrn main a gollodd ei afael, a'r asgwrn hwnnw sy'n achwyn. Ni fu ac nid oes blyg ar y llall, a'r ffêr cyn sownded â'r gloch o'r tu mewn iddi. Mae'r tu arall yn ddu ac yn goch'. ML ii. 304.

Cyn wired â'r pader.

'Anodd i chwi goelio fod cyn wired â'r pader na chefais ers deufis ennyd i sgrifennu atoch gan drwm luddedigaeth beunydd a beunos'. ML ii. 580.

Cyn ystwythed â'r neidr.

'Fe dynnodd y peswch a'i berthnasau fy mloneg i lawr yn rhyfeddol. Rwyn awr gan ystwythed â'r neidr'. ML ii. 47.

Cysgu mewn croen cyfan.

'Dacw lestr arall wedi colli yn rhywle rhwng bar Caer a Hilbree, yn llawn o bassengers . . . onid gwell fyddai i boblach ddyfod ffordd yma na myned i'w dihenydd yn llongau Caer a Nerpwl? Dacw ddrygau ddigon 'r hyd ein glennydd ninnau, ond nid â monwyf fi ar eu cyfyl, mi a gysgaf mewn croen cyfa os gallaf'. ML ii. 102.

Chwarae maes yr iwl ? y riwl.

'[M]i a roddais i ryw gordial iddo [y peswch] ac y mae o'n beth distawach nag y bu, ond eto chwi gewch, gefn y nos fawr, ei glywed yn chware maes yr iwl dros yr holl dŷ. ML ii. 91.

Chwarae'r ffon ddwybig.

'Nid wyf yn hanner leicio Llyw Powys; chware'r ffon ddwybig, rwyn ofni, beth meddwch?'[7] ML i. 482, ii.10.

---

7 William sydd yma yn cyfeirio at Arglwydd Powys wrth Richard. Yr oedd yr Arglwydd yn gryn arwr i Lewis oherwydd ei ddiddordeb – fel Lewis ei hun - yn y diwydiant mwyn plwm.

Chwarae pig.

'Gobeithio na chwery mo'r cna pîg.' ML ii. 573.

Chwarae plant yn y pistyll.

'Dyma finnau agos â'm lladd fy hun yn impio coed, a hau a phlannu, swrn debyg i chwarae plant yn y pistyll'. ML i. 224. 'Dacw fab Lord Lisburne yn sefyll yno [Ceredigion] i fod yn *fember* Parliament yrŵan drwy *interest y government!* Monstrous! Y dyn oedd y dydd arall yn gwneuthur iddynt wario miloedd o bunnau ar y gyfraith, gan daro gyda Phowell a'r Jacobites. Plant yn y pistyll, fe'u gŵyr Duw a dynion hefyd'. ML i. 353. 'Fe gostiodd i mi ddarn o arian i gysuro gwraig Rowland Jones am newydd drwg y prizes cyn y rhyfel. She'll have enough i gyd gwyno efo hi os y Ffreins [Ffrancwyr] a ga eu llongau a'u llwythau yn ôl – chwarae plant yn y pistyll, onidê?' ML i. 452.

Chwarae pricsiwn.

'Chwi welwch yn eglur mai dyn du, dewr yw Gwilym, ac nid un am chwarae pricsiwn[8] yw!' ML ii. 194.

Dim mwy o goel nag ar din dyn bach.

'I had no letters last post from anybody, and write this to no other intent than to carry ye newspaper, ond nid oes mwy o goel ar un ohonynt nag ar din dyn bach – an out of ye way proverbial expression'.[Lewis o Lundain at William]. ML i. 382. 'Told me the other day he was to dine with Brych in town, ond nid oes goel arno mwy nag ar din dyn bach'. ML ii. 288. 'Mae yn ei allu i wneud cymwynas fawr, ac yntau mor agos at ben y ffynnon, ond nid os coel arno mwy nag ar din dyn bach'. ML ii. 589.

Dod i'r gwellt.

'Gobeithio yr ymddŵg y wreigyn etifedd iddo [Thomas Pennant] yng Nghaerlleon Gawr, lle yr erys hyd na ddêl i'r gwellt'.[9] ML i. 432.

---

8 Pricsiwn = cyff gwawd, testun sbort, ffwlbri. GPC.
9 rhoi genedigaeth.

Dod trwy'r afael.

'Gwae fi na na chlywn ei fod wedi dyfod drwy'r afael yn bensych'. ML i. 386.

Dryllio yn bedwar aelod a phen. ML i. 99.

Ymadrodd yn ymwneud â'r gosb eithaf gynt pan ddedfrydyd troseddwr i'w ddienyddio ac yna torri ei ben, a'i gorff yn bedair rhan.

Dyfod haid i gwch.

'Oes, oes, mae imi arall frawd [William am Lewis] nas gwn mwy o'i hanes na'i gyflwr nag y gŵyr Brenin Ffrainc fy hanes innau. Ni chefais lythyr oddi wrtho ers cryn fis . . . E ddaw'r post i mewn yfory, pwy a ŵyr na ddaw haid i gwch?' ML i. 403-404.

Dysgu cropian cyn cerdded.

'Dyma'r bachgen wedi darfod ei dasg, sef ydoedd hwn y gorchwyl cyntaf a wnaeth erioed mewn barddoniaeth Gymraeg. Gwell fasai ganddo gopïo Lladin o lawer byd. Rhaid dysgu cropian cyn cerdded'. ML i. 314.

Er corn ei wddwg.

[Yr oedd William yn poeni am hynt llawysgrif o waith Dafydd ap Gwilym a roesai ar fenthyg i Oronwy Owen]. '[N]i roddaf i byth fenthyg i brydydd ond hynny. Ond na soniwch air wrtho er corn eich gwddwg, rhag iddo ganu dychan imi'. ML i. 351.

Esgid yn gwasgu.

'Fy mrawd Rhisiart . . . Mi wna'n dda y byddwch yn diflasu ar fy llythyr i sydd yn dyfod atoch fal hyn bob post, ond pwy eill help pan fo'r esgid yn gwasgu?' ML i. 431.

Fel robin goch ar y rhew.

'Fe ddaw . . . pan ddelo angen arno, fal robin goch ar y rhew'. ML ii. 497.

Fel llwdn dafad mewn drysi.

'I don't think it worthwhile to give you any account of my affairs here till I am at some certainty, for I am like a llwdn dafad mewn drysi, cant o fieri a gafael yn fy ngwlân'. ML i. 352.

Fel y dywedodd y falwen.

[Lewis at Richard]. 'Annwyl Frawd, Dyma fi newydd ddyfod adref o daith anferth (fel y dywaid y falwen pan aeth hi i'r pen arall i'r ardd). Ym mhle buoch chi, ebr rhywun? Mi fûm yn Llanarth'. ML ii. 392.

Ffagl o wellt pys cric crac yn chwilboeth.

'Nid oes un gŵr pwysig o du'r Trawsgoed ond y Pŵel, a hwnnw nid yw ond fal ffagl o wellt pys cric crac yn chwilboeth'. ML ii. 176.

Ffolog y ffair.

'Mi ddigiais wrth chwaer Iedw gymaint ag i mi basio ei drws ddwywaith yr wythnos ddiwetha heb ei dywyllu, ac ni wnaf y rhawg byd. Ffei, ffolog y ffair'. ML ii. 20.

Ffrindiau o'r dannedd allan.

'Ymadawse â'r Gorbedyn . . . yn ffrindiau mawr o'r dannedd allan. . . . Nid oes dim ymddiried i'r ganfed ran o ddynolryw ysywaeth'. ML. i. 120, 122. Cf. Ar flaen tafod

Gafael yng nghroen bol y byd.

'Dynion dihafarch oedd y clychiaid [clochyddion] gynt, o ba rai yr ym yn deillio. Dynion (chwedl yr hen Owain William, o'r Nant Bychan gerllaw Moelfre, am ei fab Ierwerth) a ymafaelai yng nghroen bol y byd!' ML i. 351, ii. 289.

Giau glas, ebr y frân yn Llanwdden pan fu farw'r ceffyl.

Nid oes dim yn y cyd-destun sy'n awgrymu ystyr y dywediad hwn ML ii. 5.

Gwers y persli.

Yr Esgob [Llanelwy] ar ei ginio . . . a ddywedodd ei fod yn tybio mai gwell a fyddai petai'r iaith Gymraeg wedi ei thynnu o'r gwraidd, etc., a speech worthy of a Welsh bishop! . . . [O]nd beth bynnag, fe ddechreuodd y bardd [William Wynn] gynhyrfu, ac a roes i'r Sgotyn wers y persli. ML i. 237.

Gyrru halen i'r heledd.

'Here are some pellucid lead ores. I don't know whether I sent you some of them before. As for the shells, it is gyrru halen i'r heledd[10], for I dare say you have them all before'. ML ii. 22.

Haeddu pot a chacen.

'Oni haeddai Fferdinand[11] bot a chacen am gystwyo y Ffrancod anffyddlon?' ML ii. 73.

Hau ceirch gwylltion.

'Nid oeddwn i yn cael mo'r amser y pryd hwnnw gan ddilyn oferedd, a hau ceirch gwylltion'. ML ii. 529-530. Cf. *to sow (one's) wild oats.*

Heb na rhi na rheswm.

'Rydys yma wedi gwario arian heb na rhi na rheswm, ac eisiau peth i wneud y cyfrif i fyny'. ML i. 327.

Hogi (hen) dwca rhydlyd ar esgid.

'Mi drwsiais gywydd R. Lloyd . . . ond prin yn y diwedd y talai i'w ddarllen. Nid af i ymhel ag ef yr eildro, oblegid nid yw ond hogi hen dwca rhydlyd ar esgid'. ML ii. 13.

Hwch yn mynd drwy'r siop.

[Poenai William, fel y gwelwyd, am y llawysgrif a alwai yn Delyn Ledr, ei gasgliad helaeth o gywyddau y rhoesai ei benthyg i Oronwy Owen]. 'Wfft, a dwbl wfft, i Oronwy gethin! . . . Ni roddaf fi fyth fenthyg dim i brydydd ond hynny. Hawddamor i Ieuan Fardd Deheubarth [Ieuan Brydydd Hir], os paid yr hwch â myned drwy'r siop ganddo yntau'. ML i. 453.

Hwi gyda'r ci, hai gyda'r geinach.

[Meddai William wrth Richard am rywun a oedd yn gyfarwydd i'r ddau ohonynt]: 'Mi glywais heddiw ei fod wedi dyfod o Gaer i'r

---

10 pwll halen.
11 Ceir y nodyn canlynol gan J.H.Davies ar waelod y tudalen: 'Prince Ferdinand of Brunswick drove the French out of Hanover.'

183

Duwmares [Biwmares]. Os felly, mae rhywun wedi cael y gorau. Fight dog[12], etc., hynny yw: hwi gyda'r ci, hai gyda'r geinach'. ML i. 453.

Lladd dieithr.

[William at Richard pan ofnai fod Lewis wedi ei daflu i garchar yn sgil helynt Esgair-y-mwyn, ac a holai ei hun oni ddylai fynd ar daith i Geredigion]. 'Ond yr oeddwn yn ofni na fedrwn wneuthur iddo fawr ddaioni, ac y tybiai pawb fod ei gyflwr ond odid yn waeth nag ydoedd, ac mae gwell oedd aros gartre i ladd dieithr'. ML i. 224.

Llunio'r gwadn fel bo'r troed.

Gresyndod mawr na fedra'r bardd [?Goronwy Owen] lunio'r gwadn fal y bo'r troed, yna gallai fyw yn hapus ddigon yn y fan honno tra bai yn aros i Bowys drugarhau. ML i. 381.

Llwdn y bendro.

'They say there are two spies taken up a day or two ago, a Scot and a Gwyddel from France, who had draughts of our harbours, etc., and owned we were to be invaded by the French next spring, etc. My head swims like *llwdn y bendro*'. ML ii. 37.

Llyncu carreg halen.

'The man only wanted your own opinion, and has nothing to pay, being always dry. Fe lyncodd garreg halen'. ML ii. 258.

Llyncu llidiart.

'[E]fo'r Gweddi Gyffredin â'r darluniadau y gyrrwch i'r aelodau anghytrig [anhrigiannol, gohebol] eu llyfrau, pe baent yma ni byddwn i hwy nag y bai arall yn llyncu llidiart yn eu hanfon'. ML i. 351.

Llygoden goch. ML i, 128, 284, ii. 409, 489, 555. Awgrymir bod cymeriad dyn yn newid er gwaeth os â llygoden goch (*shrew*) drosto.

---

12 Ai'r ddihareb Saesneg 'Fight dog, fight bear' a oedd ym meddwl William yma? Yn ODEP nodir yr enghraifft ganlynol o honno o 1642: 'You fight according to the old saying, Fight Dog, Fight Bear; that is till one be overcome'.

Mae cares i bawb yn caru.

'Hi ['Mother Benbow'] fyddai yn cael y gair o garu ers talm, a'r ferch nis gadawai iddi. Ond mae cares i bawb yn caru, medd yr hen ddywediad'. ML i. 344.

Mae newid gwaith cystal â gorffwys.

'Fe ddywaid y Cymry fod newid gwaith neu orchwyl cystal â gorffwyso'. ML i. 280. 'Dear Brother. Here yours of ye 16th lies before me. I'm tired with writing accounts, etc., newid gwaith sydd gystal â gorffwyso'. ML i. 361. 'The mind . . . is by long & continual labour jaded, as all animals are, by hard work, and it is necessary to change its bent sometimes, and let it be exercised in a new employment. Our old Britains that made this proverb were not unacquainted with nature: Mae newid gwaith cystal â gorffwyso'. ML (Add) 215.

Magu mân esgyrn.

'My sister in law [Anne, ail wraig Lewis, a fu ar ymweliad â Môn] set out homewards the 10th, and I hope reached Gallt Fadog last night. Hi gadd dywydd go afreolus a hithau debygwn i yn magu mân esgyrn'[13] ML i. 209.

Malu yn y pandy.

'I beg the favour you'll let me know what must be done, and whether you think it worthwhile to look after, ac oni wnewch fe a dynn y boblach yma fy llygaid o'm pen ac a grafant y tyllau. Rhaid iddyn nhw gael malu yn y pandy!' ML ii. 285.

Mêl ar fysedd.

'Mêl ar ei fysedd ef yw'r fath beth'. ML i. 126.

Melltith ei fam.

'[W]e parted seeming friends at present, but he is a melltith ei fam indeed'. ML ii. 165.

---

13 yn feichiog.

Mwy yw'r twrw na'r taro.

'Pocock is a particular friend of Baker, ac fe allai mai mwy yw'r twrw na'r taro gyda phob un ohonynt'. ML i. 378, 'The little box is gone towards Llannerch-y-medd since Monday, I suppose. It was delivered at ye inn (Blossoms Inn) a Saturday. Ond mwy'r twrw na'r taro. Nid oes yno ddim a dâl am ei gario, ond nid oedd yma ddim gwell'. ML i. 458, ii. 49, 290, 448.

Mynd adref â'i fys yn ei geg.

'Dyma'r Arglwydd [Powys] wedi ysgrifennu ataf fod popeth yn mynd ymlaen o'r gorau, and I find Smedley came to town [Ysgrifennai Lewis at William o Lundain] a few days ago by ye direction of D[iaw]l y Drysorfa, dyn cethin, a elwir Tingaled alias Hard din ge, gŵr poeth iawn yn erbyn ein pobl ni. Ond fal y mynnodd Duw, dacw fo'n (Smedley) mynd adre' â'i fys yn ei geg, ac yn dywedyd na wnaed ffŵl o neb cymaint ag efe'. ML i. 427.

Mynd dros [ben] y llestri.

'Diolch yn fawr am y ddau ffranc[14]. Roedd yma eu heisiau yn fawr – aml gorysbondyn yn gofyn. Mi dawaf â'm lol heno obleit fy mod wedi myned tros y llestri'. ML ii. 276.

Mynd i din y cwd.

'Let us make much of it, not one of them [y ddaear a phlanedau eraill] will stand still to let us trifle and loiter, therefore you should never drop your pen but to eat and drink and sleep a little, and you [William] (I suppose) no more than myself [Lewis] are fit for no other labour but writing. Cynilo yw hyn wedi mynd i din y cwd'. ML i. 438.

Mynd yn wysg ei din.

'Mae'r byd yn mynd yn wysg ei din yn y fangre yma [Caergybi]. Ni welwyd mo'r fath farweidd-dra yn oes neb sy'n fyw heddiw'. ML i. 104.

---

14 Cyn dyddiau stampiau defnyddid ffranc(iau) sef 'Llythyr neu amlenni yn dwyn llofnod person (e.e. aelod seneddol) a chanddo'r hawl gynt i anfon llythyrau'n ddi-dâl'. GPC.

Myned i'r glwyd.

'Dyma hi yn bryd myned i'r glwyd[15], felly nos dawch heno'.
ML i. 442.

Myned i'r gwellt.

'Mae'r wraig eiddof i [gwraig William] a'r chwaer Elin, yn disgwyl
beunydd fyned i'r gwellt. Roedd pob un ohonynt yn tybied y base
pob peth drosodd cyn hyn, ond nid felly y digwyddodd'. ML i. 124.
'[M]ae'r Tal [Richard Morris, Mathafarn, mab yng nghyfraith
Lewis] yn disgwyl y wraig fyned i'r gwellt yn o fuan. Rwyn tybio
fod yno chwemab eisoes'. (Cf. cwympo i'r gwellt). ML ii. 391, 430.

Ni waeth petai ei ddwy glust yn clywed.

'Pam i Ifan Wilym ei enwi ei hun yr undydd â Siôn Fardd? Nid yw
deilwng i ddal cannwyll frwyn i Siôn. Ni waeth gennyf fi pe bai ei
ddwy glust yn clywed'. ML ii. 99.

Ni wyddai na'r ci na'r gath.

'Trannoeth neu dradwy dyma gomisiwn Lieutenant General yn
dyfod i law Mr. Brown, ac ni wyddai na'r ci na'r gath o ble daeth
ef. Ac o hynny allan, meddan nhwy, fe fu'n dad i holl blant y
frenhines, ac aeth i ymladd drosti hi a'i phlant'. ML i. 488.

Ni wŷs yr hwch lawn mo wich y wag,

H.y. nid yw'r porthiannus yn ymwybodol o angen y newynog. ML
(Add) 325. L – Dafydd Jones o Drefriw. 14 Hydref 1757.

Nid da calon Sais wrth Gymro. Calon Sais wrth Gymro.

'Dyna fal y gwelais i fy meistred i erioed . . . Rwyn ffyddlon gredu
nad oes dan haul ddynion dylach yn ceisio trin materion mawrion
. . . Ond y peth gwaetha' sy'n perthyn iddynt yw eu cybydd-dod,
a'i drwg natur ffals. Calon Sais wrth Gymro'. ML i. 383. [Lewis yn
Llundain]. 'Duw wnêl i minnau gael dianc yno[i Gymru], oblegid
nid da calon Sais wrth Gymro, chwedl yr hen ddyn'. ML i. 471,
'The wonders of Anglesey I happened to copy out of ye Hengwrt

---

15 'pren neu drawst y saif aderyn arno, esgynbren'. GPC.

MS which Gale hath omitted with several other things, which was a rougish way of dealing with an ancient author – calon y Sais wrth Gymro'. ML i. 481.

O bant i bentan.

'Rwyn deall wrth y brawd Llewelyn [Lewis] ddarfod i'r Gorbedyn wneuthur cast cna ag ef. Fe fydd yna o hyn i'r Nadolig, yna cewch glywed yr hanes o bant i bentan'. ML i. 122. 'Pwy oedd yma 'r dydd arall ond yr Aldormon Prisiart o . . . Nerpwl . . . Darfu inni ddwndrio llawer o bant i bentan dros gryn bedair awr ar hugain. ML i. 181, 275, ii. 91, 112, 600.

O dwll ac o drafais[16]

'[C]ymaint o waith . . . Dafydd ap Gwilym ag a fedrwn ddyfod o hyd iddynt o dwll ac o drafais'. ML i. 43, '[D]yma fi yn mynd i wario ceiniog ar y Mr. William [Lewis am William] er mwyn dywedyd iddo fod y gair yn danlliw hyd y dref [Llundain] fod Brenin Prwsia wedi curo ei elynion o dwll ac o drafais, a'u gwylltio fal haid o gwningod ymaith ar ffo'. ML ii. 46.

Os caiff hi do.

'Er y darfu i mi ddoe neu echdoe anfon yna lostruddyn[17] cyhyd a'm braich, rŵan amdani hi os ca hi do, chwedl y chwarewyr'. ML ii. 40. Yr awron amdani hi, os caiff hi do (chwedl y chwaraeyddion tennis'.) ML ii. 67

Gw. hefyd 'rhoi ar do'.

Pryf yng nghynffon (rhywun).

'Ydyw, ydyw, y mae'r pryf yng nghynffon Marged [un o ferched Lewis o'i briodas gyntaf], ac nid tad na thaid, chwedl chwithau, a eill ei dynnu allan'. ML i. 393, 'Da fuasai gennyf gaffael gronyn o hanes y llanc a'r pryf yn ei gynffon, fal y gallswn ei ddodi i'w hen feistr sydd yn ewyllysio'n dda iddo'. ML ii. 559.

---

16 ffenestr hirgul, awyrdwll. GPC.
17 rhywbeth hir, GPC. Yma llythyr hir.

Prisio drain crin.

'Ond nid oes dim cyfiawnder i'w gael, ac nid ydyw'r mawrion yn prisio mo'u haddewid ddrain crin'. ML i. 250.

Pwy sydd iâr a phwy sydd geiliog.

'Gadewch glywed pa sut a fu rhyngoch â'r Iarll . . . a phwy sydd iâr a phwy sydd geiliog ymhlith y mawrion yna [yn Llundain]'. ML i. 282, 'Fe ryngodd bodd i'r Pendefig hawddgar [William Vaughan] ddyfod i'm hymweled, a thario a wnaeth efo mi bumnos i fwyta, i yfed, i ymresymu ac i ymbyncio. Ac yn y diwedd nid oedd wybod pwy oedd iâr na phwy oedd geiliog!' ML i. 294, 382.

Rhan y gwas o gig yr iâr.

'[N]i ches i ond megis *rhan y gwas o gig yr iâr* er maint fy nhrafferth'. ML i. 139. 401. 'Mi a'ch gwelaf yn achwyn ar bris yr enllyn. Mae yma yn ddrutach nag y gwelais i erioed, ond pam rhaid i chwi [Richard] mo'r cwyno – onid yna y mae holl arian y deyrnas yn cronni? Nid y'm ni ffordd yma [Môn] yn cael ohonynt ond rhan y gwas o gig yr iâr'. ML ii. 585.

Rhannu rhwng y bol a'r cefn.

'Mi ddywedais i chwi (mae'n debyg) fod Goronwy [Owen] yn giwrad Northolt . . . Duw a'i helpo, dynan trwstan, difeddwl ydyw. He hath no manner of economy no more than his wife . . . Mi ollyngais fy nhafod arno fo yn dda ddoe ddiwethaf, ond ni choeliai y gwiw. Ni ŵyr o amcan pa fodd i rannu rhwng y bol a'r cefn. To be sure it is a great art which everybody ought to learn'. ML i. 363.

Rhawn gwynion yn ei [fwng a'i] gynffon.

'Ni bydd un amser ddim cyfeillach rhyngwyf i â Dafis. Mae gormod o rawn gwynion yn ei gynffon'. ML i. 92. 'Ai gwir oedd iddo [Ieuan Brydydd Hir] gymeryd y llyfrau a addawsai yn llaw'r Llywydd Mynglwyd [Richard] ymaith heb yn wybod iddo, a dlêd heb ei thalu? Atebwch hyn hefyd. Os oes rhawn gwynion yn ei fwng a'i gynffon, ni bydd i Wilym a wnelo ag efô'. ML ii. 84. 'Na ymddiriedwch ormodd i'r cyhoeddwr, e ddywaid brain fod rhawn gwynion yn ei gynffon'. ML ii. 517.

Rhedeg pen yn erbyn y pared.

'I write this . . . with the sad news of the defeat of our silly people in America . . . The Duke of Marlborough would not have been catched in such a net, nor any solid man. Ond gŵr poeth oedd y *Bradog* a roes Wiliam, mab Siors, i mewn, a phawb yn dwedyd mai rhedeg ei ben yn erbyn pared a wnâi ef'. ML i. 373.

Rhegen yn y rhych.

'Nid oes mo'r wythnos er pan fu'r Coch o'r Foel[18] yma – ddiwrnod a noswaith yn ymryson doethineb â myfi. Fe droes yr awen heibio, yr oedd hi wedi myned yn rhydlyd, ac yn awr achwr ydyw . . . Ni thaw mwy na'r rhegen yn y rhych ond sôn amdanoch bob amser. ML ii. 263.

Rhoi (hi) (pêl) ar do.

'Annwyl Frawd, Gan fyned o'm llythyr diwaetha i yng ngwrthwyneb yr eiddoch o Ddydd Nadolig, rhaid i mi ei rhoddi ar do nesaf, yn ôl cwrs natur'. ML i. 218. '[H]e's [William Owen, brawd John, nai'r Morrisiaid, mab eu chwaer, Elin] a stouter, stronger made lad than his brother John. Perhaps, after he has been awhile aboard, some of you may do something for him. Dyma fi wedi rhoddi hi ar do. Chwarewch chwitha". ML i. 231. 'Ie, ie, 'mrawd Rhisiart, peth digon anghysurus yw dwyn ar gof yr anhwsmonaeth a wnaethom o ddyddiau ein hieuenctid. Pa beth na roddem er cael ei rhoi ar do unwaith eto? Ond och druain gwŷr, nid ellir galw doe yn ôl'. ML i. 243, ML i. 285 'Dacw'r haul yn tywynnu, rhaid ei rhoddi ar do unwaith eto, oherwydd fod llawer o waith ar yr ôl, a hi a fydd yn ddyddiau C'lanmai ar fyr'. ML i. 466-467, ii. 20. 'Ond cyn im ei rhoddi ar do, gweddus fai caffael gafael ar yr epistol hwnnw. Wrth hir chwilio a dyludo mi ges i hyd iddo. ML ii. 68. 'Wele hai, ni chefais na'm cof na'm cyfrif gan beswch, y vertigo, dallineb, y fygfa a llawer o flinderau eraill, i roi pin ar bapur i ateb eich llythyr Dygwyl Iago, ond dyma bêl ar do unwaith [eto] doed a ddelo'. ML ii. 197. ML ii. 385. 'Wawch, y

---

18 Hugh Hughes, y Bardd Coch. Cyfaill a chyd-oeswr â'r Morrisiaid.

dydd arall ces lythyr mwyn, mwyn, oddi wrth y Deon Tucker, a moesogrwydd i wrth y Mr. Nugent fawr anferth . . . [E]isiau cymorth sydd ar y ddau ddyn. A gewch chwi? Ebai finnau. Cewch yn sicr o wyllys gwaed calon. A dacw fi wedi rhoddi'r bêl ar do, deued a fynno. Nid oes neb a ŵyr ble y cyfyd ffrind'. ML ii. 509.

Gw. hefyd, 'Os caiff hi do'.

Rhoi brwynen o'r morfa.

'[N]i roddwn i frwynen o'r morfa am lonaid sgubor o'r fath ffardial[19] ffiaidd'. ML ii. 84.

Rhoi bys yn y brywes.

'Gwych oedd gennyf weled enw [Arglwydd] Powys ar gefn eich llythyr. Rwyn mawr obeithio . . .y bydd i'r pendefig hwnnw gael rhoddi bys yn y brywes, sef brywes yr Esgair' [Esgair y Mwyn, ger Ffair Rhos, Ceredigion, lle oedd gan Lewis ran mewn gwaith mwyn plwm]. ML i. 293.

Rhoi carreg ar y goelcerth (ffagl).

[Ar ôl cyfeirio at rai troeon anffodus yn hanes Lewis, meddai William wrth Richard]: 'Duw Goruchaf â'n diddano i gyd. Mae'n debyg y bydd cyn i nemawr o ddyddiau fyned heibio, i rywun fod mor drwyadl â dywedyd i'r hen ŵr ein tad. Rhaid a myned ffordd honno gynta gellir i roddi carreg ar ffagl'. ML i. 406. ML ii. 169

Cf. Taflu carreg i'r goelcerth.

Rhoi cennad i dorri clust.

'[M]arw a wnaeth gŵr gwraig y Doctor (Bifans gynt) a gwraig gŵr . . . gwraig Cigwm. Mi rof gennad i dorri 'nghlust oni phrioda fo ryw hurthgen a'i handwya'. ML ii. 446.

Rhoi cennad i grogi.

'I am afraid his Excellency [Cardinal Castleton] is affronted. I happened to meet him at the election, as I told you, but the same instant met . . .all my old friends, etc., and it seems I did not pay

---

19 pobl ddiffaith.

that deference to him as he perhaps thought due to so eminent a person . . . Mi rof gennad i'm crogi ond dyna'r achos, wfft i'r bobl fawrion yma!' ML i. 292.

Rhoi cwlwm ar y cwd.

[Lewis ar ddiwedd llythyr atWilliam] 'Dyma'r wreigyn yn cychwyn tua'r dref, rhaid rhoi cwlwm ar y cwd'. ML ii. 308.

Rhoi mewn llygad.

'Nid oes yma a roech chi yn eich llygad o newydd yn y byd'. ML i. 176, 421.

Rhoi pawl yn llawr.

'Ond fe ddigwyddodd i Wilym druan roddi ei bawl yn llawr mewn congl anghysbell, lle nad oes ond y tlodi bwygilydd'. ML i. 324.

Rhoi'r bys yn y bastai.

'Gobeithio y bydd i'r [Arglwydd] Bowys gael rhoddi bys yn y bastai, ac yna nhwy allant reoli'r Ceredigioniaid'. ML i. 291. [William am ddiffyg gwybodaeth Lundeinig gan Richard] 'Pam waeth dwndrio am fara a chwrw, na dadwrdd ynghylch rhyfel a heddwch, a pham waeth fod heb frawd am y drws â'r llys, onibai iddo anfon ychydigyn o ddirgel newydd weithiau ac yntau a'i fys yn y bastai?' ML ii. 520

Cf. Chwarae'r bys yn y bastai.

Rhoi'r gerdd yn y god.

'Mae'n rhaid i mi roddi 'ngherdd yn fy nghod heno, felly nos dawch'. ML i. 123. 'Mi wranta eich bod wedi blino wrth ddarllen gwansens, felly o wir resyndod drosoch, mi a roddaf fy ngherdd yn fy nghod'. ML i. 139. 'Nis gwn i yn iawn eto pa orau ganddoch pan foch wedi cadw noswyl, a rhoddi eich cerdd yn eich cod, gael ryw rigwm fal hyn i'ch difyrru, yntau cael llonydd i'ch ymennydd'. ML i. 197, 237. 'Mae'n bryd i mi bellach roddi fy ngherdd yn fy nghod, chwedl y crythorion gynt'. ML i. 252, ii. 77, ML (Add) 347.

Sengi fel iâr ar farmor.

[William ar ôl damwain i'w goes]. 'Gwybyddwch fy mod yn dechrau myned i'r ardd i weled fy nghweithwyr, ond yn bur gloff er hynny. Sengi mal iâr 'r hyd marwor'. ML ii. 306.

Sicr y sathr hen geiliog.

'Gwrda'r Bellis o Nutfield am feddwl am . . . yn ei henaint. Sicr y sathr hen geiliog'. ML ii. 411.

Symud pawl tid.

'Gadael gair allan a wneis wrth sgrifennu ynghylch Goronwy. Mae'r gŵr byth yn Walton, ac yno bydd hyd na symud y Bowys [Arglwydd Powys] bawl ei did ef'.[20] ML i 301.

Symud post gwely.

'Mae'n dra drwg gennyf fod 'y nhad yn symud post ei wely cyn hwyred, ac i fangre mor anghynnes' [Llannerch-y-medd]. ML ii. 374.

Taflu carreg i goelcerth.

'Gwyn ei fyd a fedrai daflu carreg i'r goelcaith [sic]. I don't know but I may'. ML ii. 57.

Cf. 'Rhoi carreg ar y goelcerth'.

Talu corn ei wddwg.

'Dyma'r Bennant wirion [Thomas Pennant, naturiaethwr] yn sâl, ac yn mynd heddiw i Richmond i gael iechyd, ac . . . wedi dwyn oddi arnaf gymaint o fwyn gwych ag a dalai corn ei wddwg'. ML i. 338.

Tân Brenin.

'Rydwyf agos â llewygu gan annwyd er bod eirias o dân brenin wrth fy nghlun'. ML i. 221.

Taro pawl yn y llawr.

'[M]arw'r dydd arall a wnaeth person Abergwyngregyn yn Arfon,

---

[20] polyn ei gadwyn, sef yr amgylchiadau sy'n ei gadw lle mae.

a living in the gift of the Baron Hill family, ac y mae'n debyg y bydd cynnwrf a symudiadau ymhlith yr offeriadau, ciwradiaid . . . etc., ac feallai y ca Oronwy siawns o daro ei bawl yn y llawr yn eu plith'. ML i. 221.

Taro talcen wrth.

'I am glad Dick Morris comes to Bodorgan, though I know him not pe trawn fy nhalcen wrtho'. ML i. 72.

Taro tin wrth y nenbren.

'Wrth sôn am y Navy Offis, digwyddodd iddo ddywedyd fal y basai raid dwrdio a tharo ei d[i]n wrth y nenbren o achos rhyw gyfrifon'. ML i. 250. 'Os bu eich brawd yn anrhresymol . . . nid oedd hynny achlysur yn y byd i chwi daro'ch tin wrth y nenbren, chwedl yr hen Wen Droed Lewt'. ML i. 307.

Tirio mal twrch daear o flaen glaw.

'Croeso i'r heddwch fal y galloch gael gwerthu'r mwyn. Ceisiwch dirio mal twrch daear o flaen glaw, a mynnwch ddogn o gyfoeth. Dyma'r amser'. ML ii. 530.

Torri'r edau.

'Mae'r tywydd mor brydferth nad oes gennyf mo'r amynedd i eiste yn y tŷ, felly mae'n rhaid i mi dorri'r edau. Anerchwch fi yn garedigol at y brawd a'i gywely, a phawb o'r ffyddloniaid'. ML ii. 90.

Torri tipyn o dan yr ewin.

'Dyma'r cefnder Rhobat . . . newydd briodi rhyw wraig weddw rhwydd oludog. Dynan go chwannog i'r breci[21]. Yr oedd yn amaeth aradr ym Modeon ers llawer blwyddyn, a chwedi tyrru tipyn dan ei ewin. ML i. 265.

Trin y dreth.

'Mae hon yn lodes rhwydd dda, ond nis gwn i pa sut a fydd i'r llall drin y dreth. Un bengaled ydyw'. [William am ferched Lewis o'i briodas gyntaf]. ML i. 165, '[D]acw Syr T. Prendergast yn dyfod

---

[21] cwrw newydd heb eplesu.

trosodd yfory, ac fe ddywedir mai yna [Llundain] y daw rhag ei flaen i drin y dreth ynghylch yr offis o Bostmaster General yr Iwerddon'. ML i. 290, 439. 'Dyna certificate i chwi yn ôl, ac order dan law'r hen ddynan i chwi dderbyn yr arian. Gwrthun y triniasant y dreth wrth ei seinio, mal y gwelwch'. ML ii. 105. 'Felly mae Marged Morris [merch Lewis o'i briodas gyntaf], meddwch, wedi myned ar ddigrain[22]. Dyna fel y mae nhwy'r merchetos yn trin y dreth gan mwyaf'. ML ii 108. 'Beth a fyddai imi gadw noswyl bellach? Mae'r llygad yn serennu wedi bod yn edrych dros y seiniau ac yn sgrifennu hwn, a'r cwbl wrth gannwyll. Rhaid cael ysbectol os trinir y dreth y modd hwn'. ML ii. 186.

Troi yn y cogwrn.

'[G]ŵr mwyn, mwyn, hyd na chadd wybod pob dirgelwch, ac yno troi yn y cogwrn'.[23] ML i. 404.

Tyngu â llaw ar lyfr.

'Mi a dyngaf fi â'm llaw ar lyfr, nad y fo ei hun a wnaeth y peth'. ML i. 407.

Tyngu i'r cyrs ac i'r coed.

'Ces lythyr dydd arall oddi wrth Oronwy. Ni chaed byth ddaioni o'r dyn hwnnw er pan ddaeth o swydd Amwythig . . .[H]e was made to believe that Aberffraw was his, though without foundation, and Mr Fychan o'r Gors [William Vaughan, Corsygedol], yntau wedi bod yno'r dydd arall, a chwedi tyngu i'r cyrs ac i'r coed na cheiff mo'r aros yno (Walton) flwyddyn, felly lle da disgwyl na chywydd nac awdl'. ML i. 249. ' Mi yrrais i'r Llew [Lewis] y dyddiau diwetha affidavits deg o wŷr cymeradwy . . . a phawb yn tyngu i'r cyrs ac i'r coed nad oedd gonestach, cywreiniach, diwydiach, cyfoethocach, synwyrolach, a gwell ei eirda nag e oddi yma hyd yna'. ML i. 272, 284. 'Mae 'nhad yn tyngu i'r cyrs ac i'r coed nad oes un sillaf o wir yn y chwedlau rheini ynghylch priodi . . . Na ato Duw chwedl amgen, meddwn

---

22 disberod, cyfeiliorn.
23 newid ei feddwl. GPC..

ninnau'. ML i. 287, 401. 'Wele, hai, dyma ein hewythr cwsg wedi dyfod ar fy ngwartha yn ddiswta[24], ac y mae'n tyngu i'r cyrs ac i'r coed y bydd raid i mi adael heibio. Ni chymer mo'i naca, felly nosdawch'. ML ii. 72, 275. '[D]yma iarll o Sgotland yn tyngu i'r cyrs ac i'r coed na thâl o ffyrling am na cherbyd na dim arall, ffei arno'. ML ii. 413.

Tynnu'r ewinedd o'r blew.

'Will not you publish some pieces of Gronwy, etc.? I am afraid you'll have but a poor stock. Mae'n rhaid . . . tynnu'r ewinedd o'r blew, os felly mae'. ML ii. 152.

Un â blew arno.

'[T]hat damned rogue John Williams . . . not content with robbing foolish Vaughan of Hengwrt . . . has sworn in ye Commons that he built Vaughan's pleasure boat at the expense of £600 odd, and that she is his property, and accordingly there is an order gone down to seize her at Milford (I am told) for the right owner! Dyna i chwi ddyn â blew arno!' ML ii. 124.

Y dall yn tywys y dall.

'Da iawn fyddai gennyf pe bai yn fy mhower wneuthur i chwi gymwynas, ond ail yw'r mater hwnnw i'r dall yn ceisio tywyso'r dall'. ML i. 94-95.

Y trecha treisied a'r gwannaf gwaedded.

'[D]acw'r hen William Llwyd, o Dresgawen, wedi cael ei droi allan o'i le neu ei swydd o fod yn *footman* yng Nghaernarfon . . . *[H]is case is a very cruel one, mae'r byd fal cynt, nid oes ond y trecha treisied a'r gwannaf gwaedded.* Nawdd Duw rhag meibion dynion'. ML i. 139.

Yn amod ei grogi.

'Wrth sôn am gyflogau llongwyr, ni wn i pe bai yn amod fy nghrogi a ddarfu i'm sgrifennu at y brawd ynghylch cyflog y Caplan Ieuan'. ML ii. 96-97.

---

24 sydyn, disyfyd, disymwth.

Yr hwch yn mynd drwy'r siop.

'Hawddamor i Ieuan Fardd Deheubarth [Ieuan Brydydd Hir], os paid yr hwch â myned drwy'r siop ganddo yntau.' ML i. 453. Cf. 'Gwylied y siop rhag yr hwch'. ML ii. 581.

Yr iâr nesa i'r ceiliog.

'Arglwydd Powys yn dyfod i'm llety yfory neu drennydd i gonsidrio materion, ond nid yw'r iâr nesa i'r ceiliog i wybod dirgelion o'r fath hyn'. ML i. 450.

Ebychiadau, &c.

Afrwydd-deb cathod Bangor (iddo). Rhwydd-deb cathod Bangor (iddo).

William sy'n defnyddio'r ymadrodd hwn. 'O Garn L!eidr!', meddai am rywun a oedd wedi ei wylltio, '. . . Afrwydd-deb cathod Bangor iddo, ac i bob gŵr o'i fath'. ML i. 101, ii. 595.

Cebystyr i.

'Cebystr i'r blewyn', meddai William mewn cromfachau ar ganol brawddeg pan lynodd blewyn wrth flaen ei ysgrifbin. Defnyddid 'cebystr' i olygu 'rhaff i grogi dyn neu greadur wrthi'. GPC. ML i. 107, ii. 186.

Codi sawdl i erbyn.

'[N]id gweddus sorri wrth y cyfryw am faw beth, a chodi sawdl i'w erbyn'. ML i. 396. W – R. 21 Rhagfyr 1755.

Corff crwst!

Lleddfiad o bosibl ar 'Corff Crist!' 'Corff crwst, dyma lythyr oddi wrth Owain y Garddwr . . . a hanes gerddi a llysiau a hadau, etc.'. ML i. 189. Gw. hefyd 'Gwaed crwst.

Corff yr wmbal!

'Corff yr wmbal! Bu agos im ag anghofio.' ML ii. 94.

Drain yng nghap.

Dymuno'n ddrwg a wneid wrth ddefnyddio'r ebychiad hwn. 'Drain yng nghap pob chwiw leidr'. ML ii. 75, 408.

Duw gatwo'r marc!

"Duw gatwo'r marc!', ebr finneu. It was a very narrow escape'.

Ffei o'r sud (sut), Och o'r sut (sud).

Ebychiad yn mynegi siom neu ychydig gerydd gan amlaf. 'Dacw sgêm y Bennant [Thomas Pennant] wedi myned i'r gwellt ysywaeth wedi'r holl fwstwr. Ffei o'r sud!' ML ii. 173, 203, 430, 460, 465.

Genau brych!

'Genau brych! Mi welais yn y papur newydd heddiw fod i chwi Gontroler newydd'. ML i. 386

Gwae finnau fyth!

'Gwae finne fyth! Captain Edwards's merchants give me a very disagreeable account of his proceedings, having stayed with the ship at Boston four months doing nothing'. ML ii. 108.

Gwae fy nghadach!

'Gwae fy nghadach, mi sgrifennais at 'y mrawd arall i erchi iddo gymorth ryw bechadur o ddyn'. ML i. 357. 'Gwae fy nghadach am na bai lonaid noe fawr o'r mefus yma ar fwrdd y Llywydd Llwyd [Richard Morris]'. ML ii. 70.

Gwae fy nghalon!

'Gwae fy nghalon, 'mrawd annwyl, pa beth a wnawn? Dyma un [henaint] a berthyn yn agos i chwi a minnau . . . am gael aros gyda mi yn wastadol'. ML ii. 194.

Gwaed crwst!

Lleddfiad o bosib ar 'Gwaed Crist' 'Gwaed crwst, pa beth a wneir os cychwynnodd y bocsys?' ML i. 60, 191, 377, 401. Gw. hefyd 'Corff Crwst'.

Gwaed gwreinyn glas!

'gwreinyn' = unigol 'gwraint', sef pryfed diarhebol o fach . . . sy'n tyllu dan groen y llaw gan beri cosi ac ymgrafu. GPC. 'Gwaed gwreinyn glas! Dyma Mr. Ellis wedi rhoi allan bwmp o lyfr Cymraeg yn erbyn y Methodistiaid'. ML i. 100, 190, 377.

Gwaed hwch!

'Gwaed hwch! Ymhle mae llyfr Richards? Mae'r bobl ymron tynnu fy llygaid am naill ai arian ai llyfrau'. ML i. 207. Gweler hefyd 'Gwaed yr hwch goch!'.

Gwaed swllt!

'Gwaed swllt! Dyma'r Berson Ellis wedi cael llonaid cist o'ch Beiblau . . . a dyma finnau wedi prynu un ohonynt'. ML i. 134, 260, 367, 387, 393, 396, 401, ii. 84, 96, 98, 159, 169.

Gwaed y ditw las!

'Gwaed y ditw las! Ai yna mae fy hen feistr?'. ML i. 396.

Gwaed yr hwch goch!

'Gwaed yr hwch goch, dyma'r Sampier wedi dyfod yn ei hôl o'r Werddon, y tair llong bost wedi eu gyrru i'r Skerries'. ML i. 397. Gw. hefyd 'Gwaed hwch!'.

Melltith ei fam (iddo),

'Y Pretender ynteu, melltith ei fam iddo . . . wedi mynd â hynny o *fusnes* oedd yma i'w ganlyn i Sgotland neu rywle'. ML i. 91.

Melltith eu neiniau.

'Melltith eu neiniau i'r hen wrachod gwrthunion rheini r'ych yn sôn amdanynt'. ML i. 190.

Nad elwyf byth i geibio.

'Nad elwyf byth i geibio onid oedd well gennyf ei gael [William am lythyr gan Richard] na phe rhoesai rhywun imi lonaid fy het o aur melyn'. ML i. 394.

Och hôn, Och hôn.

Ai'r gair Gwyddelig *ochón* yn mynegi gofid neu gwynfan sydd
yma, un y byddai William yng Nghaergybi yn gyfarwydd ag ef ac
yn ei glywed o bosib yn rheolaidd? Anodd gwybod beth yw ei rym
yn y dyfyniad hwn ar ddechrau llythyr gan William at ei nai John
Owen: 'Fy nai Ioan, och hôn, och hôn', gan nad oes dim gofidus
ganddo i'w fynegi. Yn yr ail enghraifft o'r ymadrodd – eto gan
William, ond y tro hwn at Richard – ymddengys mai ychydig o
smaldod sydd yma. Meddai William: 'Ni wn i a ddywedais i chwi
that I had sent . . . for you a small hone of the Nant Ffrancon
stone. O'hôn, o'hôn'. ML ii. 72, 182.

Och (y) fi, ha ŵr fab!

'Och y fi, ha ŵr fab, dyma'r Doctor Bellis wirion yn mynd heddi i'r
Iwerddon i chwilio am iechyd'. ML i. 230, 232, 279, 288, 366, ii. 481.

Och yn ei swch!

'Och yn ei swch am fod yn wradwydd i'w gyfeillion!'. [William am
Ieuan Brydydd Hir yn ei fedd-dod] ML ii.259, 309, 345, 443, 481,
533.

Och yn eu calonnau!

'Prin y mae nerth ynddynt i fwrw ŵyn. A chwiwgwn o gymdogion
yn gyrru cŵn arnynt. Och yn eu calonnau'. ML ii. 178.

Och yn eu perfeddau.

'[Y] mileiniaid a yfodd fy . . . rym i gyd . . . och yn eu perfeddau,
a'm ceg innau'n sychu y dydd heddiw o'r achos. ML ii. 325.

Och yn nhrwyn.

'Och yn nhrwyn pob menyw ddiddaioni'. ML ii. 395.

Wala hai, Wele hai.

Meddai Lewis mewn llythyr at Richard (24 Chwefror 1760):
'Ceisio cynilo'r papur i gael dywedyd i chwi pa beth yw *wele hai*.
It is a word of vast use and consequence in this country
[Cerdigion]. ML ii. 179. Hefyd ML ii. 72, 74, 188 (detholiad).

Wawch a wi!

Yr oedd William wedi derbyn darn annisgwyl o farddoniaeth gan ei nai John Owen, a digwydd yr ebychiad hwn ar ddechrau llythyr gan yr ewythr: 'Ioan fy nai. Bardd difai, ail i Walchmai – Wawch a wi! Ai yn fardd y troesoch?' ML ii. 75.

Wawch fawr anferth (anfeidrol)!

'Wawch fawr anferth! Dyma fi yr wythnos yma wedi caffael two cargoes of North American seeds – one from my correspondent in New York, the other from an unknown curious person in London for whom I had collected most of the home seeds of this Isle' [William]. ML ii. 349, 450.

Wawch! Na bo 'mond ei grybwyll !

'Wawch! Na bo mond ei grybwyll, dyma'r newydd fod mab ac aer yng Ngallt Fadog'. ML i 158.

Wfft, a dwbl wff!.

'Wfft, a dwbl wfft iddi hi genawes!' [y frech wen]. ML i. 218. 'Wfft, a dwbl wfft, i'r gweryn[25] rheini sydd yn magu rhwng eich ysgwyddau!' ML ii. 171.

Y tân a losgo.

'Y tân a losgo yr Arglwydd Cathcart. Fe'n rhoes ni bod o un allan o'n cyfleustra'. ML i. 42.

Yng nghrog y bo'r ci.

'Bendith yr Arglwydd i chwi am eich llythyr o'r 6ed . . . yng nghrog y bo'r ci onid oeddwn yn dra anesmwyth'. ML i 394.

Ymhell y bwyf!

'Rwyn cofio eich bod o'r blaen yn dywedyd mai dyn balch, morose, etc., o'r Capten Weller. Ymhell y bwyf, rwyn meddwl ei fod yn cael cam'. ML i. 235. 'Ymhell y bwyf os gwn i, pa beth i yrru i chwi a fai deilwng i'w argraffu'. ML i. 258, 344.

---

25 gweryd, 'warble fly'

Yn boeth y bo!

'Yn boeth y bo'r holl sampier[26]. Pe buasai wedi cael siwgiaid ohonynt i'm brawd Rhisiart, mi allaswn o hyd fy nh[i]n grefu ganddo yrru i mi Almanac Ryland'. ML i. 328.

Yn goch y bo 'mhais!

'Yn goch y bo 'mhais onid wyf yn meddwl mai yng nghwrthwyneb ei gilydd y trafaelws y ddau lythyr diwethaf o'n heiddo. Os felly nid oes lle i achwyn arnoch y tro yma'. ML i. 220, 350.

Gw. hefyd ML i. 295, 350, ii. 97, 220.

Yn y Bala (boed), (y bwyf).

'Gwaed crwst pa beth a wneir os cychwynnodd y bocsys? Yn y Bala y bwyf os gwn i'. ML i. 60. 'Yn y Bala bo'r Richards yna efo ei eirlyfr. Bu edifar gennyf erioed gymeryd arian dynionach i'm llaw'. ML i. 216. 'Y cebystr i'r llyfrau a'r almanaciau. Ni waeth gennyf pe baent yn y Bala am y cawn i glywed fod fy mrawd yn hawntus'.[27] ML i. 403.

Yr anras (i).

Chwi gawsoch hanes . . . brech wen . . . prin y medraf eto sôn am ddim arall ond y hi, yr anras iddi. ML i. 218.

---

[26] corn carw'r môr, ffenigl y môr, *samphire*.
[27] heini, bywiog, iach

Llyfryddiaeth

Davies, J. H.: *The Letters of Lewis, Richard, William and John Morris.* (Dwy gyfrol, 1907, 1909).

Gruffydd, W. J.: *Y Morysiaid.* (1937).

Jarvis, Branwen: *Goronwy Owen.* (1986). (Cyfres 'Writers of Wales').

Jones, Tegwyn: *Y Llew a'i Deulu* (1982.

Jones, Tegwyn: *Fy Annwyl Nai Siôn Owen.* (2002.

Owen, Hugh: *Additional Letters of the Morrises of Anglesey.* (Dwy gyfrol, 1947, 1949).

Owen, Hugh: *The Life and works of Lewis Morris.* (1951).

ODEP: *Oxford Dictionary of English Proverbs, The,* 1948

W. Alun Mathias ac E. Wyn James: *Dysg a Dawn. Cyfrol Goffa Aneirin Lewis.* (1992). Gw. yr erthyglau yno ar Evan Evans (Ieuan Fardd, Ieuan Brydydd Hir).

Wiliam, Dafydd Wyn: *Cofiant Wiliam Morris 1705-1763.* (1995).

"   "   *Cofiant Lewis Morris 1700/1-1742.* (1997).

"   "   *Cofiant Richard Morris 1702/3 – 79.* (1999).

"   "   *Cofiant Lewis Morris 1742 – 65.* (2001).

"   "   *Cofiant Siôn Morris 1713 – 1740.* (2003).

"   "   *Cofiant Wiliam Owen 1737 – 1759.* (2005).

Wiliam, Dafydd Wyn (Gol.): *Llythyrau Goronwy Owen.* Darllen Newydd. (2014).

Williams, J. E. Caerwyn (Gol.): *Llên a Llafar Môn.* (1963), tt. 132 – 159.